Steve Keller

Ab in die Ferien

Mallorca

Urlaubsspaß für die ganze Familie

BRUCKMANN

Inhalt

Vorwort 6
Wissenswertes über Mallorca und seine Bewohner 10

DER NORDEN

- **Die schönsten Strände** 30

1 **Cala Formentor** 🚶🏔 32
  Reich an Schönheit
2 **Platja de Muro** 🚶🏔 34
  Mit Sicherheit ein Vergnügen
3 **Platja de Alcúdia** 🚴🚶🏊📷 36
  Meer als erwartet
4 **Talaia d'Alcúdia** 🚶🏔 38
  Zwischen zwei Wassern
5 **Wanderung durchs Bóquertal** 🚴🚶✏️ 42
  Einfach herrlich, herrlich einfach
6 **Monestir de Lluc** 🚴📷🏔 46
  Kloster, Kamel und Gruselhöhle
7 **Das düstere Geheimnis von Son Real** 🚴🚶✏️📷 52
  Die Totenstadt am Meer
8 **Naturschutzgebiet S'Albufera** 🚴✏️📷 56
  Im Land der Vögel
9 **Ses Fonts Ufanes** 🚴📷🏔 60
  Wenn der Wald vor Freude übersprudelt
10 **Fundación Jakober** 🚴📷🏔 64
   Kindsköpfe treffen auf Kindsköpfe
11 **Coves de Campanet** 🏔 70
   Höhlen in zweiter Reihe

Reiten ✏️ 72
12 **Finca Hipica Formentor** 72
13 **Rancho Grande** 73
14 **Rancho Can Picafort** 73

Inhalt

Was Sie trotz Kindern gesehen haben müssen 74
15 Mirador d'es Colomer 75
16 Cap Formentor 76
■ Dorffeste und Märkte 78

DER WESTEN

17 S'Avenc de Son Pou 84
Reise zum Mittelpunkt der Erde
18 Finca Son Mas 88
Sich einmal wie ein Mallorquiner fühlen
19 La Reserva Parc de Natura 94
Wo sich Bär und Falke gute Nacht sagen
20 Palma Aquarium 98
Wo Haie babysitten
21 Marineland 102
Mit Flipper ausflippen

Kleine Kletterübungen im Gebirge sind eine tolle Abwechslung zum Strand.

22 **Aqualand El Arenal** 104
In Ruhe ausrutschen lassen …
23 **Katmandu Park** 108
High-Tech in Klein-England
24 **La Granja de Esporles** 110
Mallorca unter einem Dach
25 **Spielzeugmuseum Museo de sa Jugueta** 114
Achtung, Nostalgiealarm
26 **Jungle Parc und Jungle Parc Junior** 116
Neue Seilschaften bilden in Santa Ponça und Bendinat

Reiten 119
27 **Ca'n Conet** 119
28 **Son Molina** 119

Was Sie trotz Kindern gesehen haben müssen 120
29 **Von Palma nach Sóller und Port de Sóller** 120
30 **Tapas-Tour, Ruta Martina** 123
31 **Palmas Bars** 125
32 **La Seu** 128
33 **Sundowner im Paradies** 131
■ **Dorffeste und Märkte** 132

DER SÜDEN

■ **Die schönsten Strände** 136

34 **Platja d'es Trenc** 138
Das Vorzeigeparadies
35 **S'Arenal de sa Ràpita und Ses Covetes** 142
Geschwister, die sich im Sande verlaufen
36 **Es Caragol** 144
Statt Eis gibt's eher Nackedeis
37 **Cala Pi** 146
Das vergisst man nie
38 **Nationalpark Cabrera** 148
Ziegen, Piraten und nackte Mönche

Inhalt

39 Besucherzentrum Cabrera 154
   Botschafter des Archipels
40 Reiten in Can Paulino 156
■ Dorffeste und Märkte 158

DER OSTEN

41 Finca Ses Cases Noves 162
   Langohrs Paradies
42 Safari Zoo Mallorca 164
   Affe auf heißem Dach
43 Coves del Drac 166
   Wo Wasser und Gestein Hochzeit feiern
Reiten 170
44 Rancho Bonanza 170
45 Finca Son Sureda 171
46 Son Menut 171
■ Dorffeste und Märkte 172

DIE INSELMITTE

47 Natura Parc 176
   Eine Familie und ein Traum
Was Sie trotz Kindern gesehen haben müssen 178
48 Mallorca Wine Express 178
49 Festival Park 181
50 (Re-)Camper in Inca 182
51 Mallorca Planetarium 184
■ Dorffeste und Märkte 186

Kleiner Sprachführer 188
Orts- und Sachregister 190
Impressum, Touren- und Bildnachweis 192

5

Vorwort

Als vielleicht wichtigste europäische Touristendestination im Sommer, hat Mallorca wahrlich für jeden Geschmack etwas zu bieten. Für die Sonnenanbeter hält die Insel unzählige Strände bereit, von karibisch-sandig bis felsigschroff. Die Wanderer werden im Tramuntana-Gebirgszug oder in den Serres de Llevant ihr Glück finden. Und die Kulturinteressierten können tags dem authentischen Dorfleben der Inselmitte nachspüren, während sie nachts das kosmopolitische und stets erfrischende Palma erbummeln. Die Vielfalt ist seit jeher das Pfund mit dem Mallorca wuchert und Jahr für Jahr an die zehn Millionen Touristen aus der ganzen Welt anlockt. Dieser Variantenreichtum auf überschaubarem Raum kann zuweilen überfordern, gerade wenn man zum ersten Mal auf der Insel ist. Ich lebe nun seit sieben Jahren hier und habe immer noch nicht alles sehen und bestaunen können, obwohl ich wirklich viel auf der Insel unterwegs bin. Gerne nehme ich Sie und Ihre Kinder auf diesem kleinen Familienrundgang mit und hoffe, dass Sie danach ebenso

Sa Talaia. Eine schöne Wanderung zum Piraten-Frühwarnsystem. Schatten ist rar, das weiß auch der Hund Flecky.

Einführung

begeistert von Mallorca sind wie ich und ca. eine Million andere Menschen, die hier leben und die Insel täglich neu entdecken.

Wie ist dieser Reiseführer zu lesen? Zunächst einmal besitzt der Führer keinen Anspruch auf Vollständigkeit. Es gibt hunderte Reiseführer über Mallorca, die versuchen, jede Sehenswürdigkeit, jeden Wanderweg und jeden Strand abzubilden. Dies war nie das Ziel dieses Buches. Vielmehr geht es darum, aus diesem Überangebot die Dinge herauszusuchen, die für Sie, also Familien, am besten geeignet sind.

Dabei muss der Ratgeber natürlich dieselben Kompromisse machen, die eine Familie tagtäglich macht: mehrere Bedürfnisse unter einen Hut bekommen, die meist, ja, sagen wir es ruhig, gegenläufig sind. So würde Papa gerne wissen, wo man ordentlich Jet-Ski fahren kann, die exotischsten Tauchplätze liegen oder die haarsträubendsten Canyonings warten, während Mutti sicherlich nichts gegen den ein oder anderen Spa-Tempel einzuwenden hätte und sich liebend gerne durch die kleinen frisch designten Restaurants und Modeläden Palmas fräsen würde (das gibt's natürlich auch andersherum). Die Kleinen indes würden sich mit einem schlichten Spielhöllen-, Go-kart-Parkours-, und Ponyhof-Führer begnügen. Die Interessen können nicht deckungsgleich sein. Daher möchte ich versuchen, mit diesem Führer die Angebote der Insel aufzuzeigen, an denen die ganze Familie Spaß haben kann. Denn nur so wird daraus ein gelungener Familienurlaub. Einiges davon wird den Kids besser gefallen, anderes den Eltern. Dieses wird stärker frequentiert sein, jenes wird fernab der Touristenströme Einblicke in die uralte, mediterrane Seele der Insel geben. Natürlich gibt es

In Meeresnähe wächst der Meerfenchel. Eine beliebte Zutat der mallorquinischen Küche.

ein paar limitierende Faktoren, die es zu berücksichtigen gilt, z. B. die Ausdauer der Kinder, ihren Zuckerspeicher, die Infrastruktur und die Erreichbarkeit der Ziele. Daher habe ich die Wanderungen in drei Schwierigkeitsgrade (anspruchsvoll, mittel, leicht) aus Kindersicht eingeteilt. Nur Sie kennen die Ausdauer Ihrer Kinder, und die variiert von Fall zu Fall. So kenne ich Knirpse, die ohne zu maulen zehn Kilometer mitwandern, während andere nach zweihundert Metern »Kekse« oder »Feuerwehr« rufen und sich wie ein Plumpsack auf den Waldboden sinken lassen.

Mallorca ist äußerst kinder- und familienfreundlich. Das hat sicher auch damit zu tun, dass die Familie in Mallorca einen ganz anderen Stellenwert besitzt wie beispielsweise in Deutschland oder selbst auf dem spanischen Festland. Die Familien sind allein durch die Insellage und, wenn man so will, die Isolation vom Festland viel länger zusammengeblieben als anderswo. Kaum jemand verlässt die Insel (natürlich auch, weil sie so schön ist), und so sind die Familienverbände groß, intakt und sehr lebendig. Die Kleinen spielen hier eine besonders wichtige Rolle und werden wie Prinzen bzw. Prinzessinnen behandelt. Beinahe jeder Wunsch wird ihnen sofort erfüllt. Das kann einem Mitteleuropäer, der versucht den Süßigkeiten- bzw. iPadkonsum der eigenen Brut im Zaum zu halten, schon mal ein Kopfschütteln entlocken. Doch ganz unabhängig von der Kinderverrücktheit der Mallorquiner haben viele natürlich auch den Wirtschaftsfaktor Familie erkannt. Ein dermaßen großer Touristenstrom zieht die Unterhaltungsindustrie immer im Schlepptau mit. So sind über die Jahre zahlreiche Natur- und Erlebnisparks entstanden, die sich besonders an Familien richten. Die Qualität dieser Unterhaltungs-Parks ist sehr unterschiedlich. Es gibt sie von mau über bemüht bis hin zu spektakulär, was überhaupt keinen Rückschluss auf glänzende Kinderaugen zulässt, denn die haben ihre ganz eigenen Kriterien. Allen gemein sind allerdings die recht saftigen Eintrittspreise. Die gute Nachricht ist aber, dass die schönsten Dinge auf Mallorca kostenlos und draußen sind. Die Berge, die Strände, die Dörfer und, natürlich in gesunden Maßen, die Sonne. Ja, es gibt die höchste Sterne-Köche-Dichte der Welt auf der Insel, es gibt Edelboutiquen, Mega-Yachten und Fincas mit Hubschrauberlandeplatz und, und, und. Man kann hier viel Geld ausgeben. Muss man aber nicht. Sollten Sie Selbstversorger auf einer Finca sein, bekommen Sie auf den Wochenmärkten alles, was das Herz begehrt und dazu noch recht günstig. Die

Einführung

Leihwagen-Firmen dumpen seit Jahren (auch wenn es wohl Preisabsprachen gegeben haben soll), sodass Sie ganzjährig preiswert mieten können. Kurzum, man kann hier einen günstigen und schönen Urlaub verbringen – ein Grund, warum immer mehr junge Familien auf die Insel kommen.

Alle von mir hier vorgestellten Tipps sind kindererprobt, und zwar meist von meinen eigenen, siebenjährigen Zwillingsmädchen. Doch da der Mallorquiner ja ohnehin ein Familienmensch ist und oft in großen Clans ausschwärmt, sei es zum Strand oder ins Gebirge, gab es viele Gelegenheiten, auch andere Kinder bei den Ausflügen zu beobachten und Schlüsse daraus zu ziehen. Zusätzlich zu den Tipps, die mir spontan einfielen, habe ich mit ortsansässigen Familienoberhäuptern und Freunden darüber Rat gehalten, was sie denn als die schönsten Ausflüge erachten, ja, welche denn das hiesige Lebensgefühl am besten widerspiegeln. Es waren auch Grundschullehrer und Bergführer dabei. Vieles deckte sich mit meinen Vorstellungen, doch ein paar Ausflüge lagen ihnen besonders am Herzen. Ich habe diese mit dem Piktogramm »Der Mallorquiner empfiehlt« gekennzeichnet.

Ausgrabung für Entdecker-Kids: Die Nekropole von Son Real

Um sich im Buch besser zurechtzufinden, wurden die Sehenswürdigkeiten nach Regionen, sprich Himmelsrichtungen, eingeteilt. Da man die Insel allerdings recht schnell überquert hat (vor allem mit einem Leihwagen), sollte es dennoch für Sie möglich sein, jeden Ausflug, der Sie interessiert zu machen, unabhängig von seiner Lage zu Ihrer Ferienwohnung oder Ihrer Finca. Und nun viel Spaß auf dieser traumhaften Insel!

Wissenswertes über Mallorca und seine Bewohner

Politisch

Mallorca (aus dem Lateinischen maior, groß) ist mit 98 Kilometern in der West-Ost-Achse und 78 Kilometern in der Süd-Nord-Ausdehnung die größte Insel der Balearen und auch Spaniens. Mit 3640 Quadratkilometern ist sie immerhin rund 1000 Quadratkilometer größer als das zum Größenvergleich gerne bemühte Saarland. Zum Archipel der Balearen gehören übrigens nicht nur Menorca, Ibiza und Formentera, sondern weitere 150 unbewohnte Mini-Inseln, von denen einige gleich vor Mallorca liegen, z. B. der Nationalpark Sa Cabrera oder das Naturschutzgebiet Sa Dragonera. Die balearischen Inseln bilden zusammen eine der insgesamt 17 spanischen autonomen Gemeinschaften, ähnlich den Bundesländern in Deutschland. Regierungshauptstadt dieser Gemeinschaft ist Palma, wo die Hälfte der rund 850 000 Einwohner Mallorcas leben. Die Amtssprachen sind offiziell Katalanisch und Spanisch.

Die Bucht von Alcúdia lädt zu Strandspaziergängen ein.

Geschichte

Man geht davon aus, dass Mallorca um 4000 v. Chr. von der Iberischen Halbinsel und Südfrankreich aus besiedelt wurde. Für Mallorca-Urlauber ist al-

Einführung

lerdings der Zeitraum zwischen 1300 v. Chr und der Romanisierung 123 v. Chr viel bedeutender: das Talaiotikum. Das Wort stammt vom katalanischen Wort Talaia, Wachturm, und gab der ganzen Epoche den Namen. Viele Wachtürme, Festungsanlagen und Gräber aus dieser Zeit sind noch intakt und begegnen uns auf einigen Wanderungen.

Nach dem Untergang Karthagos, auf dessen Seite die Mallorquiner mehrheitlich als Steinschleuderer gegen die Römer gekämpft hatten, kolonisierten diese die Insel und gründeten mit Pollentia (dem heutigen Alcúdia) 70 v. Chr. ihre erste Hauptstadt. Damit kam zunächst das Lateinische auf die Insel, später dann die Christianisierung. Knapp sechshundert Jahre währte das römische Imperium, dann verfiel das Reich und die Vandalen übernahmen die Inselherrschaft. Es folgten die Byzantiner und schließlich im Jahr 902, und damit zweihundert Jahre später als auf dem spanischen Festland, die Mauren. Ihre dreihundertjährige Herrschaft hat deutliche Spuren auf der Insel hinterlassen, z. B. die Arabischen Bäder Palmas, Bewässerungsgräben und Brunnen, viele Ortsnamen (u.a. Binissalem, Alcúdia, Banyabulfar), die Trockenmauern und Terrassen in den Bergen, Mandel- und Johannisbrotbäume und vieles mehr.

Im Jahr 1229 ist es Jaume I. (Jaume der Eroberer, König von Aragón), der die maurische Herrschaft beendet und Mallorca 1276 zu einem unabhängigen Königreich macht, welches fortan von seinem Sohn Jaume II. regiert wird. Doch nur 68 Jahre später verliert Jaume III., ein Neffe von Jaume I., Mallorca wieder an Aragón. Durch die Hochzeit der katholischen Könige Isabella I. von Kastilien und Ferdinand II. von Aragón 1469 wurde der Grundstein für den heutigen Zentralstaat Spanien gelegt. Mallorca war bis zum spanischen Erbfolgekrieg (1701–1714) autonomer Teil Aragóns bzw. Spaniens und verlor schließlich seine Selbstständigkeit.

Geologisch/Geomorphologisch

Morphologisch weist die Insel eine recht deutliche Fünfteilung auf. Im Westen liegt die imposante Bergkette Serra de Tramuntana mit der höchsten Erhebung der Insel, dem Puig Mayor (1445 m). Der Osten mit dem deutlich kleineren Gebirgszug (Serres de Llevant) wird Llevant genannt. Dazwischen liegt die fruchtbare Ebene der Inselmitte Es Plà, aus der nahezu alle landwirtschaftlichen Produkte der Insel stammen. Ihre südliche Verlängerung heißt Migjorn. Zwischen Tramuntana und Es Plà zieht sich ein Übergangsstreifen namens Es Raiguer, eine Art Vorgebirge mit verhältnismäßig hohen Niederschlägen. Es reicht von den Vororten Palmas über Inca bis nach Alcúdia.

Die Entfernung zum spanischen Festland (Barcelona) liegt bei 170 Kilometern. Menorca ist nur 40 Kilometer entfernt und kann bei klarer Sicht von der Nordküste Mallorcas aus erspäht werden.

Geologisch entstand Mallorca bei der Auffaltung der Beltischen Kordillere, einem Prozess, der vor ca. 100 Millionen Jahren (alpidische Phase) in Gang gesetzt wurde und bei dem auch die Sierra Nevada, die Alpen und der Himalaya entstanden. Ausschlaggebend dafür war die Kontinentaldrift, bei der sich die Afrikanische Platte unter die Eurasische schob. Mallorcas Berge sind also unter großem Druck und großer Hitze aus ehemaligen Meeres-Sedimenten entstanden, weshalb der Kalk- bzw. Fossilien-Anteil des Gesteins sehr hoch ist. Da sich eben dieses Kalkgestein sehr leicht durch Wasser lösen lässt, ist die Morphologie der Insel von den typischen Verwitterungsformen des Karstes geprägt. Einige davon werden uns als Höhlen und Felsformationen begegnen.

Flüsse und natürliche Seen fehlen auf Mallorca. Dennoch werden Sie gerade im März und April immer wieder sprudelnde Sturzbäche sehen, welche die hohen Niederschläge oder die Schneeschmelze aus dem Gebirge ins Tal bzw. Meer ableiten. Im Sommer liegen die Bachbetten trocken und eignen sich für so manche Wanderung.

Klima

Auf Mallorca herrschen milde, teils feuchte Winter und heiße, trockene Sommer. Es handelt sich um ein gemäßigtes subtropisches Klima. Im Juli und August erreichen die Temperaturen leicht die 40-Grad-Grenze. Ab Oktober bis November kann es zu heftigen Niederschlägen und Stürmen kommen, die meist zu Überschwemmungen in den Senken führen. Die hohen Niederschläge dauern aber in der Regel nur ein paar Tage. Interessanterweise sind sie im Mittel daher gar nicht viel niedriger als in Deutschland (so liegen die Niederschläge im Jahresmittel in Palma bei 420 mm, in Berlin bei 570 mm). Ein anderes Wetterphänomen sind die sogenannten calmes. Das sind milde, fast sommerhafte Wetterlagen von Dezember bis Anfang Januar. Die Mandelblüte färbt dann große Teile der Insel weiß. Ab Mitte Januar bis März ist das Meer, das als eine Art Heizung fungiert, vollends abgekühlt und es kann

Einführung

auf Mallorca richtig kalt werden und sogar zu Schneefällen kommen. Zu dem Gefühl der Kälte trägt ebenso die hohe Luftfeuchtigkeit bei.

Reisevorbereitung

Gerade mit Kindern ist eine gründliche Reisevorbereitung unerlässlich. Auf Mallorca ist die Infrastruktur zwar sehr gut, es gibt sogar eine deutsche Drogeriemarktkette, doch sollten Sie die wichtigsten Dinge gleich dabei haben, um Zeit und Nerven zu sparen.

Hier eine Checkliste, die Ihnen bei der Planung Ihres Mallorca-Urlaubs helfen könnte:

Wer suchet, der findet! Die Insel überrascht zu jeder Jahreszeit mit einsamen Stränden.

Dokumente

- gültiger Reisepass/Personalausweis (evtl. Kopien anfertigen)
- Führerschein
- Kreditkarte (Verfallsdatum prüfen)
- Flug-, Bahn-, Schifftickets ausdrucken
- Reservierungsbestätigungen (Hotel, Mietwagen, Transfers, Exkursionen)
- Krankenkassenkarte, Auslandsreiseversicherungsunterlagen
- Ausweise für evtl. Vergünstigungen
- Impf-, Blutgruppen-, Notfallausweis

Reiseapotheke

- Mückenschutz
- Fieberthermometer, fiebersenkende Mittel
- persönliche Notfallmedikamente
- Pflaster! (ich denke, Sie wissen, was ich meine)
- Creme, um evtl. Sonnenbrand oder Insektenstiche zu mildern
- Sonnencreme mit hohem Lichtschutzfaktor

Babys/Kleinkinder

- Essen und Trinken für die Reise
- Trinkbecher, Fläschchen, Geschirr
- Schnuller, Kuscheltier, Nachtlicht
- Babyphon, Sitzhilfe, Schlafsack
- Kinderwagen, Babyrucksack oder Tragetuch
- evtl. Reisebett
- Bilderbücher
- Sonnenschutzkleidung
- Sonnenhut
- Kindershampoo, Kinderzahnpasta, Zahnbürste
- Windeln (auch ins Handgepäck), Feuchttücher, Wundcreme
- Regenkleidung, Regencape
- Vornehmlich kurze Kleidung, leichte Jacke
- je nach Jahreszeit Pullover, lange Hose
- Badesachen, Schwimmflügel, Schwimmwindel
- Sandalen, Strandschuhe
- evtl. Auto-Kindersitz

Einführung

Speziell für die in diesem Buch vorgeschlagenen Touren
- Taschenlampe/Stirnbandlampe
- topografische Karte oder Wanderkarte Mallorca
- Fotokamera
- Wanderschuhe oder stabile Turnschuhe
- Fernglas
- Kompass
- Rucksack
- leichte Regencapes (ja, es regnet im Frühjahr und Herbst dann und wann)

Diverses
- Ladegeräte für Telefon etc.
- Reisewecker
- evtl. Reisewaschmittel
- Strandtasche, evtl. Sonnenschirm
- Taschenmesser
- Notfallnummern im Handy speichern

Beste Reisezeit

Natürlich sind viele Eltern an die Ferienzeiten der jeweiligen Bundesländer gebunden und haben gar keine andere Wahl als in den Oster-, Sommer- oder Herbstferien zu kommen. Doch wer es einrichten kann, der sollte versuchen, im späten Frühjahr (Anfang Mai bis Mitte Juni) oder Spätsommer (Ende August bis Ende September) zu kommen. Anders gesagt: Wer im Frühjahr kommt, sieht viele der über 1500 Pflanzenarten Mallorcas in Blüte stehen, wird dafür aber kaum ins Meer springen wollen. Wer es im Herbst schafft, bekommt ein warmes Meer, aber eine trockene Vegetation.

In den Sommermonaten Juli und August ist die Insel am vollsten. Die hohen Temperaturen treiben Hunderttausende Touristen an die Strände, wo vielerorts eine Brise für Abkühlung sorgt (das Meer ist beinahe zu warm!). Viele Outdoor-Aktivitäten, die hier beschrieben werden, sind dann nur in den frühen Morgenstunden oder am späteren Abend möglich. Doch Obacht! Das verlangt eine genaue Planung von Anfahrt- bzw. Gehzeiten, um nicht in die Mittagshitze bzw. Dunkelheit zu kommen.

Im März und April oder im Oktober und November kann man sehr viel Glück haben, doch es ist ebenso gut möglich, eine verregnete Woche zu erwischen. Während der Sommer immer eine Art Ausnahmesituation darstellt, die für viele Insulaner ökonomisch über das ganze Jahr entscheidet, kehrt ab Oktober merklich die berühmte Inselruhe und Gelassenheit ein.

Anreise

Flugzeug: Mallorca ist eines der am meist besuchten Ferienziele der Welt. Der Flughafen in Palma platzt im Sommer aus allen Nähten, wird zu einem der wichtigsten in Europa, während er im Winter in einen Dornröschenschlaf fällt. Wichtige Fluglinien wie Air-Berlin haben hier gar ihr Drehkreuz. Das bedeutet in der Sommersaison eine enorm hohe Flugfrequenz von den deutschen Flughäfen nach Palma. Allein von Berlin aus wird die Insel bis zu fünfmal täglich angesteuert. Auch wenn die Flugpreise seit 2012 bedingt durch teuren Sprit, Ticketsteuern und Emissionsrechte merklich gestiegen sind, kann man aufgrund der hohen Kapazitäten und der starken Konkurrenz immer noch günstig nach Mallorca fliegen. Wer rechtzeitig bucht und bei den Billig-Fluglinien schaut, kann für eine vierköpfige Familie mit insgesamt 300–500 € für die Tickets rechnen.

Auto: Einige wenige Familien kommen auch mit dem Auto. Abgesehen von der langen Fahrt durch Frankreich, die man natürlich mit ausgiebigen Pausen und Übernachtungen gestalten kann, wartet dann noch die Fähre in Barcelona (alternativ Valencia). Es fahren vier Fähren am Tag, zwei morgens und zwei abends (zwei Anbieter: www.balearia.com, www.trasmediterranea.es). Die Überfahrt mit der Autofähre dauert ca. sieben Stunden und kostet für eine vierköpfige Familie inkl. Auto (ohne Schlafkabine) insgesamt ca. 600 €. Bedenken Sie, dass Sie bei der Nachtfähre unbedingt eine Schlafkabine dazubuchen sollten.

Leihwagen

Mallorca schreit geradezu nach einem Leihwagen (natürlich nur, wenn Sie nicht mit dem eigenen Auto angereist sind). Die Insel hat die perfekten Ausmaße, um sie mit dem Auto zu erkunden. Sie ist zu groß, um sie allein mit den öffentlichen Verkehrsmitteln zu erschließen, und doch gerade so klein, dass man mit dem Leihwagen eigentlich alle Ziele ansteuern kann, ohne zu ermüden oder zu viel Zeit des Tages im Auto zu verschwenden.

Die längsten denkbaren Strecken von A nach B auf der Insel sollten zwei

Einführung

Stunden nicht überschreiten. In nur 50 Minuten hat man von Palma schon die Insel von Süden nach Norden durchquert. Sollten Sie also mehr als ein, zwei Ausflüge von Ihrem Feriendomizil aus planen, lohnt sich meiner Ansicht nach der Leihwagen schon. Zwar gibt es ein ganz passables öffentliches Verkehrsnetz, doch mit Kindern und all den Utensilien, die man mit sich führt, ist das nicht unbedingt empfehlenswert. Hinzu kommt, dass man sich hier auf das Leihgeschäft versteht. Mallorcas Leihwagenflotten sind imposant. Brav warten die Autos in Reih und Glied in den Katakomben des Flughafenparkhauses auf ihre neuen Mieter . Es sind so viele Anbieter, dass sie sich zugunsten des Gastes gegenseitig unterbieten. So ist es nicht ungewöhnlich in der Hauptsaison einen Wagen für 20–30 € am Tag zu bekommen (Nebensaison ist dementsprechend noch günstiger). Leider hat sich bei manchen Verleihern die Praxis etabliert, den Wagen mit einem vollen Tank herauszugeben und sich diesen auch hochpreisig bezahlen zu lassen. Kaum jemand vermag allerdings während seines Mallorcaaufenthaltes diese Tankfüllung vollständig aufzubrauchen – ein zusätzlicher Gewinn für

Pityusen-Eidechse beim Sonnenbad auf Cabrera

Oben: Mandelblüte auf Mallorca. Jeden Winter ein Ereignis

die Verleihfirmen. Einige der Unternehmen bieten zudem kurz vor Vertragsabschluss am Flughafen ein paar zusätzliche Spezialversicherungen wie Unterboden- oder Steinschlagversicherungen für kleines Geld an. Da man ja nur schnell aus dem Flughafen an den Strand und bloß keinen Fehler machen will, schließen viele Urlauber diese Policen ab. Mir ist in all den Jahren allerdings noch kein einziger Fall untergekommen, bei dem jemand diese

Versicherungen in Anspruch nehmen musste. Solange Sie mit dem Wagen nicht Rallye fahren, sollten Sie dieses Geld nicht verschenken.

Kindersitze können bei so gut wie allen Firmen zusätzlich gemietet werden. Dafür fällt eine Gebühr an (ca. 3–6 €/Sitz/Tag), der Zustand der Sitze ist oft mittelprächtig. Sie können die Sitze natürlich auch im Flugzeug aus Deutschland mitnehmen. Je nach Fluglinie ist die Mitnahme eines Kindersitzes sogar kostenlos, zumal einige der Modelle auch im Flugzeug als Kindersitz zugelassen sind. Informieren Sie sich dazu bei Ihrer Fluglinie.

Um sich am Flughafen viel Stress und lange Warteschlangen zu ersparen, sollten Sie den Wagen frühzeitig im Internet buchen. Sie können auf diese Weise Preise vergleichen, Geld sparen und müssen sich vor Ort nicht durch irgendwelche Vertragswerke kämpfen. Die Vergleichsportale sind zwar bequem, aber nicht immer automatisch günstiger, als beim Verleiher direkt zu buchen. Mietwagenfirmen mit großen Flotten auf Mallorca finden Sie z.B. unter www.recordrentacar.com, http://autovermietung.centauro.net sowie www.goldcar.es (meist am günstigsten, u.a. wegen Zusatzversicherungen nicht unumstritten) oder www.ibacar.com, Vergleichsportale unter www.doyouspain.com, www.billiger-mietwagen.de, www.mietwagen-check.de oder www.miet-wagenmallorca.org.

Einer der vielen Strandtürme. Sicherheit wird groß geschrieben.

Wichtig: Vergessen Sie nicht den Beulen-Check und überprüfen Sie, ob Warndreieck, Sicherheitsweste sowie die gültigen TÜV- (hier ITV-) und Versicherungsdokumente in Ihrem Mietwagen vorhanden sind, sobald Sie ihn am Flughafen Palma in Empfang nehmen.

Verkehr auf Mallorca

Beachten Sie bitte, dass es auf Mallorca einige Verkehrsregeln gibt, die von der Deutschen StVO abweichen. Die Höchstgeschwindigkeiten liegen in Ortschaften bei 50 km/h, auf der Landstraße bei 90 km/h und auf der Autobahn bei 120 km/h. Sie werden verwundert feststellen, dass viele Autofahrer sehr zögerlich und langsam fahren, gerade auf der Autobahn. Das liegt einerseits an den vielen nicht-ortskundigen Touristen und andererseits an den Mallorquinern, die oft keine Eile haben. Der ein oder andere tiefergelegte Raser in dem vor sich hertrödelnden Ensemble bestätigt die Regel.

Wichtig sind die Kreisverkehre, die hier außerhalb der Ortschaften die Ampeln fast komplett abgelöst haben. Dabei hat der im Kreisverkehr Fahrende immer Vorfahrt vor dem Wartenden. Bei einem zweispurigen Kreisverkehr hat immer der innere Kreis Vorfahrt. Eine häufige Unfallursache ist, wenn das Fahrzeug im Kreisinneren abfahren will, die Außenbahn aber belegt ist. Im Falle eines tatsächlichen Unfalls mit Personenschaden muss unbedingt die Polizei hinzugezogen werden! Im Zweifel kontaktieren Sie auch das Konsulat und verlangen einen Dolmetscher. Eine weitere Besonderheit sind die farbigen Markierungen an den Straßenrändern. Die gelbe gezackte Linie bedeutet Parkverbot. Die durchgezogene gelbe Linie verbietet das Halten und das Parken. Eine blaue Linie bedeutet kostenpflichtiges Parken. Hier müssen Sie am nächsten Parkautomat ein Ticket lösen und es gut sichtbar hinter der Windschutzscheibe anbringen. Mancherorts (z. B. in Palma) ist die Höchstparkdauer auf diesen blauen Flächen beschränkt. Wenn Sie nicht regelmäßig zum Auto laufen wollen, um die Parkuhr zu füttern, nehmen Sie am besten gleich eines der zahlreichen Parkhäuser.

Weitere wichtige Hinweise: Es besteht Gurtpflicht sowie Kindersitzpflicht. Die Promillegrenze liegt bei 0,5. Privates Abschleppen ist verboten. Telefonieren während der Fahrt ist nur mit Freisprechanlage gestattet. Zwei Warndreiecke sind Pflicht (eines 30 Meter vor und eines 30 Meter hinter das Auto stellen). Neon-Sicherheitsweste bei Panne anlegen. Beim Tanken besteht Rauchverbot und Motor sowie Scheinwerfer sind auszuschalten.

Unterkünfte

Auf Mallorca findet sich an Unterkünften alles, was man sich vorstellen kann. Von der kleinen Stadtwohnung über den Dächern Palmas über die rustikale Landfinca, den Pauschalo-Bunker bis hin zur umzäunten Fünf-Sterne-Hotelanlage. Nur wer nach Campingplätzen sucht, wird erstaunt feststellen, dass Mallorca da so gut wie nichts zu bieten hat. Es gibt nur zwei offizielle Zeltplätze: Sa Font Coberta am Kloster Lluc und Es Pixarells (bei der Ma-10 von Lluc nach Pollença). Die Ausstattung entspricht dabei aber nicht dem Standard, den Viel-Camper erwarten (Preise: 5 €/Tag/Person). Hinzu kommt, dass

Wildcampen offiziell verboten ist. Wer es dennoch mal ausprobieren will, der sollte sich an den Dünen des Platja de Muro im Norden umsehen. Hier werden zumindest Ausnahmen geduldet.

Familien bevorzugen in der Regel Ferienwohnungen bzw. -häuser, in denen der gewohnte Rhythmus, die üblichen Rituale so gut es geht weiterlaufen können. Man braucht diesen Rückzugsraum, um andere Gäste nicht zu stören und eben als Familie auch nicht gestört zu werden.

Wer es auf dem Land rustikaler mag, der sollte sich nach dem sogenannten Agroturisme umsehen. Das sind Landhäuser, die oft mit Mischkonzepten aus Landwirtschaft und Gästezimmern in familiärer Atmosphäre bewirtschaftet werden, à la Ferien auf dem Bauernhof. Für Kinder ist das natürlich toll, da oft Schafe, Hühner und Esel in Reichweite sind. Bei größeren Etablissements, die sich mittlerweile ausschließlich auf den Tourismus konzentrieren, spricht man von Hoteles Rurales. Auch sie haben oft viel individuellen Charme und spezielle Angebote für Familien.

Für alle Arten von Unterkünften sollte man frühzeitig reservieren, gerade in der Hauptsaison. Wer einfach auf die Insel kommt und hofft, eine Bleibe zu finden, kann trotz des riesigen Angebots sehr enttäuscht werden.

Gibt es die perfekte Gegend für Familien? Familien, die in erster Linie auf einen Badeurlaub aus sind, empfehle ich die großen Buchten von Alcúdia und Pollença im Norden. Warum? Weil die Strände hier viel Platz bieten, das Wasser flach und sehr sauber ist und eben das Gebirge zum Wandern, die

Natur pur: Steinküste bei Son Serra de Marina

Sümpfe zum Radfahren und nette Städtchen wie Pollença oder Alcúdia zur Besichtigung in der Nähe sind. Natürlich sind die Geschmäcker verschieden und viele bevorzugen die traumschönen Calas im Osten bzw. die karibikartigen Strände des Südens. Jede der Regionen hat ihren eigenen Zauber. Man kann eigentlich nicht viel falsch machen. Ferienwohnungen und -häuser auf Mallorca findet man beispielsweise hier: www.auf-nach-mallorca.info, www.fewo-direkt.de, www.airbnb.de, www.housetrip.de. Agroturisme, Fincas und Bauernhöfe sind hier zu finden: www.mallorca-agroturismo.com, www.agroturismo-mallorca.com, www.rusticbooking.com. Und Familienhotels findet man unter www.tripadvisor.de, www.fti.de, www.clubfamily.de, www.reisen-experten.de.

Sonneneinstrahlung

Da Sie vermutlich die meiste Zeit Ihres Urlaubs am und im Pool Ihrer Finca oder Ihres Hotels bzw. am Strand verbringen werden, wird die Sonne Ihr steter Begleiter sein. Doch so schön es auch gerade am Strand beim Sonnenbaden ist, umso tückischer ist es auch, da die angenehme, stetig auflandig wehende Seebrise die intensive UV-Strahlung samt Temperaturen überdecken kann. Die Mallorquiner, die selbst den Strand in den heißen Mittagsstunden verlassen, um irgendwo zu essen oder ein Nickerchen im Schatten einzulegen und erst gegen Spätnachmittag wiederkommen, nennen die Unverbesserlichen Lichtschutzverweigerer schlicht Gambas, Garnelen, in Anspielung auf ihren Teint.

Säuglinge sollten ganztägig die Sonne meiden, ein Sonnenbrand kann für sie lebensgefährlich sein. Bei Kleinkindern ist auf hohen UV-Schutz (mindestens LSF 30) oder UV-Schutzkleidung sowie eine Kopfbedeckung zu achten. Auch ein paar Badelatschen sind gegen den heißen Sand durchaus empfehlenswert. Doch selbst perfekt ausgerüstete Kinder sollten nicht zu lange in der Sonne verweilen. Einfach dem Beispiel der Mallorquiner folgen: am Mittag Schatten aufsuchen. Die höchste UV-Strahlenbelastung herrscht auf der Insel zwischen 11.30 Uhr und 15 Uhr. Das bedeutet auch, dass Sie die Ausflüge gut timen sollten.

Regen

Gerade bei Regen verändert die Insel sich stark. All die tollen Farben sind plötzlich weg, das kunterbunte Treiben auf den Straßen verebbt, Strand und Meer verlieren ihre Anziehungskraft. Auf langen Regen ist man hier gar nicht so richtig eingestellt. Die Abflüsse laufen sofort über, in manche Häuser regnet es hinein und die heimischen Autofahrer werden plötzlich etwas unsicher. Gerade im Herbst und Winter kann es richtig wie aus Kübeln schütten, aber davon lässt sich der Mallorquiner nicht aus der Ruhe bringen. Erfahrungsgemäß dauert der Regen selten länger als ein, zwei Tage, und dann kommt auch schon wieder die Sonne raus.

Sollte nun ausgerechnet in Ihren Urlaub Regen platzen, dann gibt es ein paar schöne Ausflugsziele, um den eigenen vier Wänden zu entrinnen und den Kids trotzdem etwas zu bieten. Diese sind mit dem Piktogramm für Regen gekennzeichnet.

Strände

Mallorca hat fast 600 Kilometer Küste. Die Strandvariationen sind schier unglaublich. Flach, steil, karibisch-sandig oder schroff-felsig, ölsardinenhaft-überfüllt und traumhaft leer, unter Strapazen zugänglich oder leicht zu erreichen. Es gibt alles. Strände sind die perfekten Orte, um abzuschalten und gleichzeitig ein Auge auf die Kinder zu haben. Das ist eine seltene Kombination. Natürlich gibt es auf der Insel die unglaublichsten Traumbuchten. Doch so manche Anreise ist äußerst strapaziös oder gar nur meerseitig möglich. Wenn man mit den Kindern an den Strand fährt, möchte man möglichst wenig Zeit im Auto sitzen und keine langen Fußmärsche auf sich nehmen. Kein Kind mag ausgiebige Serpentinenfahrten im aufgeheizten Auto oder lange Wege durch die pralle Sonne, die Luftmatratze unter den Achseln geklemmt. Wir Eltern lieben einsame Buchten, ja, aber die Kinder? Dort fehlen oft die anderen Kinder zum Spielen, von einer Infrastruktur wie Rettungsschwimmern, Toiletten oder Eisbuden ganz zu schweigen. Immer alles zu haben ist schwierig, aber es gibt auf Mallorca ein Zeichen für Strandqualität, bei dem Sie auf Nummer sicher gehen können.

Die blaue Flagge gilt als zuverlässige Qualitätsnorm für Strände und Häfen.

Oben: Picknick an der Cala Anguila. Besser wird's nicht.

Einführung

Die blaue Flagge

Die blaue Flagge wird alljährlich von der Stiftung für Umwelterziehung FEE (Foundation for Environmental Education) als eine Art Gütesiegel für Strände vergeben. Dafür muss eine Gemeinde sich mit ihren entsprechenden Stränden bzw. Häfen bewerben und eine Reihe von strengen Kriterien erfüllen. Neben Wasserqualität, Sicherheits- bzw. Serviceaspekten fließt auch Umweltmanagement in die Beurteilung mit ein. Für uns Familien garantiert die Flagge, dass wir uns um das Badevergnügen keine Gedanken mehr machen müssen. Schönes Wasser, Badesicherheit und eine gute Infrastruktur am Strand sind somit garantiert. Dennoch bedeutet ein Strand ohne blaue Flagge nicht, dass man hier nicht wunderbar baden kann. Es handelt sich dann meist um die naturbelassenen Strände, die ihren Reiz genau aus der Einsamkeit und Wildheit ziehen, oder um andere genauso gut präparierte Strände, die sich eben nicht für die Auszeichnung beworben haben. Welche Strände zum Zeitpunkt Ihres Urlaubs mit dem Prädikat versehen wurden, erfahren Sie aktuell unter www.platgesdebalears.com. Hier finden Sie alle Infos zu sämtlichen Stränden der Balearen, auch auf Deutsch.
Außer der Blauen Flagge sollten Sie noch unbedingt die Bedeutungen der andersfarbigen Flaggen kennen, die am Strand wehen. Die grüne Flagge signalisiert unbedenkliches Baden, vor allem für Kinder. Die gelbe Flagge bedeutet, es können Strömungen und Wellen auftreten. Nur geübte Schwimmer sollten baden, für Kinder ist es hier bereits zu riskant. Die orangene Flagge gibt an, dass zurzeit keine Rettungsschimmer vor Ort sind. Und die rote Flagge bedeutet absolutes Badeverbot für alle Personen wegen starker Strömungen, Wellengang oder anderer Verhältnisse.

Strandspiele

Wenn die Kinder gut gelaunt sind, mag ein Strandtag traumhaft verlaufen. Allerdings kann es bei Wankelmut und Launenhaftigkeit der Sprösslinge durchaus langatmig, zuweilen sogar anstrengend werden. Gut, das muss nicht bei jedem so weit gehen, wie bei einer meiner Töchter, die jahrelang versuchte, jedes neue Sandkorn von ihren Füßen zu entfernen. Ein Kampf, den sie nur verlieren konnte.
Wir kennen die Halbwertszeit von Beschäftigungen bei Kindern. Meist wird einer Sache mit großer Konzentration nachgegangen, beispielsweise eine

Sandburg gebaut, bis ganz plötzlich eben jene nicht mehr spannend genug ist und ein leichtes Stimmungstal erreicht wird. Die Kinder dann wieder zu ermuntern kann schwierig sein, vor allem wenn man erst eine halbe Stunde am Strand zugebracht hat. Vielleicht sind die folgenden Spieltipps da ja genau das Richtige:

Strandmalen: Malen Sie abwechselnd Figuren mit den Fingern in den Sand, während die anderen raten müssen. Vergeben Sie Muscheln als Punkte. Dem Gewinner winkt ein (Pr)Eis.

Murmelbahn: Sollten Sie Murmeln (oder einen kleinen Ball) zur Hand haben, so lassen Sie diese auf einer aus Sand gebauten Rampe/Rille herunterrollen. Bilden Sie Teams und stoppen Sie die Zeit. Das Team mit dem Bauwerk, auf dem die Kugel am längsten rollt, hat gewonnen.

Personen-Eingraben: Der Klassiker. Kids lieben es, Mama und Papa mal richtig dreckig zu machen und einzugraben, sodass nur noch der Kopf hinausschaut.

Weitsprung: Schütten Sie einen kleinen Hügel auf und springen sie abwechselnd von diesem so weit es geht. Anhand der Fußspuren lässt sich der Sieger leicht ermitteln.

Strandspaziergang: Ja, klingt erst mal langweilig, ist aber nach meiner Erfahrung ein probates Mittel, um etwas Abwechslung in den Strandtag zu bringen. Überall gibt es was zu sehen: Die Sandburgen der Konkurrenz, Surfer, Tretboote, und natürlich am allerspannendsten: andere Kinder.

Wanderungen

Wandern auf Mallorca ist ein Traum. Die perfekte Mischung aus Erholung und Bewegung abseits der Touristenhochburgen. Wer sich überraschen lassen will, der wird überrascht werden, denn die Bergwelt Mallorcas ist immer noch ein Wander-Geheimtipp. Lichtspiele, Aromen der mediterranen Flora, atemberaubende Morphologie, urige Berghöfe, Schmugglerwege, Zeugnisse vergangener Tage wie Köhlerplätze, Kalköfen oder Schneehäuser, spektakuläre Höhlen, Legenden und Mythen, Steilküstenwanderungen mit Meerblick und, und, und ... Mallorca lo tiene todo. Viele der spektakulärsten Wanderungen sind für Kinder natürlich zu lang, anstrengend und riskant. Teils sind auch die Anfahrten viel zu serpentinenreich oder kompliziert. Daher habe ich einige Touren zusammengestellt, die einfach, spannend, authentisch und vor allem sicher sind. Nun gibt es sehr aktive, sportliche Familien, andere sind eher an Natur und Ruhe interessiert, wieder andere wollen sich nur einmal kurz die Beine an der frischen Luft vertreten. So habe ich die Wanderungen in drei Schwierigkeitsstufen eingeteilt. Sie kennen ihren Nachwuchs am besten. Suchen Sie einfach die entsprechenden Touren für sich heraus. Zur Orientierung: Meine Zwillingsmädchen sind sieben Jahre, durchschnittlich sportlich und haben alle Wanderungen gut geschafft.

Noch ein wichtiger Hinweis: Im Sommer sind Temperaturen von 35 °C oder mehr auf Mallorca keine Seltenheit. Bitte nehmen Sie bei diesen Temperaturen von jeglicher Wanderung Abstand, gerade wegen der Kinder. Frühjahr und Herbst sind die besten Zeiten für Outdoor-Aktivitäten. Wenn Sie aber dennoch in der Hauptferienzeit, sprich Juli und August, wandern wollen, informieren Sie sich gründlich über die Wettervorhersage. Sollten weniger als 30 °C Grad angesagt sein, könnten Sie die frühen Morgenstunden nutzen, um die ein oder andere Wanderung (mit viel Wasserreserven) zu machen, doch bitte lassen Sie hier keinen falschen Ehrgeiz walten.

Blick auf Nachbarinsel und Naturschutzgebiet Sa Dragonera

Ärztliche Versorgung

Nichts ist uns Eltern wichtiger als die Gesundheit unserer Kleinen. Viele Urlaubsziele im Süden können uns die nötige medizinische Infrastruktur inkl. deutschsprachiger Ärzte nicht bieten und scheiden daher aus. Des Deutschen liebste Insel Mallorca kann da natürlich voll punkten, da sie über eine Vielzahl hoch qualifizierter deutscher Ärzte verfügt.

Sie können also ganz beruhigt in den Urlaub fahren. Sollte es tatsächlich vorkommen, dass Sie mit den Kids einen Arzt aufsuchen müssen, dann sollten Sie sich im Vorfeld ein paar Notizen machen, wann und wie die Symptome begonnen haben. Ziehen Sie dem Kind leichte Kleidung an, um im Behandlungszimmer im Zweifel etwas schneller und stressfreier agieren zu können. Bei den ganz Kleinen die frischen Windeln nicht vergessen. Eine Liste deutschsprachiger Ärzte bzw. Kliniken finden sie im folgenden Abschnitt.

Wichtige Telefonnummern und Adressen

Notfallnummern
- Notruf (für alles): 112
- Nationale Polizei (Policía Nacional): 091
- Örtliche Polizei (Policía Local): 092
- Guardia Civil: 062
- Feuerwehr (Bomberos): 085
- Ambulanz: 061

Deutsches Konsulat
- Calle Porto Pi 8, 3° D, Edificio Reina Constanza, 07015 Palma de Mallorca, Tel. +34/971/70 77 37

Die wichtigsten Krankenhäuser
- Hospital Universitari Son Espases, Ctra. de Valldemossa, 79, 07010 Palma, Tel. +34/871/20 50 00
- Hospital Son Llàtzer, C/ Ctra. Manacor, km 4, 07198 Palma, Tel. +34/871/20 20 00
- Hospital Comarcal d'Inca, C/ Carretera vella de Llubí, s/n, 07300 Inca, Tel. +34/971/88 85 00
- Hospital de Manacor, C/ Ctra. Manacor-Alcúdia, s/n, 07500 Manacor, Tel. +34/971/84 70 00
- Hospital General, Plaça de l'hospital, 3, 07012 Palma, Tel. +34/971/21 20 00
- Hospital Joan March, Carretera de Bunyola, km 12,5, 07193 Bunyola, Tel. +34/971/21 22 00
- Hospital Psiquiàtric, Camí de Jesus, 40, 07010 Palma, Tel. +34/971/21 23 00

Deutschsprachige Ärztezentren und Kliniken
- Palma Clinic, Camí dels Reis 308, Palma de Mallorca, Tel. +34/971/90 52 02, www.palma-clinic.com
- Centro Médico Porto Pi, Paseo Maritimo/ Avenida Gabriel Roca 47, 07015 Palma, Tel. +34/971/70 70 35, www.centromedicoportopi.es

Einführung

- Clinica Picasso, Avd. Picasso 57 bajos, 07014 Palma, Tel.+34/971/22 06 66, www.clinica-picasso.eu

Deutsch sprechende Kinderärzte

- Dr. med Oliver G. Haak, Tel. +34/971/90 52 02, Tel. Notfall +34/661/88 66 88, Palma Clinic
- Dr. med. Karin Rittweiler, Tel. +34/971/70 70 35, Centro Médico Porto Pi
- Dr. med Achim Noak, Tel. +34/971/22 06 66, Notfall +34/610/44 11 11, Clinica Picasso

Deutschsprachige Kinderbetreuung

Kids up, Andrea Schmedes, Diplom-Sozialpädagogin, Vial 32 Can Perico 2, 07100 Sóller, Tel. +34/971/63 83 69 oder +34/616/83 54 32, www.kids-up-mallorca.de

Flughafen Palma – Son Sant Joan

Zentrale: Tel. +34/971/78 90 00, Flug-Information, AENA: +34/971/78 90 99

Tourist-Info

Palma, Tel: +34/971/71 22 16

Fundbüro

- Palma, Oficina d´Objectes Trobats, Placa Cort/Cadena 2 (Seiteneingang des Rathauses), Mo–Fr 8–14 Uhr, Tel: +34/971/22 59 00

Kreditkarten sperren

- Visa, Mastercard: +34/915/19 21 00
- American Express: +34/902/37 56 37
- EC-Karte: +49/1805/02 10 21
- Eurocard: +49/697/933 19 10
- Diners Club: +34/915/47 40 00

Spanischer Automobilclub RACC (Pendant zum ADAC)

24-Stunden-Service, Tel. +34/902/15 61 56, Büro in Palma, Tel. +34/971/72 83 31, Autoverleiher bieten außerdem in der Regel eine 24-Stunden-Pannenhilfe an

Der Platja de Muro: ein Traumstrand für Familien

DER NORDEN

Die schönsten Strände

Im Gegensatz zur Annahme vieler Menschen in Deutschland, wir Mallorca-Bewohner würden bei einer derartigen Auswahl an Traumstränden ständig am Meer liegen, ist das eigentlich nicht die Regel. Viel mehr als ein Dutzend Mal pro Jahr wird es bei kaum jemandem, den ich hier kenne, es sei denn, er wohnt gleich am Meer. Das liegt natürlich daran, dass unser Alltag dafür kaum Zeit lässt. Außerdem lockt da als Wochenend-Alternative ja auch noch die herrliche Bergwelt Mallorcas. Im Hochsommer ist der Strand allerdings alternativlos. Dann gibt es nichts Besseres, als sich im Schatten einer wohlriechenden Pinie die Meeresbrise um die Nase wehen zu lassen und sich zwischendurch ins karibisch anmutende Blau zu stürzen. Wenn wir uns spontan entscheiden an den Strand zu fahren, dann bleibt oft keine Zeit für Experi-

Strandidylle mit Blick auf die Halbinsel Victòria

mente. Es muss schnell gehen und klar sein, was man bekommt. Meist landen wir in der Bahia de Alcúdia, Mallorcas größter Bucht im Norden der Insel.

Sie zieht sich von Port d'Alcúdia bis nach Betlem und ist mit ihren 30 Strandkilometern das bevorzugte Reiseziel von Einheimischen und anspruchsvollen Gästen. Hier finden Sie den längsten und vielleicht vielseitigsten Strand der Insel. Von belebten Strandabschnitten vor dem Touristennest Port d'Alcúdia bis hin zum licht besiedelten Dünenstrand am Platja de Muro oder den völlig einsamen, teils felsigen, Minibuchten hinter Can Picafort. Für jeden Geschmack sollte etwas dabei sein. Die Wasserqualität ist hervorragend, die Strände sind feinsandig und breit, die Infrastruktur in weiten Abschnitten vorbildlich. Für Familien sind zwei Abschnitte dieser riesigen Bucht ganz besonders zu empfehlen: der Platja de Muro (siehe Tipp 2) und der Platja de Alcúdia (siehe Tipp 3).

Ganz im Norden der Insel befindet sich die Cala Formentor. In dieser Bucht bietet der Platja de Formentor (siehe Tipp 1) ideale Bedingungen für die ganze Familie.

Für Schnorchler und Abenteurer sind die felsigen Abschnitte wie gemacht.

Oben: Die weitläufigen Strände der Nordküste sind bei Familien sehr beliebt.

1 Cala Formentor

Reich an Schönheit

Das Besondere an der Cala Formentor ist sicherlich der schattenspendende Kiefernwald gleich hinter dem Strand, dessen längste Äste beinahe das kristallklare, türkise Wasser berühren. Wer sich hier nicht erholen kann, schafft das nirgends.

> **TIPP**
> Verbinden Sie den Strandaufenthalt doch mit einer kurzen Visite beim Mirador d'es Colomer oder am Cap de Formentor (siehe Tipp 15).

Diese Bucht ganz im Norden der Insel beherbergt die Cala Gentil, den Platja de Formentor, das berühmte Hotel Formentor und das vorgelagerte Inselchen Illa de Formentor. Der schmale, **KARIBISCH-FEINSANDIGE STRAND** zieht sich einen Kilometer entlang der Bucht. Auch für das leibliche Wohl ist gesorgt. Insgesamt drei Strandbars versorgen Sie bestens. Das Wasser ist durch die windgeschützte Lage der kleinen Bucht meist ruhig und fällt flach ab, genau richtig für die **KIDS**. Die wild wachsenden Kiefern

Anfahrt: Von Port de Pollença aus kann man den Strand mit dem Bus oder per Schiff erreichen; mit dem Auto von Port de Pollença einfach auf die Ma-2210, den Schildern Richtung Cap Formentor folgen (Achtung, einige Serpentinen); nach einer Abfahrt in einem Waldstück ist der kostenpflichtige Parkplatz (zuletzt 8 €/Tag) ausgeschildert.
Tourencharakter: Toller Strand mit wunderbarem Blick, grandiosem Wasser und einem geschichtsträchtigen Ort im Rücken
Strand: Sandige und felsige Abschnitte, Kiefern spenden Schatten, flacher Einstieg
Länge: 1 km
Breite: 10 m
Wasserqualität: Hervorragend
Blaue Flagge: Ja
Infrastruktur: Kostenpflichtiger Parkplatz, Rettungsdienst, sanitäre Anlagen, Liegen- und Schirmvermietung, Wassersportzone, behindertengerechter Zugang, Restaurants/Bars
In der Nähe: Mirador d'es Colomer, Cap de Formentor, Bóquertal, Port de Pollença (nette Strandpromenade)

Cala Formentor

Kristallklares, flaches Wasser in der Cala Formentor: Ein perfekter Familienstrand

spenden wohltuenden Schatten. Der Strand kann wegen seiner prominenten Lage und der tollen Kulisse in der Hochsaison allerdings voll werden. Das Hotel Formentor, welches weiß durch die Kiefernkronen schimmert und sich gleich hinter dem Strand befindet, ist sicherlich eines er berühmtesten, wenn nicht das berühmteste Hotel der Insel. Das hat neben seiner exklusiven Lage mit **TRAUMHAFTEM BLICK** auf die Bucht von Pollença vor allem historische Gründe: Der argentinische Millionär und Lebemann Adan Diehl eröffnete 1929 die Hotelanlage. Seitdem ist die Anlage der Inbegriff von Noblesse und Tradition. Politiker, Stars und Sternchen gaben sich hier die Klinke in die Hand: Grace Kelly und Fürst Rainier waren Gäste. Winston Churchill kam, malte und schrieb. Helmut Schmidt paffte mit Meerblick und Charlie Chaplin taperte im Bademantel zum Strand.

2 Platja de Muro

Mit Sicherheit ein Vergnügen

Schön, sauber und sicher. Nichts charakterisiert den Platja de Muro treffender. Auf über fünf Kilometern erstreckt sich dieser traumhafte Strandabschnitt innerhalb der Bucht von Alcúdia.

Kaum Wellengang, flacher Einstieg, dazu GOLDGELBER SAND, der größtenteils vor mit Pinien besetzten Dünen liegt. Der Strand ist mit der Blauen Fahne ausgezeichnet, Garant für beste Bedingungen in Sachen Umwelt und Infrastruktur. Für Naturliebhaber, denen ein paar Schritte mehr nichts ausmachen, ist das PINIENWÄLDCHEN im Gebiet von Es Comú, welches für den Verkehr gesperrt ist, besonders zu empfehlen. Bergketten rechts und links runden das perfekte Panorama ab. Sollte die letzte Nacht mal wieder kurz gewesen sein, weil irgendwer sein Kuscheltier verloren hat, zahnt, schlecht geträumt hat oder Sie den alten Papa-lass-das-Licht-an-Kampf

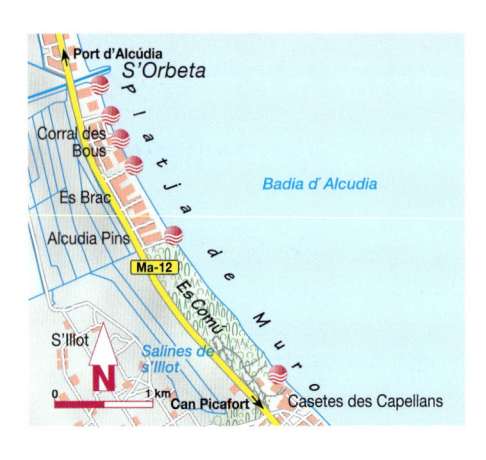

Tourencharakter: Alles zusammengenommen ist dies für mich der beste Familienstrand auf der Insel.
Strand: Feinsandig, flach abfallend
Länge: 5 km (in verschiedene Sektoren eingeteilt)
Breite: 30 m
Wasserqualität: Ausgezeichnet
Blaue Fahne: Ja
Infrastruktur: Rettungsdienst, WC/Duschen, Parkplatz, Strandbars, Wasserpolizei, Wassersportzone, behindertengerechter Zugang
In der Nähe: S'Albufera, Finca Son Real

Platja de Muro

gefochten haben, ist hier der richtige Ort, um beruhigt aufzutanken. Der Platja de Muro hat den besten und modernsten Bade-Sicherheitsdienst auf den Balearen zu bieten. Nicht umsonst wurde er 2009 vom Verband für Umwelterziehung und Verbraucherschutz zum sichersten Strand der gesamten spanischen Mittelmeerküste gekürt. Drei Erste-Hilfe-Stationen sind vorhanden. Zwölf Rettungsschwimmer auf acht Wachtürmen sind täglich im Einsatz, dazu kommt eine einmalige Einrichtung der Gemeinde Muro: Sie stellt für diesen Abschnitt eine eigene WASSERPOLIZEI, die für die Sicherheit der Strandbesucher verantwortlich zeichnet. Wem das nicht reicht, der kann sich an den Erste-Hilfe-Stationen oder Wachtürmen Armbänder für die Kinder aushändigen lassen. Diese werden codiert und können so im Notfall bei der schnelleren Auffindung des Knirpses helfen, sollte er sich mal für eine Solo-Expedition entschieden haben. Bliebe noch zu erwähnen, dass der Strand täglich mit speziellen umweltschonenden Maschinen gereinigt wird, Informationstafeln mit Schutz- und Verhaltenshinweisen aufgestellt wurden, behindertengerechte Stege sowie Amphibienstühle vorhanden sind und acht Badestellen mit kostenlosen Sanitäranlagen samt Duschen errichtet wurden. Was vergessen? Ach ja, natürlich dürfen die STRANDBARS nicht fehlen, die alles haben, was das SOMMERHERZ auf die Schnelle begehrt. Mehr Strand geht nicht. Hinfahren.

Am Platja de Muro findet mit Sicherheit jeder ein Plätzchen.

In der Karte sind mehrere Punkte verzeichnet, an denen man bequem und bis auf wenige Meter ans Meer herankommt. Welcher Abschnitt nun wem am besten gefällt, ist Geschmackssache, aber schön sind sie alle.

3 Platja de Alcúdia

Meer als erwartet

Dieser Strandabschnitt schließt in nord-westlicher Richtung am Platja de Muro an und endet immer breiter werdend direkt an der Hafenpromenade von Port d`Alcúdia. Im Prinzip sind sich die beiden Nachbarstrände ähnlich, doch dieser Abschnitt ist meist deutlich lebhafter.

Das liegt an dem sehr beliebten (gerade bei Familien, weil oft günstig) Ferienort Port d`Alcúdia im Rücken des Strandes. Und obwohl der Ort, nicht zu verwechseln mit dem pittoresken Alcúdia weiter nördlich, nicht viel außer Hotels, Restaurants und Spielhöllen bietet, so hat der Pauschaltourismus kaum auf den Strand abgefärbt. Vielleicht bevorzugen viele ja den Hotelpool oder fürchten eben einen völlig überlaufenen Strand und kommen erst gar nicht. Wie auch immer, hier findet jeder genug Platz, um sich auszubreiten.

KINDER sind en masse vorhanden und Supermärkte sowie Restaurants und Bars nur ein paar Meter entfernt. Am Abend werfen die Villen und Chalets in der ersten Strandreihe einen wohltuenden SCHATTEN auf den Sand, wäh-

---

Anfahrt: Auf der Autobahn Ma-13 Richtung Palma – Sa Pobla, weiter Richtung Alcúdia und auf die Ma-3460 Richtung Port d'Alcúdia; am Kreisverkehr links auf die Avenida de Tucá, dann immer geradeaus bis zur Carrer Petúnies und rechts zum Strand abbiegen
Tourencharakter: Ein charmanter Strand, an dem man sich rundum wohlfühlt und der durch seine Infrastruktur besticht
Strand: Feinsandig, flach abfallend
Länge: 3,4 km
Breite: 50–80 m
Wasserqualität: Hervorragend
Blaue Flagge: Ja
Infrastruktur: Parkplatz, Rettungsdienst, sanitäre Anlagen, Duschen, Bars und Restaurants in unmittelbarer Nähe, behindertengerechter Zugang, Wassersportzone
In der Nähe: S'Albufera, Talaia, Fundación Jakober

Platja de Alcúdia

Ein kleiner Kiefernwald spendet Duft und Schatten am Strand von Alcúdia.

rend das tiefstehende Licht die Berge in ein sanftes Rot taucht. Viele Mallorquiner kommen dann erst, um hier den Tag ausklingen zu lassen.

Auch dieser Strand ist äußerst sauber und gepflegt, der Einstieg ins Meer flach und das Wasser KRISTALLKLAR. Ich habe in der Karte meine Lieblingsstelle markiert, an der ein alter PINIENWALD inmitten der Siedlung überlebt hat. Er reicht bis zum Strand, spendet wunderbaren Schatten und duftet nach Harz.

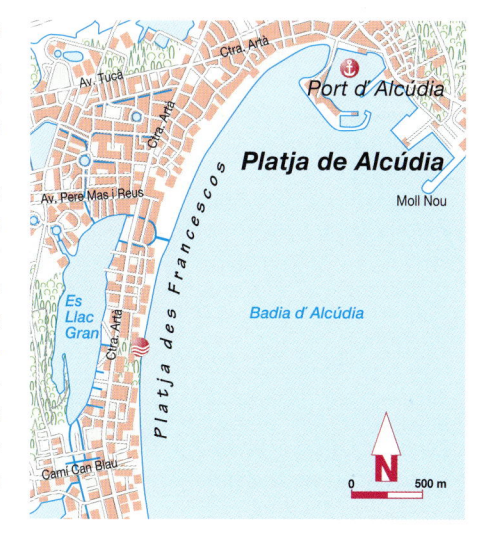

4 Talaia d'Alcúdia

Zwischen zwei Wassern

Für diese recht kurze, aber doch intensive Wanderung zum Talaia d'Alcúdia sollten Sie die Outdoor-Fähigkeiten Ihrer Kinder möglichst objektiv betrachten. Lust an der Bewegung in der Natur und eine gewissen Kondition sind unbedingte Voraussetzungen, damit der Ausflug zum Erfolg wird.

In jedem Fall gilt es, recht zeitig am Morgen zu starten, um nicht in der Mittagszeit auf dem GIPFEL zu landen. Ziel: Die Halbinsel Victòria im Norden Mallorcas. Folgen Sie von Alcúdia kommend der Küstenstraße entlang der Halbinsel von Sa Victòria bis zur Ermita de la Victoria. Hier können Sie den Wagen bequem abstellen. Oberhalb der Klause, die aus dem Jahr 1679 stammt und heute eine Herberge ist (Über-

Anfahrt: Von Alcúdia über die Carrer Xara Richtung Mal Pas – Bonaire, auf die Carrer Garcia Lorca bis zum Hafen und dann rechts auf den Cami Vell de la Victòria bis zur Ermita de la Victòria; kostenlose Parkplätze sind vorhanden.
Weglänge: 3 km
Höhenmeter: 310 m
Gehzeit: Insgesamt 2 Std.
Ausrüstung: Festes Schuhwerk, ausreichend Wasser, Fernglas, evtl. Picknick
Tourencharakter: Der perfekte Tag für die sportliche Familie. Das wird geboten: spektakuläre Aussichten; mallorquinische Wildziegen; duftende Pinien; Bewegung und Spaß für die ganze Familie
Schwierigkeit: Anspruchsvoll
Einkehr: An der Hermitage Restaurant Mirador de la Victòria, Tel. +34/971 54 71 73, www.miradordelavictoria.com, oder am Strand Bar S'Illot
Übernachtung: Im Petit Hotel der Hermitage, Tel. +34/971549912, www.lavictoria-hotel.com
Altersempfehlung: Ab 5–6 Jahre
Kinderwagen: Nein
Beste Zeit: Frühjahr, Herbst, im Sommer nur früh morgens oder bei Temperaturen unter 30 Grad, teils Schatten
In der Nähe: Fundación Jakober, Alcúdia, S'Albufera

Talaia d'Alcúdia

Auch Wildziegen mögen die Gipfelsicht auf die Bucht von Pollença.

nachtungen sind möglich), geht der Weg nun links ab. Folgen Sie dem Schild mit der Aufschrift Talaia d' Alcúdia. Nach wenigen Metern sehen Sie links das typisch mallorquinische Restaurant Mirador de Sa Victòria. Ich empfehle dort nach der Wanderung einzukehren. Kurz darauf kommt eine Schranke, die den Weg für Fahrzeuge sperrt. Folgen Sie dem breiten, teils schattigen, kieferngesäumten Weg nun einfach bergauf, bis Sie nach 30 Minuten eine Art Hochebene erreichen. Rechts steht ein runder WASSERSPEICHER für den Fall eines Waldbrandes. Der Gipfel ist nun genau vor Ihnen. Von nun an wird es etwas steiler, enger und steiniger, aber keine Sorge, es ist nicht mehr weit. Folgen Sie dem schmalen Pfad bis zum Gipfel. Auf 410 Meter Höhe weist ein Schild neben einem Steinhaufen zum Strand von Coll Baix. Das wäre eine weitere tolle EXKURSION zu einem spektakulären Strand, den wir aber links liegen lassen, um uns an den Aufstieg der letzten Meter zu machen. Sehr wahrscheinlich treffen Sie spätestens hier auf die MALLORQUINI-

SCHE WILDZIEGE. Diese Ziegenart wurde vor Urzeiten auf der Insel eingeführt. Sie lebt vorwiegend in den Gebirgszonen von Tramuntana und Artá. Man unterscheidet sie von den vielen ausgewilderten Hausziegen durch ihren kleineren Wuchs, die stets vorhandenen Hörner und das rötliche Fell bei schwarzem Widerrist und Bauch. Da diese Tiere nachhaltig von September bis Juli gejagt werden dürfen, sollten Sie die ausgeschilderten Wege nicht verlassen, und wenn Sie einen Hund dabeihaben, sollten Sie diesen besser anleinen.

Auf dem Gipfel des Sa Talaia haben Sie einen gigantischen Ausblick auf die Bucht von Pollença rechts und die Bucht von Alcúdia links. Im Hinterland liegen die Sümpfe von S'Albufera und natürlich die nördlichen Ausläufer des Tramuntana-Gebirges. Sie werden dort oben die Reste eines ALTEN WACHTURMES (TALAIA) bemerken, der dem Berg seinen Namen gab: Talaia d'Alcúdia. Einst gab es 85 solcher Wachtürme rund um die Insel. Sie sollten rechtzeitig vor PIRATEN warnen, die Mallorca jahrhundertelang in Atem hielten. Das System war so einfach wie verblüffend. Sobald ein Wächter Piraten erspähte, zündete er an seinem Turm ein Leuchtfeuer an. Da ein Turm Sichtkontakt zum nächsten hatte, lief das Feuer nun von Turm zu Turm bis Palma, warnte auf diese Weise die Bevölkerung und verständigte das Militär. Leider sind nur noch knapp über die Hälfte dieser Türme erhalten. Dann ist da noch eine kleine bemannte HÜTTE auf dem Gipfel. Es geht dabei

Viele der Wanderwege auf Mallorca sind gut ausgeschildert.

Talaia d'Alcúdia

auch um die Früherkennung von Gefahr, ganz ähnlich den alten Wachtürmen. Nur werden heute keine Piraten mit Feuersäulen gemeldet, sondern Waldbrände per Funkgerät.

Sollten Sie hier oben nicht picknicken, können Sie nach dem Abstieg über denselben Weg nun wahlweise mit den Kids im RESTAURANT Mirador de Sa Victòria an der Ermita speisen oder Sie fahren mit dem Auto runter zur Strandbar S'Illot, wo sich mit tollem Blick auf die BUCHT von Pollença gut, wenn auch nicht ganz billig, speisen lässt. Danach könnten Sie sowohl rechts zum Platja de S'Illot als auch links von der Bar zu einer kleinen Bucht absteigen und sich mit der Familie ein wohlverdientes Bad gönnen. Ein Alternativvorschlag wäre ein Besuch bei der Stiftung Jakober (siehe Tipp 10) oder ein Bummel durch das benachbarte, liebliche Alcúdia, um den hoffentlich perfekten Tag abzurunden (vor allem mit einem schönen und hart verdienten EIS).

Nach dem Abstieg wartet die Abkühlung an der Platja de S' Illot.

Oben: Traumhafte Pfade winden sich zum Sa Talaia – ein bisschen Mut braucht man schon.

5 Wanderung durchs Bóquertal

Einfach herrlich, herrlich einfach

Am nord-westlichen Ende von Port de Pollença liegt der Einstieg in die leichte wie beliebte Wanderung durch das Vall de Bóquer. Eingerahmt von herrlichen Felswänden verläuft der Weg durch eine Landschaft, die teilweise an Karl Mays Wildwest-Kulissen erinnert.

Karstformationen und eine Macchie aus Rosmarin, Zwergpalmen, Dissgras und Mastix-Sträuchern prägen das Tal, das schon vor Urzeiten bewohnt war. Immer wieder sieht man dort Vogelbeobachter mit Spektiven und Großferngläsern, die hier Mönchsgeier, Habichtsadler und eine Vielzahl anderer VÖGEL zu sehen hoffen. Und wenn Geier und Konsorten gerade nicht zu

Anfahrt: Auto: Von Palma auf der Autobahn Ma-13 bis zur Ausfahrt Pollença und weiter auf der Ma-2200 nach Port de Pollença; auf der Straße in Richtung Formentor (ausgeschildert) zum nördlichen Ortsrand, dort an einer Rotunde links auf den Schotterparkplatz fahren. **Bus:** Von Palma mit der Linie 340 Port de Pollença. Am Hafen aussteigen und die Strandpromenade in nördlicher Richtung laufen bis zum Restaurant Los Pescadores, dahinter links in die Avenida Bocchoris einbiegen. Kurz darauf überquert man die Hauptstraße und gelangt zum Parkplatz und damit zum Ausgangspunkt der Tour.
Höhenmeter: 80 m
Gehzeit: Insgesamt 1,5 Std.
Ausrüstung: Festes Schuhwerk, Fernglas, Wasser, Sonnenschutz (kein Schatten)
Tourencharakter: Ein bezauberndes Tal, für Kinder bestens geeignet und in direkter Nachbarschaft zu Port de Pollença. Das wird geboten: eine wundervolle Wanderung zu einer Cala; Vögel und Wildziegen; ein erfrischendes Bad
Schwierigkeit: Mittel
Einkehr: Port de Pollença an der Strandpromenade. Picknick kann z. B. im Supermarkt an der Rotunde zur Ausfahrt Richtung Formentor besorgt werden
Altersempfehlung: Ab 4–5 Jahre
Kinderwagen: Nein
Beste Zeit: Frühjahr, Herbst, im Sommer zeitig am Morgen, kein Schatten
In der Nähe: Mirador d'es Colomer, Playa Formentor, Cap de Formentor, S'Albufera
Informationen: Tourist-Info am Busbahnhof (Nähe Taxistand), Tel. +34/971/86 54 67

Wanderung durchs Bóquertal

Der Weg durch das Tal ist leicht und für alle Kinder zu schaffen.

Hause sind, dann sind da immer noch die zahlreichen **WILDZIEGEN**, die vorwitzig aus den Büschen hervorlugen und deren stetem Verbiss das Tal seine Baumlosigkeit verdankt.

Wer zufällig in Port de Pollença untergebracht ist, kann zu Fuß gehen, für die anderen ist der Parkplatz der Ausgangspunkt. Von dort führt ein Schotterweg zu einem Tor, welches zur Finca Bóquer gehört. Es versperrt Fahrzeugen die Zufahrt, doch Wanderer dürfen durch die eingelassene Tür passieren. Vom Hof der Finca haben wir einen tollen Blick auf die Bucht von Pollença. Gleich hinter der Finca kommt ein weiteres Tor und ein Hundezwinger. Nicht erschrecken! Der schwarze Pastor Mallorquin oder *ca bestiar*, wie man diese Rasse hier nennt, schlägt vermutlich lautstark an. Man sieht diese imposanten Wachhunde überall. Es besteht aber keine Gefahr. Hinter diesem Tor folgen wir dem Weg durch die riesigen Felsblöcke und Büsche bis ins sanft ansteigende Bóquertal. Wir bleiben auf dem erkennbar breitesten Weg. Dabei passieren wir einige alte Begrenzungsmauern, die sogenannten *tancas*. Nach 30 Minuten erreichen wir schließlich den Coll del Moro. Von hier haben wir einen großartigen Blick auf die Cala Bóquer und die FELSENINSEL Es Colomer. Es führen nun mehrere Wege hinunter zum Steinstrand. Wir halten uns links und folgen den

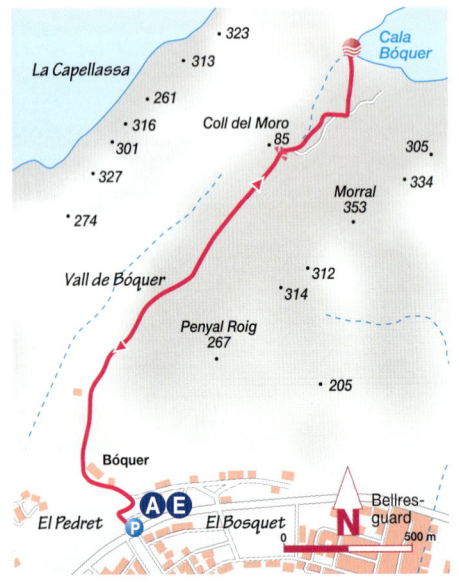

Blick auf die Cala Bóquer und die Felseninsel Es Colomer im Hintergrund

Wanderung durchs Bóquertal

STEINMÄNNCHEN bzw. Pyramiden bis zum Wassersaum. Je nach Jahreszeit kann es hier völlig menschenleer sein oder recht lebhaft zugehen. Die lustigen **FELSEN** eignen sich gut als Stühle und Tische, geradezu ideal für ein Picknick. Wer vorher noch eine Abkühlung braucht, sollte sich ins kristallklare Wasser stürzen. Doch bitte zunächst nach Quallen Ausschau halten. Sie schwappen öfter in der Cala herum – vermutlich, weil sie es hier genauso schön finden wie die Zweibeiner. Zurück zum Ausgangspunkt nehmen wir dieselbe Route.

Ein Ziegenbock auf Patrouille. Picknick schnell einpacken, sonst …!

Die Cala Bóquer lädt zum Verweilen, Picknick machen und Steine-Springen-Lassen ein.

6 Monestir de Lluc

Kloster, Kamel und Gruselhöhle

Das Kloster Lluc gehört zu den wichtigsten Sehenswürdigkeiten Mallorcas, quasi ein Pflichtbesuch. Es ist nicht nur der bedeutendste Wallfahrtsort der Insel, sondern auch architektonisch interessant.

So hat Antoni Gaudí, der Meister des katalanischen Jugendstils, des sogenannten Modernisme, hier im Kircheninneren Hand angelegt und auf dem hinter dem Kloster befindlichen Kalvarienberg mit fünf Plastiken seine Spuren hinterlassen.

Anfahrt: Auto: Von Palma auf der Ma-13 bis Inca, dort auf die Ma-2130 und die Ma-10 zum Kloster Lluc. **Bus:** Von Palma mit der Linie 330; Hinweis: Dies ist die einzige Tour bei der Sie bzw. die Kinder ein paar heftige Serpentinen auf sich nehmen müssen. Sollte jemand zu Übelkeit im Auto neigen, ist eine andere Tour ratsamer.
Ausrüstung: Wasser, festes Schuhwerk, Taschenlampe, evtl. Picknick, Badesachen
Tourencharakter: Ein spannender Ort voller Geschichten und eine abwechslungsreiche Wandertour für Kinder. Das wird geboten: eine ganz besondere Marienfigur; ein weltberühmter Kinderchor; Abenteuer und Bewegung; ein Kamel aus Stein; eine waschechte Gruselhöhle; typische Vegetation des Tramuntana-Gebirges wie Steineichen, Zistrosen und Rosmarin, ein botanischer Garten mit einem großzügigen Freibad
Schwierigkeit: Mittel
Beste Zeit: Frühjahr, Herbst, wochentags, Wanderung teils schattig
Einkehr: Reichlich Gastronomie am Klostergelände; Tipp: Sa Fonda (Mo/Di geschl.)
Übernachtung: Im Kloster möglich
Altersempfehlung: Ab 5–6 Jahre
Kinderwagen: Klostergelände unproblematisch, für Wanderung nicht geeignet
Preise: Preise: PKW 6 € inkl. Museumseintritt für 2 Pers. Ohne Parken: 3 €/Pers. Residenten: PKW 2 €, inkl. Eintritt für 1 Pers. Spielraum (an Wochenenden) 2 €. Schwimmbad 2 €/Pers. (Juni–Sept. 10–13, 15–18 Uhr). Bei Übernachtung: PKW 4 € inkl. Schwimmbad. Klosterkirche samt Konzert Belavets kostenfrei
In der Nähe: Höhlen von Campanet, Inca, Pollença
Informationen: Santuari de Lluc, Plaça dels Peregrins 1, 07315 Escorca
Tel. +34/971/87 15 25, www.lluc.net

Monestir de Lluc

*Pflichtprogramm vieler Touristen und Pilger in den Bergen Mallorcas:
Das Kloster Lluc.*

Die **Legende des Klosters** wird sicherlich auch Kinderohren hellhörig machen. Als die Christen, angeführt von Jaume I., die Insel von den Mauren zurückeroberten, verloren viele der arabischen Insulaner ihr Hab und Gut. Manche ließen sich und ihre Familien zu Christen umtaufen, um wenigstens am Leben zu bleiben. So wurde auch aus dem kleinen ARABERJUNGEN Lukas, der mit seinen Eltern in den Bergen lebte, schließlich der Christ Lluc. Und als dieser gerade mal wieder die Schafe des Vaters auf der Suche nach Weidegründen durch die Berge trieb, sah er etwas im Gras leuchten. Er schlich sich voller Neugier heran und sah eine Marienfigur aus der Erde ragen. Zu seiner Überraschung hatte die Maria eine dunkle

*Der Weg ist bestens ausgeschildert –
immer der 4 hinterher.*

Hautfarbe, seiner eigenen ganz ähnlich. Der Junge packte die Figur behutsam ein und brachte sie einem Pfarrer. Dieser stellte sie juchzend in seiner Kirche auf. Doch am nächsten Tag war sie verschwunden. Lluc fand sie schließlich an der exakt gleichen Stelle wie zuvor im Gras. Wieder brachte er sie dem Pfarrer, wieder stellte dieser sie in seiner Kirche auf und wieder verschwand die Statue. Das ging so lange, bis der Pfarrer verstand, dass die Figur genau dort bleiben wollte, wo Lluc sie gefunden hatte. Also ließ er an der Fundstelle eine Kapelle für die schwarze Maria (*moreneta*) errichten, aus der sich das heutige Kloster entwickelte. Hier leben heute die Mönche des Heiligen Herzens.

Nun mal Hand aufs Herz, ein Klosterbesuch mit Kindern ist vielleicht nicht gerade das, was einen Familienausflug zum Ereignis werden lässt. Und so wird man dann auch am Kloster tatsächlich öfter Zeuge des folgenden Schauspiels: Familien stellen ihren Mietwagen auf dem kostenpflichtigen Parkplatz ab, laufen etwas verloren über die Klosteranlage, bis sie die schwarze Maria gefunden haben, trinken dann im Hof Kaffee und fahren heim. Kloster Lluc abgehakt. Kann man so machen, muss man aber nicht. Es gibt vielleicht eine Möglichkeit, wie Sie als kulturinteressierte Eltern und die Kinder als abenteuerlustige Bewegungsmaschinen gleichsam auf ihre Kosten kommen. Wie wäre es denn, wenn Sie einen Besuch bei der *moreneta* mit einer kleinen Wandertour verbinden?

Aber bevor die Wanderstiefel ausgepackt werden, sollten Sie zunächst versuchen, die Blauets abzupassen. Das ist der in Spanien wohl beste und bekannteste Kinderchor, bestehend aus Schülern des Musikinternates, welches im Kloster beheimatet ist. Der Name Blauets stammt von den blauen Ärmeln und Krägen ihrer Soutanen. Denn tatsächlich heißt blau auf Mallorquín auch blau. Der Chor wurde offiziell im 16. Jahrhundert gegründet, doch reichen

Monestir de Lluc

seine Wurzeln bis ins 13. Jahrhundert zurück. Erst seit wenigen Jahren sind auch Mädchen zugelassen, und die haben die Jungs mittlerweile an Zahl sogar übertrumpft. Jeden Tag um 13.15 Uhr singen die Kinder in der Kirche das Salve Regina (Schulferien ausgenommen). Ein einmaliges, zudem kostenloses Ereignis. Sollten Sie dem Konzert vorsichtshalber ohne den unzähmbaren Nachwuchs beiwohnen wollen, so gibt es neuerdings einen Spielraum (bisher nur am Wochenende geöffnet) in der Nähe des Kircheneingangs. Hier können die kleinen Raudis gegen Gebühr kurz geparkt werden. Eventuell ergibt sich so für alle eine Win-Win-Situation. Und wenn Sie dann von der schwarzen Maria mit ihrem milden Lächeln in der Kapelle hinter dem Kirchenschiff eingenommen wurden, geht das ABENTEUER für die Kids los.

Die Route ist ein RUNDWEG, für den man eine Stunde und 40 Minuten einplanen sollte. Für die weniger lauffreudigen Kids kann man das Ganze aber abkürzen und daraus eine insgesamt 30- bis 40-minütige Wanderung bis zum KAMEL und zurück machen.

Vom Parkplatz kommend überqueren wir zunächst den Plaça dels Pelegrins, den Pilgerplatz, der vor dem Hauptgebäude des Klosters liegt. Kurz vor Erreichen des Gebäudeeingangs sehen Sie rechts einen Bookstore, der übrigens die beste Auswahl an Wanderkarten bzw. Wanderbüchern auf der ganzen Insel hat. Rechts daneben liegt ein Durchgang, der auch zum botanischen Garten führt. Dort gehen wir hindurch und folgen der Straße, bis nach 200 Metern links ein Weg abführt, gut zu erkennen an der aufgestellten Holztafel, die eine Karte der Tramuntana zeigt. Wir folgen dem Weg, bis wir auf einen etwas kümmerlichen Fußballplatz stoßen und überqueren diesen. Am linken hinteren Ende gehen wir durch die rostige Gittertür und stehen nach wenigen Metern am Ausgangspunkt des Rundgangs. Es sind mehrere Routen ausgezeichnet. Wir folgen der Tour 4 Richtung Sa Cometa des Morts über die kleine Holzbrü-

Unweit des Klosters beginnt der spannende Rundweg zum Kamel und der Gruselhöhle.

cke. Der Weg führt nun treppenartig nach oben. Wenn der kleine Aufstieg geschafft ist, sind es nur noch wenige Meter bis zum Schild Es Camell, dem wir nach rechts folgen. Nun geht es wieder leicht bergab zum sogenannten **Kamel**, einer Felsformation, die ihren Namen durch die kamelartige Form bekam. Vielleicht sollten Sie hier den Kindern eine kleine Einführung in das Thema Karst geben: Vereinfacht gesagt war das Gestein, auf dem Sie gerade stehen einst Meeresboden. Genauer gesagt waren es Mikroorganismen und gesteinsbildende Korallen, die sich als Schlämme auf dem Meeresboden ablagerten. Wenn dann extrem hohe Drücke bzw. hohe Temperaturen durch Plattentektonik entstehen, wird aus den Sedimenten Kalkstein, ein sehr weiches Gestein. Regenwasser in Verbindung mit dem Kohlendioxid (CO_2) aus der Luft ergibt Kohlensäure, welche das Kalkgestein über Jahrtausende auflöst bzw. formt. Im Kalkstein entstehen Höhlen und Klüfte, außen Rillen und Streifen. Sind diese morphologischen Strukturen zu beobachten, spricht man von Karst.

Mit etwas Fantasie entdeckt man im Karst das Kamel.

Sollten die Kinder nach Ihren Ausführungen jetzt nicht eingeschlafen sein, lassen Sie das Kamel kurz links liegen und gehen den kleinen Pfad weiter bis zu einem AUSSICHTSPUNKT, von dem aus man einen herrlichen Blick über das Hochtal hat. Nun gehen wir den gleichen Weg wieder zurück bis zum Hauptweg. Sollte sich abzeichnen, dass die Kinder sehr müde und lustlos sind, dann gehen Sie bitte wieder nach links Richtung Kloster zurück. Diejenigen, die noch ABENTEUERLUST haben, gehen einfach nach rechts weiter in Richtung Sa Cometa de Morts. Gleich nach dieser Weggabelung liegt links ein runder Köhlerplatz. Hier wurde in einem langen und schwierigen Prozess früher Holzkohle in einem selbstgebauten Meiler hergestellt. Es gibt unzählige dieser Plätze im Tramuntana-Gebirge.

Weiter geht's auf der Route 4. Wir folgen dem Weg geradeaus durch den

Monestir de Lluc

herrlichen Steineichenwald, bis er sich nach fünf Minuten erneut gabelt. Wir gehen rechts weiter zur Sa Cometa des Morts. Nun ist es nicht mehr weit bis zur HÖHLE. Achten Sie links auf die Holzpfähle mit der Nummer 4, die nun den Weg zur Höhle abseits des Weges markieren. Wenn sie den Markierungen folgen, sollten Sie schnell vor dem Höhleneingang stehen. Bitte Vorsicht beim Einstieg: Die Steine sind selbst im Hochsommer feucht, der Eingang zuerst schmal, dann niedrig. Die Taschenlampe ist nun Pflicht, da es kein Licht in der Höhle gibt. Die Höhle ist für mallorquinische Verhältnisse eher bescheiden groß (ca. 40 Meter lang). Jedoch bezieht sie ihre Atmosphäre aus ihrer Geschichte. Gruselgarantie!

Sie ist seit dem 18. Jahrhundert bekannt und wurde im Jahr 1945 von Pater Cristófol Veny ausgegraben. In Sa Cometa des Morts wurden in der Bronzezeit und später in der Eisenzeit die Toten beigesetzt, teilweise in ausgehöhlten Steineichen-Stämmen. Derzeit werden die in der Höhle gefundenen Reste u.a. im Klostermuseum Lluc ausgestellt.

Um unsere Tour fortzusetzen, kehren wir nach der Höhle auf den Hauptweg zurück und folgen diesem, bis wir auf eine Landstraße stoßen. Wir gehen rechts, bis nach 50 Metern rechts ein breiter Weg samt Holztor auftaucht. Es ist der sogenannte Camí Vell von Pollença nach Lluc. Diesem Weg folgen wir und kommen nach weiteren 15 bis 20 Minuten schließlich zu einem lauschigen Picknickplatz. Hier gibt es Toiletten und die Möglichkeit, Wasser nachzufüllen. Wenn Sie nicht picknicken möchten, lassen sie den PICKNICKPLATZ links liegen und gehen geradeaus weiter bis zum Fußballplatz, wo der Rundkurs endet. Nun lädt die vorhandene Gastronomie rund um das Kloster zu allen erdenklichen Speisen und Getränken ein.

Wer sich gerade in den heißen Monaten richtig abkühlen will, dem sei ein Besuch im gerade renovierten Schwimmbad des Jardí Botànic, dem botanischen Garten, ans Herz gelegt. Ganz nebenbei

> **HEY KIDS,**
> das Kamel habt ihr bestimmt erkannt. Seht ihr noch mehr Tiere im Stein?

kann man in der Gartenanlage rund 200 einheimische Pflanzen in voller Pracht bewundern. Die Eltern, die nach so einem ereignisreichen Tag dringend eine innere Klausur benötigen, können auch gleich hierbleiben. Das Kloster hält insgesamt 81 einfache Zimmer und 36 Apartments für Gäste bereit.

7 Das düstere Geheimnis von Son Real

Die Totenstadt am Meer

Will man mit den Kids mal etwas Besonderes machen, dabei aber nicht auf ein wohlverdientes Bad oder ein Nickerchen am Strand verzichten, dann bietet sich die Nekropole von Son Real an. Ja, richtig gehört. Eine Totenstadt am Meer.

Die kleine, insgesamt einstündige Wanderung (drei Kilometer) startet in Son Bauló, einem Vorort von Can Picafort. Da auf dem Weg zur Nekropole der

Anfahrt: Nach Son Bauló: Kurz hinter Can Picafort geht es Richtung Artá auf die Landstraße Ma-12, am Kreisel auf die Carretera de Santa Margalida und rechts Richtung Torrent de Son Bauló; in Strandnähe kann man parken. Zur Finca Son Real direkt: Die Finca Son Real liegt an der Landstraße zwischen Can Picafort und Son Serra, dreieinhalb Kilometer hinter Son Bauló auf der linken Seite; kostenloser Parkplatz vorhanden
Höhenmeter: 30 m
Gehzeit: Son Bauló–Nekropole und zurück 1 Std., Son Bauló–Finca Son Real und zurück 2–3 Std. (je nachdem, welchen Weg man durch den Park nimmt)
Ausrüstung: Badesachen, Wasser, evtl. Picknick, Kamera, Sonnenschutz
Fahrradverleih: An der Finca für Inhaber der Targeta Verde kostenlos
Tourencharakter: Ein tolles Paket aus Strandtag und Kultur; immer noch ein Geheimtipp. Das wird geboten: eine leichte Wanderung entlang einer traumschönen Küste; eine spannende Ausgrabung am Wassersaum; ein beschilderter Naturpfad mit kleinem (Freilicht-)Museum
Schwierigkeit: Leicht bis mittel
Einkehr: Son Bauló
Beste Zeit: Ganzjährig, im Sommer frühmorgens oder abends
Öffnungszeiten: Finca: April bis September 10–19 Uhr, Oktober bis März 10–17 Uhr. Museum: ganzjährig bis 17 Uhr
Preise: Finca: Eintritt frei; Museum: Erwachsene 5 €, Kinder 3 €
In der Nähe: Platja Muro, S'Albufera, Fundación Jakober
Informationen: Finca pública de Son Real, Tel. +34/971/18 53 63, www.balearsnatura.com/finca-publica-de-son-real

Strand naturbelassen ist, gibt es keinerlei Chiringuitos (Strandbuden) zur Verpflegung. Natürlich kann man in Son Bauló ein kleines Picknick einkaufen. Leichtes Gepäck mit Badesachen, Wasser und einem kleinem Bestechungs-Snack im Falle einer vorschnellen Ermüdung der Sprösslinge ist angesagt. Wir überqueren den Strand entlang des Torrente Son Bauló und biegen dann rechts ab. Nun wandern wir einfach den **NATURSTRAND** entlang, bis nach 25 bis 30 Minuten die Nekropole auftaucht. Eine typische Pflanze,

Letzte Ruhestätte mit Panoramablick: Die Nekropole von Son Real

die am Weg wächst und die Sie sogar probieren können, ist der Meerfenchel, genannt *fonoll marí* , den man hier mariniert als Beilage zu allerhand Speisen reicht. Die Totenstadt liegt auf der kleinen Landzunge Punta des Fenicis, Spitze der **Phönizier**, direkt am Strand. Der Abschnitt ist nach dem Landgut Son Real benannt, das sich weiter oben an der Landstraße (siehe Alternativweg unten) befindet.

Lassen Sie die Kinder nun ruhig klettern und die Gänge erkunden, was erlaubt und völlig okay ist. Nach dem **KLETTERSPASS** zwischen den labyrinthartigen Kleinbauten ist es Zeit für ein kleines **PICKNICK**. Dazu sollten Sie vielleicht mit einer wuchtigen, dramatischen Erzählstimme dem Nachwuchs Folgendes berichten: Die **Totenstadt** stammt aus dem siebten bis vierten Jahrhundert vor Christus und ist 800 Quadratmeter groß. Die Ausgrabungen begannen 1957 und wurden 1970 abgeschlossen. 109 Gräber in gutem Zustand konnten geborgen werden. Dabei sind drei verschiedene

Formen zu beobachten: Runde, hufeisenförmige und rechteckige. Diese stammen aus dem siebten, fünften und vierten Jahrhundert v. Chr. Vermutlich war die Totenstadt sogar noch größer und ist in Teilen der Meereserosion anheimgefallen. In den Gräbern lagen über 300 Skelette in Fötusstellung,

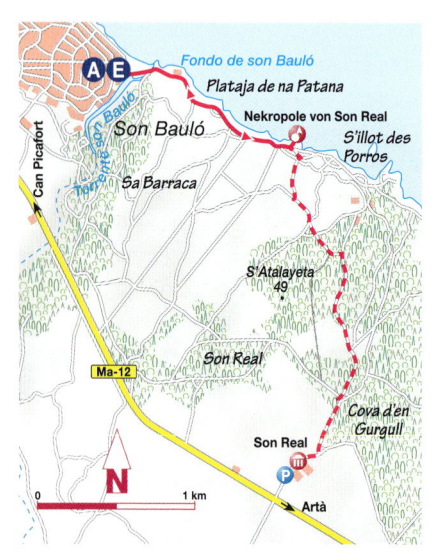

Mediterraner Garten und beschilderter Naturpfad im Park der Finca Son Real

dazu Waffen, Schmuck, Tierknochen und Muscheln. Die Gegenstände werden heute im Museu monogràfic de Pollèntia in Alcúdia aufbewahrt. Bisher ist unklar, woher die Toten genau kamen. Man hat der Nekropole bis heute keine Siedlung zuordnen können.

Nun gibt es zwei Möglichkeiten. Wem dieser Exkurs vorerst reicht, der geht einfach langsam zurück. Schauen Sie sich doch auf dem Rückweg nach einer Stelle um, an der Sie ungestört baden können. Sie werden auf Mallorca nicht oft derart menschenleere Strände vorfinden. Für natur- bzw. kulturinteressierte Familien ist der Weg über das namengebende, etwas vom Meer abgewandte Landgut Son Real eine tolle Alternative. Gegenüber der Nekropole sehen wir ein Tor, hinter dem der PARK der Finca Son Real liegt. Ein Weg von 2,2 Kilometern Länge führt von hier bis zum Haupthaus. Die Balearen-Regierung erwarb die fast 400 Hektar große Finca im Jahr 2002, richtete sie her und machte sie 2007 der Öffentlichkeit zugänglich. Doch bis heute ist sie ein Geheimtipp geblieben. Im Haupthaus befindet sich sogar ein Museum.

Mit ein wenig Glück bekommt man im **Park von Son Real** eine MITTELMEERSCHILDKRÖTE zu Gesicht. Diese Art ist hier derart prominent, dass sie sogar im Logo des Gutes verewigt wurde. Doch damit nicht genug. Rund 60 Prozent der auf den Balearen heimischen Tierarten kämen hier vor, sagt ein Mitarbeiter des Parkes. Am Wegesrand werden auch auf Deutsch Tier- und Pflanzenarten erläutert. Schafe nähern sich neugierig und in den Buschwipfeln sitzen gerne Wiedehopfe. Dazu gibt es unweit des Haupthauses ein Gehege für die SCHWARZEN SCHWEINE oder auch **Cerdo Ibérico**. Dabei handelt es sich um eine Kreuzung aus Haus- und Wildschwein, die schon seit Jahrhunderten auf Mallorca lebt. Sie sind klein, flink, werden ausschließlich in Freigehegen unter Steineichen, Mandel-, oder Johannisbrotbäumen gehalten und liefern den berühmten spanischen Schinken oder im Falle Mallorcas die Sobrassada-Streichwurst. Früher hielt beinahe jeder Hof ein paar dieser Schweine. Beim alljährlichen Schlachtfest (*matanca*), das meist im Winter stattfand, half die ganze Familie mit und sicherte so die Fleischversorgung für das ganze Jahr.

Im Haupthaus wurde ein **Museum** eingerichtet. Zunächst informiert ein kurzer Film über die Geschichte von Son Real. Das Sammelsurium der Ausstellungsgegenstände aus Archäologie, Landwirtschaft und sozialem Alltag auf der Finca wurde mit Liebe zum Detail aufbereitet, z. B. die Bauernküche aus dem frühen 20. Jahrhundert. In Filmsequenzen lernen wir, wie die Schäfer, Jäger und Köhler des Gutes einst lebten und arbeiteten. Es war eine nahezu hermetisch abgeriegelte Welt. Traditionen und Insellegenden hielten sich daher an den autarken Höfen besonders lange.

Natürlich kann man den Ausflug zur Nekropole auch hier an der Finca starten und das Auto auf dem kostenfreien Parkplatz abstellen. Und wer will, leiht sich einfach gegen Gebühr ein paar Drahtesel aus und erkundet das Gelände per Rad.

HEY KIDS, wisst ihr eigentlich, dass Mittelmeerschildkröten sehr alt werden? Das liegt daran, dass sie sich kaum bewegen und Energie verbrauchen.

8 Naturschutzgebiet S'Albufera

Im Land der Vögel

Wenn Sie mal mit Ihren Kindern im wahrsten Sinne des Wortes in Ruhe versumpfen wollen, fahren Sie bitte (noch) nicht zum Ballermann. Nein, das Sumpfgebiet S'Albufera wäre dann die richtige Wahl.

Wie bitte? SÜMPFE auf Mallorca? Ja, korrekt. Auch damit kann die Insel aufwarten. Und obwohl das Naturschutzgebiet nah an einer touristisch stark frequentierten Zone, nämlich zwischen Port d'Alcúdia und Can Picafort, liegt, kennen es viele Urlauber immer noch nicht. Dabei bildet es wirklich einen gelungenen Kontrapunkt zum ewig lockenden Strand, bei dem es vor allem um eines geht: Stille.

Der Eingang zum Park befindet sich an der Pont dels Anglesos (Brücke der Engländer) am Canal Gran de s'Albufera, dem großen Kanal Albuferas. Die

Anfahrt: Von Palma über die Autobahn Richtung Norden – Port d'Alcúdia; auf der Landstraße Ma-12 Richtung Can Picafort; bei der Brücke der Engländer (siehe Karte) parken
Gehzeit: Variabel
Ausrüstung: Fernglas (kann im Park auch ausgeliehen werden), Wasser, Insektenschutz gegen Mücken
Tourencharakter: Eine völlig unerwartete Landschaft, bei der es weniger um wilde Abenteuer geht als um stilles Beobachten im Einklang mit der Natur. Das wird geboten: seltene Flora und Fauna; schöne Fotomotive; spazieren gehen in beinahe unberührter Landschaft
Schwierigkeit: Leicht
Einkehr: Port d'Alcúdia
Beste Zeit: Ganzjährig. Kein Schatten. Wer Zugvögel beobachten will: Frühjahr bzw. Herbst
Öffnungszeiten: Der Park selbst ist vom 1. April bis 30. September von 9–18 Uhr, vom 1. Oktober bis 31. März von 9–17 Uhr geöffnet. Das Besucherzentrum ist von 9–16 Uhr geöffnet, Tel. +34/971/89 22 50
In der Nähe: Platja de Muro, Playa d'Alcúdia, Finca Son Real, Stiftung Jakober

Naturschutzgebiet S'Albufera

über die Brücke verlaufende Landstraße Ma-12 verbindet Port d'Alcúdia mit Can Picafort. Am Kreisverkehr hinter der Brücke befindet sich auch ein kleiner Parkplatz. Sollte er voll sein, empfehle ich, es auf der andere Straßenseite vor den Hotels zu probieren. Vom Eingang aus erreicht man nach gut einem Kilometer das **BESUCHERZENTRUM** Centre de Recepció sa Roca. Es ist in einer ehemaligen Papiermühle untergebracht, in der man Schilf aus dem Gebiet zur Papierherstellung nutzte. Bitte melden Sie sich und die Kids hier kostenlos an. Das ist nur eine Formalität, um die Besucherzahlen etwas besser einschätzen zu können. Sollten Sie an einer kostenlosen Führung (immer samstags 10–12 Uhr) interessiert sein, erfragen Sie bitte vorher telefonisch, ob diese stattfindet. Auch **FERNGLÄSER** können im Besucherzentrum ausgeliehen werden. Informationsbroschüren liegen kostenfrei aus. Wenn Sie den Park lieber auf eigene Faust entdecken wollen, dann führen von hier fünf ausgeschilderte Wegrouten

Einer der vielen angelegten Kanäle von S' Albufera (insgesamt 138 km)

Oben: Beim Beobachten der Wasservögel ist Geduld und Ruhe angesagt – eine harte Probe für die Kids.

durch den Naturpark. Darüber hinaus befindet sich auch ein kleines Museum im Inneren des Parks.

Das Gebiet **S'Albufera** war ursprünglich eine Seenlandschaft, die vor ca. 100 000 Jahren entstand und langsam verlandete, nur durch Dünen vom salzigen Meer getrennt. Seitdem ist das 1700 Hektar große Sumpfgebiet die Zwischenstation oder das Zuhause von Reihern, Kolbenenten, Schafstelzen und 300 weiteren VOGELARTEN. Zwei Drittel aller auf den Balearen vorkommenden Vögel können hier auf eigens errichteten Beobachtungsständen entdeckt werden. Wer kein Fernglas dabei hat, kann sich eins am Besucherzentrum leihen. Bitte halten Sie Ihre Kinder vor allem in den Beobachtungsständen zur Ruhe an, da dieser Park gerne von mehr oder weniger professionellen Ornithologen besucht wird, die empfindlich reagieren, sollten Ihre Kinder den gerade unter Beobachtung stehenden Vogelverband aufscheuchen. Normalerweise sollte das aber kein Problem sein.

Die Sümpfe sind ein tolles Kontrastprogramm zum Strand auf der anderen Seite der Straße.

Naturschutzgebiet S'Albufera

Achten Sie auf die verschiedenen Klänge und versuchen Sie sie mit Ihren Kindern zuzuordnen. Von wo kommt das? In den Kanälen tummeln sich Frösche, die mit lautem Quaken ins Konzert einstimmen. Auch Schildkröten, Fledermäuse und ungiftige Schlangen sind hier heimisch.

Doch so idyllisch S'Albufera auch anmutet, es steckt eine lange Geschichte in den Untiefen der Sümpfe. Denn es handelt sich um keine reine Naturlandschaft mehr. Schon vor 150 Jahren unternahm die spanische Regierung Maßnahmen zur Trockenlegung der Sümpfe. Einerseits wollte man damit landwirtschaftliche Nutzflächen gewinnen, andererseits die Malaria übertragenden Mücken im Gebiert ausmerzen. Doch das stellte sich als wahre Mammutaufgabe heraus, an der man so lange scheiterte, bis sich schließlich der englische Ingenieur Frederick Bateman im April 1863 mit sage und schreibe 1500 Mann ihrer annahm. Bis ins Jahr 1871 bauten die Arbeiter fast 50 Kilometer Wege, 138 Kilometer Kanäle, elf Brücken und einen 300 Meter langen Landungssteg zum Meer und zwar für insgesamt 18 Millionen Peseten (Gegenwert 5,6 Tonnen Gold), die Bateman selbst bezahlte. Dafür durfte dieser eben jeden Quadratmeter Land, den er trockenlegte, sein Eigen nennen. Am Ende konnten tatsächlich Getreide, Baumwolle, Reis und sogar Seide angebaut werden. Doch ließ sich die Natur nicht überlisten und Salzwasser lief ständig in die Nutzfläche nach. Am Ende blieben Bateman nur 280 Hektar Nutzfläche. Die vererbte er schließlich an seinen Sohn, der sie wiederum an einen mallorquinischen Großgrundbesitzer verkaufte.

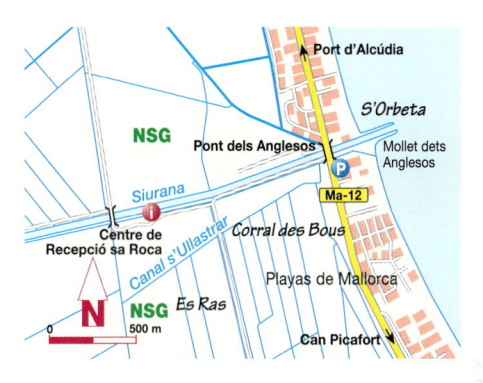

Seit 1988 ist der Park per Dekret der Balearen-Regierung ein Naturschutzgebiet von besonderem Interesse (ANEI).

> **HEY KIDS,**
> im Herbst und im Frühjahr kann man hier sogar FLAMINGOS sehen. Sie sind rosa wegen des Farbstoffs (Carotinoide) der Algen, die sie zu sich nehmen.

9 Ses Fonts Ufanes

Wenn der Wald vor Freude übersprudelt

Auf den ersten Blick ist da nur ein Wald. Einer, wie es ihn hundertfach auf der Insel gibt. Steineichen wohin das Auge blickt, vielleicht ein paar Kiefern dazwischen. Doch einige Male im Jahr wiederholt sich in genau diesem und nur in diesem Wald bei Campanet ein gar wundersames Schauspiel.

Über Regen freuen sich auf Mallorca eigentlich nur die Bauern und die Wasserwerke, ansonsten kommt das bunte Treiben hier schnell zum Erliegen. Fast scheint es, als würde der Regen die leuchtenden Farben aus dem Himmel waschen und die ob ihrer Schönheit so oft besungene Insel des Lichts zu einem irdisch-grauen Ort machen. Nun, bei diesem Ausflug ist alles anders. Hier ist Regen Pflicht. Wenn nicht am Tag des Ausfluges selbst, so muss es doch die Tage davor in der Tramuntana heftig ge-

Anfahrt: Autobahn Palma–Sa Pobla bis Ausfahrt 37, dort ist Coves ausgeschildert; im Kreisverkehr dem Schild Coves bzw. Ufanes folgen, der Weg führt über den Cami de na Pontons zu den Coves de Campanet, wo man parken kann.
Höhenmeter: 30 m
Gehzeit: 50 Min.
Ausrüstung: Je nach Wetter Regenkleidung, Gummistiefel, Regenschirm, Fotoapparat
Tourencharakter: Wenn auf der Insel bei Regen vieles in einen Schlaf fällt, erwacht der Wald bei Campanet; ein legendäres Naturschauspiel, das Stoff für so manche Legende liefert. Das wird geboten: der Ausflug bei oder nach Regen schlechthin; ein einmaliges Naturspektakel an einem mystischen Ort; kleiner Rundgang in schöner Atmosphäre
Schwierigkeit: Leicht
Einkehr: Coves de Campanet oder im Dörfchen Campanet
Beste Zeit: Nach starken Regengüssen
Preise: Eintritt frei
In der Nähe: Höhlen Campanet, Kloster Lluc, Mallorca Planetarium
Informationen: Finca Es Gabellí, 07310 Campanet

Ses Fonts Ufanes

Überreste eines Köhlerplatzes – hier wurde Holzkohle für die Stadthäuser produziert.

regnet haben, denn nur dann passiert das eigenartige SPEKTAKEL der Font Ufanes.
Nach starken Regenfällen drückt sich das Wasser einer großen Ader im Untergrund durch das poröse Kalkgestein aus dem Boden und sprudelt munter den WALD hinunter. Wir reden hier nicht von einem Bächlein, wir reden von einem Strom (40–100 Kubikmeter in der Sekunde), der urplötzlich erwächst und nimmermüde durch die Bäume prescht, bis er schließlich im Torrent de Sant Miquel landet und sich langsam in einen zahmen STURZBACH verwandelt.
Den Kids können Sie Folgendes erzählen: **Fonts Ufanes** heißt übersetzt die fröhlichen QUELLEN. Vielleicht nannten sie die Mallorquiner so, weil uns das Geräusch plätschernden,

HEY KIDS,
das Wasser saust an euch vorbei. Werft doch mal ein Blatt hinein, dann könnt ihr sehen, wie schnell es wirklich ist.

fließenden Wassers meist milde und gutlaunig stimmt. Das plötzliche Austreten dieser Wassermassen, wo vorher schlichter Waldboden war, inspirierte den ohnehin stark mit seiner Heimat verbundenen Mallorquiner zu mancher Legende. So sollen die unterirdischen Wasser angeblich aus den Pyrenäen stammen, da sie Blätter von Bäumen mit sich führten, die auf Mallorca nicht wachsen, wohl aber im Gebirge zwischen Frankreich und Spanien. In Wirklichkeit handelt es sich um unterirdische Hohlräume im Karstgestein, die nach starken Niederschlägen schlicht und ergreifend überlaufen. Bliebe die interessante Tatsache, dass ausgerechnet hier die Einsiedelei Sant Miquel auf den Fundamenten eines römischen Tempels steht, in dem schon vor Urzeiten Waldgeister und Wasserfrauen verehrt wurden. Warum nur?

Dieses Phänomen tritt vielleicht ein halbes dutzend Mal im Jahr auf. Sollte es also während Ihres Aufenthaltes (oder kurz davor) starke, längere Regenfälle geben, lohnt sich ein Blick in die lokalen Medien. Dort wird stets mit der Meldung »han brotado ses Fonts ufanes« darauf hingewiesen. Sie können natürlich einfach in Ihrem Hotel bzw. beim Fincavermieter nachfragen oder rufen gleich bei der Umweltbehörde an (Tel. +34/971/17 68 00). Wenn es tatsächlich sprudelt, ist Eile angebracht. Wenn die Regenfälle stoppen, sprudeln die Quellen vielleicht noch zwei, drei Tage nach.

Für die Mallorquiner sind die Quellen eine Art heiliger Ort, allein deshalb sollten Sie dieses Ereignis nicht verpassen. Und was will man bei Regen schon groß im Hotel und auf der Finca machen? Die Wanderung zu den Fonts ist leicht. Einzig der Parkplatz könnte ein Problem werden. Daher empfehle ich, zeitig aufzubrechen (am besten 9–10 Uhr) und den Parkplatz der Coves de Campanet, der Höhlen von Campanet, zu nutzen, denn auch wenn die Mallorquiner sich beim Regen gerne rar machen, hierher kommen sie im wahrsten Sinne des Wortes in Strömen. Vom Parkplatz aus ist der kleine Rundkurs durch das NATURSCHUTZGEBIET in

Ses Fonts Ufanes

50 Minuten Gehzeit zu schaffen. 300 Meter vom Parkplatz in Richtung der Berge steht ein Schild an der Straße. Eine kleine Treppe führt hier hinab zum breiten und flachen RUNDWEG. Folgen Sie einfach den Schildern mit der 1. Es geht durch landwirtschaftliche Flächen, bestückt mit Johannisbrotbäumen, und nach 20 Minuten schließlich in den Wald.

Hier kommt ein kleiner Exkurs zum **Johannisbrotbaum**, den die Mauren mitgebracht haben. Er produziert süßliche, braune Hülsenfrüchte, aus denen man Mehl, Kaffee-Ersatz, Viehfutter und vieles mehr herstellen kann. Probieren Sie ruhig eine (nur im Spätsommer/Herbst). Doch Obacht, die Kerne sind sehr hart. Brechen Sie lieber ein kleines Stück mit der Hand ab. Und noch eine interessante Eigenschaft haben die Kerne. Ihr Gewicht liegt konstant bei 0,2 Gramm, hieß es zumindest früher, weshalb man sie als Gewichtssteine nutzte, um damit Gold aufzuwiegen. Daher stammt das Wort Karat, von dem lateinischen Namen des Johannisbrotbaumes Ceratonia siliqua, und ein Karat Gold wiegt dementsprechend auch 0,2 Gramm.

> **HÖHLEN VON CAMPANET**
> Verbinden Sie den Ausflug zu den Quellen doch gleich mit einem Besuch bei den Höhlen von Campanet (siehe Tipp 11).

Nachdem wir einige KÖHLER-PLÄTZE passiert haben, die man überall in den Steineichenwäldern des Tramuntana-Gebirges findet, sind die Quellen schließlich erreicht. Es gibt hier ein kleines Besucherzentrum mit Schautafeln und Toiletten, genannt Centro de interpretació. Wenige Meter davon entfernt ist ein Talaiot-Bauwerk aus dem ersten Jahrtausend v. Chr. zu bestaunen, bei dem man riesige Steinquader ohne Hilfsmittel aufeinanderstapelte. Wenn sich dann irgendwann die sprudelnden Quellen ausgereizt haben sollten oder der Regen in die Jacken läuft, führt der Rundweg aus dem Wald wieder in Richtung Höhlen bzw. Parkplatz.

Nach starkem Regen sprudeln die Quellen fröhlich über – der Wald wird zum Wassersportgebiet.

10 Fundación Jakober

Kindsköpfe treffen auf Kindsköpfe

Dieser Ausflug führt uns zu einem der im positiven Sinne eigenartigsten Orte der Insel: der Stiftung Jakober. Die Stiftung wurde 1993 von dem Künstlerehepaar Yannick und Ben Jakober gegründet.

Ziel der Stiftung ist es, das spanische Kulturerbe zu konservieren, zu fördern und den Zugang zur Kunst für jedermann zu ermöglichen. Daraus ist ein in

Anfahrt: Von Alcúdia in die Carrer Xara und weiter bis zur Bodega del Sol. Dort links in den Cami de la Muntanya al Coll Baix; der Straße bis zu einem kleinen Tor (Schild Fundació) folgen, hinter dem ein Schotterweg beginnt; zum Wandern kann man hier am Wegesrand parken, ansonsten weiterfahren, bis es rechts zur Stiftung abgeht.
Höhenmeter: 30 m
Gehzeit: Insgesamt 1 Std., für die genannten Ausstellungen sollten zusätzlich 1,5 Std. eingeplant werden
Tourencharakter: Ein überraschender Ort, eingebettet in eine landschaftlich reizvolle Gegend; wer seine Kinder an Kunst heranführen und leicht wandern möchte, ist hier richtig. Das wird geboten: eine kleine, sehr leichte Wanderung auf der Halbinsel Sa Victòria; ein abwechslungsreiches Museum mit großem Außenbereich
Schwierigkeit: Leicht
Einkehr: Cafeteria in der Fundación, Siedlung Mal Pas – Bon Aire
Kinderwagen: Sowohl der Wanderweg als auch das Museum sind für robuste Kinderwagen geeignet.
Öffnungszeiten: Di 9.30–12.30 Uhr, 14.30–17.30 Uhr, Mi bis Sa nur mit Führung und Voranmeldung um 11 und 15 Uhr, Sa Führungen nur auf Englisch oder Spanisch; Familientag Sa um 11 Uhr nur mit Voranmeldung (Nins und SoKrates), Mo, So und Feiertag geschlossen; Hinweis: Bitte in jedem Fall telefonische Voranmeldung!
Preise: Erwachsene: eine Ausstellung 9 €, zwei Ausstellungen 12 €, drei Ausstellungen 15 €, Sa nur 10 €, Rentner 7 €, 9 €,12 €, Studenten frei, Kinder 11–17 Jahre 5 €, Kinder unter 10 Jahren in Begleitung der Eltern frei, Eintritt frei für Nins und Skulpturenpark
In der Nähe: Platja de S'Illot (Bar), Wanderung Talaia, Platja Muro, S'Albufera, Playa d'Alcúdia, Alcúdia Stadt
Information: Fundación Jakober, Es Mal Pas – Alcúdia, 07400 Mallorca, Tel. Reservierungen/Führungen: +34/971/54 98 80, www.fundacionjakober.com

Fundación Jakober

allen Belangen sehenswerter und besonderer Ort geworden. Sollten Sie gleich mit dem Mietwagen bis zum MUSEUM vorfahren wollen, überspringen Sie einfach den nächsten Absatz.

Wenn Sie sich vor dem Museumsbesuch ein bisschen die Beine vertreten wollen, dann sollten Sie den Wagen abstellen und entspannt den breiten Weg in 35 Minuten bis zum Museum erwandern. Hohe Pinien, Zwergpalmen und Mastixsträucher säumen den Weg. Vielleicht entdecken Sie ein paar WILDZIEGEN im Unterholz. Lassen Sie sich von der mediterranen Landschaft in den Bann ziehen. Rechts kommt bald ein Golfplatz, hinter dem das Meer bei Sonne herrlich funkelt. Den lassen wir da, wo er ist, und folgen dem Weg, der bald eine Linkskurve macht. Nach weiteren fünf bis zehn Minuten kommen wir zu der Stelle, an der ein kleiner Weg nach rechts Richtung Fundación Jakober abbiegt. Nach wenigen Metern stehen Sie vor dem Tor des Anwesens. Gehen Sie links davon einfach durch die kleine Tür. Nun befinden Sie sich auf dem Gelände und können Ausschau nach KUNSTOBJEKTEN halten, die bereits am Wegesrand zu finden sind. Nach weiteren fünf bis zehn Minuten auf dem Weg haben Sie den offiziellen Parkplatz der Fundación erreicht.

Wenn Sie lieber mit dem Wagen bis zur Stiftung vorfahren möchten, kommen Sie schließlich auch zu dem Tor des Anwesens, das üblicherweise geschlossen ist. Bitte steigen Sie kurz aus und klingeln. Die Mitarbeiter der Stiftung werden das Tor dann öffnen und Sie können weiter bis zum Parkplatz vorfahren.

Ob per pedes oder mit dem Auto, nun sind es nur noch wenige Meter, bis uns ein großer in Stein gemeißelter Hund begrüßt. Den lassen wir, nachdem

Die Ausstellung von Kinderportraits entpuppt sich als Volltreffer.

die Kinder ihn ausgiebig untersucht haben, links liegen und gehen weiter geradeaus, bis links das Tor zum Innenhof der Stiftung kommt. Wir gehen hindurch und sehen rechts das Hauptgebäude der Stiftung, Sa Bassa. Es wurde im hispanisch-maurischen Stil vom berühmten ägyptischen Architekten Hassan Fathy geplant. Ursprünglich ein Bauernhof, ließ Fathy nur die Außenwände stehen und verwandelte ihn in diese Festung aus Tausend und einer Nacht, wie er sie selbst nannte. Weiße Wände, Gewölbe, Kuppeln, Gärten, Gitterfenster und antike Elemente aus Südspanien und Nordafrika machen dieses Gebäude zu einem architektonischen Erlebnis.

Im Park warten lustige Tierskulpturen auf die Kinder.

Links sehen wir eine kleine Rezeption inkl. Buchshop. Hier sollte man kurz reinschauen und sich anmelden, damit die sehr freundlichen Mitarbeiter die Führungen koordinieren können, und natürlich, je nach Besuchstag, um den Eintritt zu bezahlen. Es gibt diverse Ausstellungen, die Sie ganz nach Ihrem Geschmack zusammenstellen können. Als da wären die KINDERPORTRÄTS,

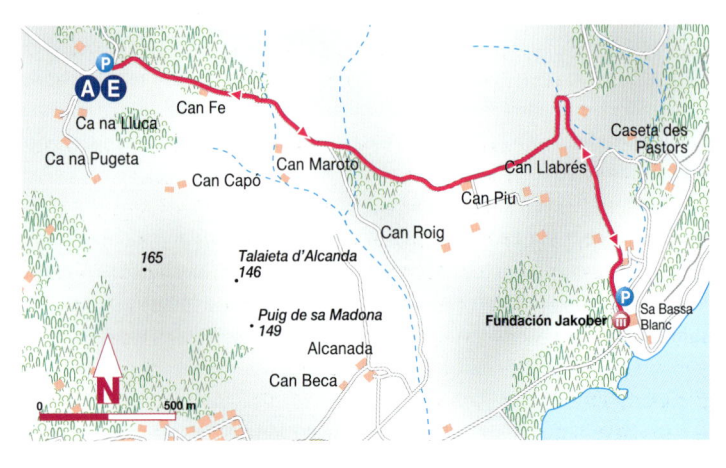

Fundación Jakober

Die Kunsthalle Sokrates – hochklassig, spannend und lehrreich

der SKULPTURENGARTEN und die kleine, aber feine KUNSTHALLE Sokrates. Samstags ist es für Familien besonders interessant, da eine Führung angeboten wird, bei der die Kinder selbst zu den Protagonisten werden. Leider wird diese Führung nur auf Englisch oder Spanisch angeboten, doch mit Grundkenntnissen der einen oder der anderen Sprache kommen Sie prima durch.

Sollten Sie eine Führung wünschen, kann es ein paar Minuten dauern, bis alle angemeldeten Gäste da sind. Vielleicht mögen Sie ja solange den ROSENGARTEN bestaunen, der ebenfalls vom Innenhof aus zugänglich ist. Wenn es dann losgeht, beginnt die Führung im alten Aljibe, einem unterirdischen Wasserreservoir, das 1994 zum Ausstellungsraum umgebaut wurde. Hier sind kunstvoll beleuchtet ca. 150 Kinderporträts aus dem 16. bis 19. Jahrhundert zu sehen – königliche, aristokratische, wie auch bürgerliche und naive. Was zunächst etwas langweilig anmuten könnte, gerade mit Kindern, entpuppt sich am FAMILIENTAG als Volltreffer, da die freundlichen Kunstexperten der Stiftung kleine Utensilien für die Kids dabeihaben und

Sa Bassa – ein Palast wie aus Tausendundeiner Nacht, gebaut vom Ägypter Hassan Fathy.

Fundación Jakober

ihnen zu vielen Gemälden kleine RÄTSEL aufgeben. Toll. Tatsächlich lernt man die Bilder mit einfachen Tricks zu lesen und hat z. B. schnell raus, aus welchem Land das abgebildete Kind kommt, ob die Eltern auf Brautschau sind oder welchem Stand der Sprössling angehört. Danach geht es weiter zum Skulpturengarten. Überall stehen riesige TIERSKULPTUREN für die Yannick und Ben Jakober persönlich verantwortlich zeichnen. Scheu ist hier nicht angebracht. Alles darf ausgiebig inspiziert und angefasst werden. Die Tiere aus Granit sind angelehnt an berühmte Statuen aus der Antike. Sie sollen den Kindern den Zugang zur Formgebung unterschiedlicher Epochen erleichtern. Sicherlich das Highlight für die Kinder.

Eine weitere Granitstatue aus der Werkstatt des Künstlerehepaares Jakober

Zum guten Schluss dann noch ein Leckerbissen für Freunde zeitgenössischer Kunst: die Sokrates-Halle. Die kleine, aber sehr hochwertige Ausstellung moderner Kunst umfasst Werke von Miquel Barceló, Dolores Vita oder Gerhard Merz. Dazu sind einige archaische Masken aus dem Himalaya und aus Afrika zu sehen. Auch in dieser Halle werden die Kleinen Augen machen, denn es gibt viel zu entdecken, und damit meine ich nicht nur ein über 10 000 Jahre altes WOLLNAS-HORN-SKELETT oder den beeindruckenden Vorhang aus 10 000 Swarovski-Kristallen.

HEY KIDS, im Skulpturengarten sind jede Menge Tiere aus Stein zu sehen. Wer findet das NILPFERD und den WIDDER zuerst?

11 Coves de Campanet

Höhlen in zweiter Reihe

Ja, es gibt sie noch, die nicht ganz so überlaufenen Sehenswürdigkeiten der Insel. Während die Touristen am anderen Ende der Insel bei den Drachenhöhlen (Coves del Drac) Schlange stehen, geht hier am Fuße der Tramuntana alles etwas unaufgeregter zu.

Wie schon erwähnt, sind die TROPFSTEINHÖHLEN ebenso wie die fröhlichen Quellen (siehe Tipp 9) Formen des Karsts. Und wie so oft wurden auch diese Höhlen per Zufall entdeckt, als ein Bauer 1945 seine Ländereien in fruchtbares Ackerland verwandeln wollte. Alleine das Wasser fehlte ihm. Also begab er sich auf die Suche und kam zu einem kleinen Spalt im Boden, aus dem kühle Luft entwich. Man kannte diesen kühlen Spalt schon lange im Dorf, hatte ihm aber keinerlei Bedeutung zugemessen. Nun ging der Bauer von der ersehnten unterirdi-

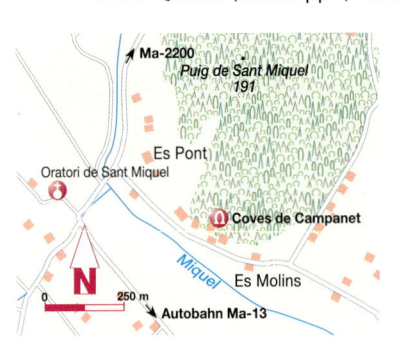

Anfahrt: Autobahn Palma–Sa Pobla bis Ausfahrt 37, dort ist Coves ausgeschildert; im Kreisverkehr dem Schild Coves bzw. Ufanes folgen, der Weg führt über den Cami de na Pontons zu den Coves de Campanet, wo man auf dem kostenlosen Parkplatz parken kann.
Gehzeit: Begleitete Führungen (u.a. auf Deutsch) 50 Min.
Tourencharakter: Auch wenn der Eintrittspreis recht hoch ist, ein lohnenswerter Abstecher in eine der unbekannteren, weniger pompös inszenierten Höhlen. Das wird geboten: spektakuläre Tropfsteinhöhle im Herzen Mallorcas
Einkehr: Cafeteria vorhanden
Öffnungszeiten: Ganzjährig geöffnet ab 10 Uhr
Preise: Erwachsene 13,50 €, Kinder 4–10 Jahre 7 €, Kinder 0–3 Jahre gratis
In der Nähe: Ses Fonts Ufanes, Kloster Lluc, S'Albufera
Informationen: Coves de Campanet, Tel. +34/971/51 61 30, www.covesdecampanet.com

Coves de Campanet

Beeindruckende Gesteinsformen in den Coves de Campanet

schen Wasserader aus und öffnete den Spalt. Es war der Einstieg zu unterirdischen GEWÖLBEN, die bis dato kein Mensch je betreten hatte. Fix wurde eine Treppe hinunter gebaut und die Erlaubnis vergeben, die Höhlen für Touristen zugänglich zu machen. Sie wurde schließlich 1948 für das Publikum geöffnet.

Die 50-minütige FÜHRUNG ist unbedingt empfehlenswert. Es gibt sie auch auf Deutsch und sie ist recht unterhaltsam und informativ. So ist hier, schenkt man dem Höhlenführer Glauben, der mit vier Metern längste aller dünnen (4 mm Durchmesser) Tropfsteine Europas zu bewundern. Bizarre Formen deuten auf ehemalige LUFTSTRÖME der Höhlen hin und immer wieder erkennt man etwas Vertrautes im Stein: ORGELPFEIFEN, TIERE oder Pflanzen.

> **SES FONTS UFANES**
> Wenn möglich, sollten Sie diesen Ausflug mit einem Abstecher zu Ses Fonts Ufanes (Tipp 9) verbinden. Wissenswertes über Tropfsteine erfahren Sie bei Tipp 17.

Reiten

Um neue Dinge zu entdecken, bedarf es manchmal eines Perspektivwechsels. Wie wohl Mallorca von einem Pferderücken aussieht?

Das lässt sich leicht beantworten, denn Reiten auf Mallorca ist in. Kein Wunder, sind doch die langgezogenen STRÄNDE und die wild-romantischen BERGE perfekte Kulissen für einen Ausritt. Wer einfach mal einen Tag mit bzw. auf Pferden verbringen will, ist hier genau richtig. Viele der Höfe bieten aber auch Hotelbetrieb an, sodass ganz große kleine PFERDEFANS hier auch gleich den kompletten Urlaub verbringen können. Und auch hier bietet Mallorca von sehr natürlicher Pferdehaltung bis zur touristischen Wild-West-Ranch alles.

Ob Anfänger oder Profis: Mallorca ist ein Paradies für Pferdefreunde.

12 Finca Hipica Formentor

Ausritte für Kinder, Anfänger und Fortgeschrittene bietet Hipica Formentor in der Nähe von Sa Pobla, im landwirtschaftlichen Herzen Mallorcas. Hier wird besonderer Wert auf die NATÜRLICHE PFERDEPFLEGE gelegt. Daher leben die Tiere draußen in Gruppen, haben nackte Hufe und tragen Zaumzeug ohne Gebissstücke. Preise: 60 Min. 25 €, 90 Min. 35 €, längere Ausflüge 85 €, Finca Hipica Formentor, Camino Son Pere s/n, 07420 Sa Pobla, Tel. +34/609/82 67 03, www.hipicaformentor.com.

Reiten

13 Rancho Grande

Nomen est omen bei der Rancho Grande. Seit 1963 züchtet die Familie Matorell Französische Traber im Norden der Insel. Mittlerweile ist aus dieser Aufzucht eine 900 000 Quadratmeter große ERLEBNIS-RANCH in der Nähe von Son Serra de Marina geworden. Ein Zoo u.a. mit Tamarinen, Lamas, Papageien gehört genauso dazu wie ein Grill-Restaurant, eine Hüpfburg oder die inszenierten WILD-WEST-ABENDE samt KUTSCHENFAHRT und Rodeo-Bull (natürlich mechanisch). Hier werden auch sehr gerne Events wie Hochzeiten und Kindergeburtstage ausgerichtet. Ach ja, reiten kann man natürlich auch! Preise: Ausritte 2 Std. 50 €, Rancho Grande, Carretera Artà-Alcúdia, km 13,7, 07458 Santa Margalida, Tel: +34/971/85 41 21, www.ranchograndemallorca.com

Ausritt zu den Stränden der Nordküste – ein unvergessliches Erlebnis

Oben: Was für ein Pferdeleben! Friedliches Grasen unter der Sonne Mallorcas

14 Rancho Can Picafort

Die Rancho Can Picafort, ebenfalls im Norden der Insel, bietet REITAUSFLÜGE seit 1970 an. Die Ausritte dauern ein bis drei Stunden und führen u.a. durch die DÜNEN der Bucht von Alcúdia. Rancho Can Picafort, Carretera Alcúdia-Artà, km 21,5, Tel. +34/971/85 00 60, www.ranchocanpicafort.com

Was Sie trotz Kindern gesehen haben müssen

Bisher ging es in erster Linie um jene Unternehmungen auf Mallorca, die für Sie interessant sein könnten, gerade weil sie Kinder dabeihaben. Nun kommen wir zu den Aktivitäten, die Sie unternehmen sollten, obwohl sie Kinder dabeihaben.

Der Pfad zum Mirador d'es Colomer. Kind(er) an die Hand nehmen.

Das bedeutet natürlich nicht, dass die Kids hier nicht ihren Spaß haben können. Die folgenden Tipps sind alle familientauglich, nur der Schwerpunkt ist hier anders gewählt, damit auch Sie als Eltern auf Ihre Kosten kommen. Denn was nützt es den Kindern, wenn Sie unerholt aus dem Urlaub heimreisen und gleich den nächsten buchen könnten.

Was Sie trotz Kindern gesehen haben müssen

Kommen wir zu zwei Sehenswürdigkeiten, die auf Mallorca zum Pflichtprogramm gehören, dem Aussichtspunkt Mirador d'es Colomer und dem Cap Formentor mit dem Postkarten-Motiv des einsam wachenden Leuchtturms ganz im Norden der Insel. Und Sehenswürdigkeiten trifft es eigentlich ganz gut. Nicht nur, dass diese würdig wären gesehen zu werden, nein, sie selbst bieten die Plattform, um die würdevolle, ja majestätische Landschaft des Kaps zu betrachten. Die steil abfallenden, unwirtlichen Felshänge wirken wie ein Naturwall,

Der Ausblick vom Mirador gehört zu den schönsten der Insel.

den Riesen errichteten, um die Insel vor Eindringlingen oder hoher See zu schützen. Tatsächlich scheint das Meer von hier oben geradezu pfützenhaft zahm, dafür aber unendlich weit. Wer seine Gedanken und Blicke allzu gerne an das unnötig Nahe und nervig Alltägliche heftet, der findet hier nichts, was ihn negativ ablenken könnte. Warum diese Sehenswürdigkeiten in dieser Kategorie gelandet sind? Nun, die knapp 18 km lange Anfahrt zum Cap Formentor erfordert stabile Mägen und Nerven. Auf der einzigen Straße geht es sehr eng und kurvig zu. Einigen Sprösslingen mag das nicht zuträglich sein. Zudem sollten Ihnen die Kinder an beiden Aussichtspunkten bei aller Begeisterung für die landschaftlichen Panoramen nicht von der Seite weichen und irgendwelche Kletterübungen machen.

15 Mirador d'es Colomer

Um zu dieser AUSSICHTSPLATTFORM zu gelangen, folgen wir dem in den Stein gehauenen Pfad, für den der italienische Ingenieur Antonio Parietti Coll verantwortlich zeichnet. Er baute auch die Straße zum Cap und nach Sa Calobra. Ihm zu Ehren wurde am Startpunkt des Pfades ein Monument errichtet. Nach fünf bis sieben Minuten Gehzeit haben wir die Aussichtsplattform erreicht. Die Sicht auf die Halbinsel Formentor und die kleine namengebende Felseninsel Es Colomer ist schlicht atemberaubend. STEILWÄNDE fallen hier über 200 Meter in die Tiefe, weiße Wellenkronen landen in türkisfarbenen Felsbuchten und das immer saftige Grün der Kiefern verleiht den schroffen Hängen eine fröhliche Milde. Viele kommen auch gerne in den Abendstunden, um von hier den SONNENUNTERGANG zu beobachten. Kamera nicht vergessen! Anfahrt: Vor Port de Pollença mit dem Auto einfach auf die Ma-2210 und den Schildern Richtung Cap Formentor folgen. Nach dem ersten Anstieg liegen auf der Anhöhe (Punta de la Nau) beiderseits der Straße kostenfreie Parkplätze.

16 Cap Formentor

Die ganze Halbinsel Formentor hat eine lange Geschichte. Sie gehörte einst Miquel i Llobera, einem mallorquinischen Dichter und Denker. Als dieser verstarb, wurde sie parzelliert und verkauft. Einer der Käufer war der argentini-

Der Blick vom Leuchtturm bündelt alles, was wir am Mittelmeer lieben.

Was Sie trotz Kindern gesehen haben müssen

sche Mäzen Adán Diehl. Er baute dann auch das Hotel Formentor (siehe Tipp 1) und stiftete die Einnahmen des Gewerbes den Künsten.

Der **LEUCHTTURM**, den man nach einer recht abenteuerlichen Fahrt durch eine spektakuläre Natur erreicht, wurde 1892 gebaut. Von hier kann man im Osten bis zur kleinen Schwester Menorca sehen, im Westen liegt die Cala Figuera, im Süden die Halbinsel Victòria. Die exponierte Lage des Kaps sorgt natürlich auch für windige Verhältnisse. Und da die **WINDE** oft über die Ernte der Bauern und den Fang der Fischer entschieden, haben die Mallorquiner schnell gelernt sie zu deuten und ihnen sogar Namen gegeben. So heißt der kalte Nordwind Tramuntana, der Ostkollege Ponent, der Westwind Llevant und der trockene, warme Südwind Migjorn. Genau hier am Kap prallen die vier Windbrüder oft aufeinander. Eine **CAFETERIA** bietet im Leuchtturm alles, was man neben der tollen Aussicht noch braucht. Setzen Sie sich doch mit einem guten Kaffee auf die Terrasse. Spätestens jetzt sollte man zu der Erkenntnis gelangen, dass das Ballermann-Mallorca aus dem Fernsehen mit dem echten nicht sehr viel gemein hat.

Der Leuchtturm am Kap ist ein beliebtes Ausflugsziel.

TIPP

Verbinden Sie die Tour mit einem Abstecher zur Cala Formentor (siehe Tipp1). Sie liegt genau zwischen dem Mirador und dem Cap. Fahren Sie morgens zeitig zum Kap (in der Hochsaison sehr voll), verbringen den Tag an der Cala und schauen auf dem Rückweg abends zum Sonnenuntergang am Mirador vorbei. Anfahrt: Vor Port de Pollença mit dem Auto einfach auf die Ma-2210 und den Schildern Richtung Cap Formentor folgen. In der Nähe: Cala Formentor, Alcúdia, Platja d' Alcúdia, Cala Sant Vicenç (schöner Familienstrand), Boquértal, S'Albufera, Fundación Jakober, Sa Talaia.

Dorffeste und Märkte

Nein, aus Sicht der Mallorquiner ist Mallorca nicht gleich Spanien. Aber Mallorca ist auch nicht gleich Mallorca. Wie bitte?

Wer im Herbst kommt, muss unbedingt Mallorcas Pilzspezialitäten probieren.

Nein, nein. Dafür ist es dann doch zu groß. Hinzu kommt eine große Vielfalt an Naturräumen, die mit all ihren Faktoren sicherlich auch auf die Anwohner einwirken. So nimmt es nicht Wunder, dass beispielsweise die Einwohner Pollenças die Menschen aus Palma wegen ihrer angeblichen Arroganz belächeln, während diese wiederum naserümpfend über die ländliche Bevölkerung um Sa Pobla sprechen. Die streitbaren Bergbewohner aus Esporles mögen eigentlich niemanden, während die Sóllerics mit ihrem französischen Erbe gemeinhin als die Schöngeister der Insel gelten. Will sagen, es existieren gesunde Strukturen in den Dörfern, aber ebenso eine gesunde Rivalität zwischen ihnen. Davon kann man sich vor allem bei den Fiestas, Landmessen und Märkten überzeugen, bei denen sich die Dörfer und Städtchen gerne gegenseitig übertreffen.

Abhängig von Ihrem Reisetermin, können Sie mit etwas Glück einigen dieser Feste und Märkte beiwohnen. Schauen Sie doch mal, was in Ihrer Nähe liegt.

Ganzjährige Wochenmärkte

Meist von 8.30–14.30 Uhr auf den zentralen Plätzen:
Montag: Cairmari, Mancor de la Vall.
Dienstag: Alcúdia, Santa Margalida.
Mittwoch: Port de Pollença.
Donnerstag: Can Picafort (Santa Margalida).

Freitag: Alcúdia, Can Picafort.
Samstag: Can Picafort, Las Palmeras.
Sonntag: Alcúdia, Consell, Muro, Sa Pobla, Pollença.

Saisonale Märkte

Playa de Muro: 15. Mai bis 15. Oktober täglich Markt, Avenida del Mar, 19.30–23 Uhr.
Port de Pollença: Juni bis September, Di und Do abendlicher Markt. Dienstags auf der Plaza de Miquel Capllonch, donnerstags auf dem Paseo de Saralegui.

Fiestas im Sommerhalbjahr

Die Vielzahl der Dorffeste ist schier unerschöpflich. Der Mallorquiner feiert alles, was nicht bei drei auf den Bäumen ist. Werden in einem Dorf gerade die Bühnen abgebaut, geht im nächsten schon wieder die Post ab. Ständig lässt man irgendeinen Schutzpatron hochleben, erinnert sich an bedeutende Piratenschlachten, zelebriert Nationalfeiertage und Ernten oder feiert sich einfach selbst. Bei unserer kleinen Auswahl von Festen lohnt sich auf jeden Fall ein Besuch, sollten sie mit Ihrem Aufenthalt zusammenfallen. Da die Feste zeitlich von Jahr zu Jahr variieren können, sollten Sie sich vielleicht kurz vor Reiseantritt bei der Touristeninformation erkundigen: O.I.T de Mallorca (Consell de Mallorca), Plaça de la Reina, 2 07012 Palma, Tel. +34/971/17 39 90

Ein Stand auf dem Dorfmarkt in Binissalem

Fiesta (Nit) de Sant Joan, Palma
23. bis 24. Juni
Dieser Gedenktag für Johannes den Täufer hat Elemente des heidni-

Alaró putzt sich jeden Samstag für den Markt heraus.

schen Sonnenwendfestes, welches ja am 21. Juni stattfindet, übernommen und wird auf der ganzen Insel am 24. Juni gefeiert. An Palmas Stadtstrand treffen sich am Abend des 23. Juni Tausende Menschen zum Baden und Picknicken. Vor Mitternacht zünden sie dann kleine Feuer an. Punkt 24 Uhr werden kleine Zettel verbrannt, auf denen notiert ist, was man in seinem Leben ändern bzw. loswerden möchte. Während die Zettel brennen, sollte man dreimal hintereinander hochhüpfen. Alternativ kann man zum Meer gehen, rücklings drei Münzen hineinwerfen und drei Wünsche äußern oder einfach gleich ein reinigendes Bad nehmen. Schon mittags gibt es an Strandabschnitten der Platja de Palma Kinderanimationen und Live-Musik. Am Abend könnte auch der Parc de la Mar unterhalb der Kathedrale für Sie interessant sein. Dort finden meistens von 20–24 Uhr Folkloretänze, Feuerläufe und Konzerte statt.

Weitere Orte, an denen man die Nit de San Joan groß feiert, sind Muro, Alcúdia, Puigpunyent, Calvià, Deià, Mancor de la Vall, Son Servera. In Muro findet zu Sant Joan einer der wenigen, wenn nicht der einzige Stierkampf des Jahres statt. In Felanitx indes wartet Sant Joan Pelós auf Sie. Ein verkleideter Mann tänzelt einer alten Tradition gemäß durch die Straßen der Stadt.

Amollada D'ànneres Can Picafort – Ente gut, alles gut
15. August
Das traditionelle Entenwerfen findet alljährlich an Maria Himmelfahrt am Strand von Can Picafort statt. Richtig gelesen. Entenwerfen. Und tatsächlich, bis vor Kurzem wurden in einer Art Wettbewerb jede Menge lebende Enten auf das Meer gewor-

fen, nur um von den Einheimischen als Trophäen gefangen zu werden. Danach ließ man sie im Torrent de Son Bauló wieder frei. Doch diese Geflügelbehandlung fand das Ministerium für Landwirtschaft und Fischerei entwürdigend und verordnete vor ein paar Jahren, dass man nun doch bitte Gummientchen nehmen solle. Und so werden eben heute Quietschenten von ankernden Booten geworfen (dazu auch gerne Melonen). Und wer eine fängt, darf danach an einer Tombola teilnehmen.

Ein großer Spaß für alle, die zusehen und erst recht für die Entenfänger im Wasser. Ausgangspunkt ist der Strandabschnitt vor dem Hotel Mar y Paz am Paseo Maritimo in Can Picafort. Um Punkt 12 Uhr fliegen die ersten Enten. Man sollte bereits vorher im Wasser sein. Tipp: Nehmen Sie einen Schwimmring für Ihr Kind mit, damit es sich problemlos im Wasser halten kann. Hier geht es eng zu und es kann schon mal eine Weile dauern, bis man eine Ente ergattert.

Ses Llanternes in Alcúdia – Ich geh' mit meiner Melone ...

24. August

Die Tradition des Laternenlaufs stammt noch aus der Zeit lange vor dem Tourismus, als man am Ende des Sommers mit Laternen durch die abendlichen Straßen zog und Lieder sang. Das Besondere daran: Die Laternen wurden aus Obst gefertigt. Meist waren es Melonen, die man filigran verzierte und einritzte. Man hat diese alte Tradition wiederbelebt und feiert sie am 24. August ab 21 Uhr in den Straßen Alcúdias. Am Ende des Umzuges werden Ballons und Bonbons an die Kinder verteilt.

Im August feiert man in Alaró farbenfrohe Umzüge während der Fiesta Sant Roc.

Abendstimmung an der Platja de Palma in der Nähe von Can Pastilla

DER WESTEN

17 S'Avenc de Son Pou

Reise zum Mittelpunkt der Erde

Mag sein, dass es mit der Nähe zu meinem Wohnort zu tun hat und diese Tour eine Art Hausstrecke für mich ist, aber ich bin jedes mal aufs Neue von der Natur und dem großen, im Bauch des Gebirges wartenden Höhepunkt des Ausfluges überwältigt – dem S' Avenc de Son Pou.

Doch der Reihe nach. Die Tour sollte man am Wochenende machen, da die HÖHLE werktags, wenn auch selten, geschlossen sein kann.

Anfahrt: Da der Zugang zur Wanderung einige Kilometer außerhalb des Dorfes Santa Maria del Camí liegt, kommt für eine Familie nur die Anfahrt mit dem Auto infrage; von der Hauptstraße Ma-13A in Santa Maria an der Bodega Macia Batle auf den Camí de Coanegra Richtung Berge abbiegen; immer geradeaus und nach zwei Kilometern rechts auf den Camí d'Alaró einschwenken (Schild Quarter II) und nach weiteren drei Kilometern links (Schild Quarter V) ins Tal des Torrent de Coanegra abbiegen; die kleine Straße soweit wie möglich hineinfahren und in der Nähe des Tors (Ende) parken.
Höhenmeter: 270 (Höchster Punkt 402 m)
Gehzeit: ca. 3 Std.
Ausrüstung: Unbedingt festes Schuhwerk, Taschenlampe, Wasser, Kamera, Verpflegung, 1 €/Person für den Höhlenwärter
Tourencharakter: Eine anspruchsvolle Wanderung, aber auch ein Erlebnis, an das Sie noch lange zurückdenken werden, und das perfekte Mittel gegen Strandüberdruss. Das wird geboten: eine Wanderung durch eine traumhafte Landschaft, bei der Sie sich richtig austoben können; eine spektakuläre und kaum touristisch erschlossene Höhle
Schwierigkeit: Anspruchsvoll
Einkehr: Keine. Sonntags Proviant auf dem Markt in Santa Maria kaufen.Oder nach der Wanderung in Santa Maria einkehren, z. B. Celler Sa Sini Plaza Hostals, 20, Tel. +34/971/62 02 52 oder Lindi's C/. Bisbe Perello, 3 A, Tel. +34/971/91 11 01
Altersempfehlung: Ab 5–6 Jahre
Kinderwagen: Nein
Öffnungszeiten: Ganzjährig sicher Sa, So und feiertags. Fast immer werktags (Infotelefon +34/652 96 16 39 oder +34/666 78 58 22).
Preise: 1 €/Person freiwilliger Beitrag
In der Nähe: Festival Park, Wine Express, Natura Parc

S'Avenc de Son Pou

Wer im heißen Sommer los will, sollte die kühleren Morgenstunden nutzen, auch wenn einige Abschnitte der Tour im Schatten des WALDES verlaufen.
Wer vor der Wanderung noch einen der schönsten Märkte der Insel sehen und sich mit mallorquinischem Proviant versorgen will, der sollte sich am Sonntagmorgen nach **Santa Maria del Camí** aufmachen. Hier auf dem Dorfplatz der Plaça Espanya gibt es fast alles, was Mallorca zu bieten hat. Schlendern Sie durch die Stände und das freundliche Gewusel und greifen Sie beherzt zu bei dem frischen Obst, den Käsespezialitäten oder der vielleicht berühmtesten mallorquinischen Spezialität, der SOBRASSADA, einer leckeren Paprika-Streichwurst. Doch auch Kleidung, Lederwaren, Taschen, Keramik, Blumen und sogar Tiere werden hier gehandelt. Der Markt findet ganzjährig sonntags zwischen 8 und 14 Uhr statt. Nicht, dass der Markt für Langfinger berühmt wäre, dennoch empfiehlt es sich, die Wertgegenstände sicher am Köper zu tragen.

An diesem Schild nicht vorbeilaufen, bitte zur Höhle rechts abbiegen!

Nachdem wir mit dem Auto den Ausgangspunkt der Wanderung erreicht haben folgen wir dem Schild Richtung Camí des Freu, Orient durch das pittoreske Tal des Torrent de Coanegra, den wir bald, je nach Wasserstand, hüpfend überqueren müssen. Nach etwa eineinhalb Kilometern erreichen wir die einstige WASSERMÜHLE Son Roig. Der Weg macht hier eine Linksbiegung bis zu einem Tor, das wir durchschreiten, um zur Finca Son Pou zu kommen. Hier führt der Weg rechts eine kurze Piste hoch bis zu einer schmalen Gittertür, durch die wir gehen. Dahinter führt der Weg weiter durch das Tal, bis sich die Piste im Wald verengt und ansteigt. Nach wenigen Kehren kommen wir zu einem kleinen Holzschild, das links am Wegesrand steht und auf dem Orient und Santa Maria steht. Hier bleiben Sie bitte stehen. Sie sehen, dass rechts ein kleiner Weg ohne Beschilderung nach oben führt. Das

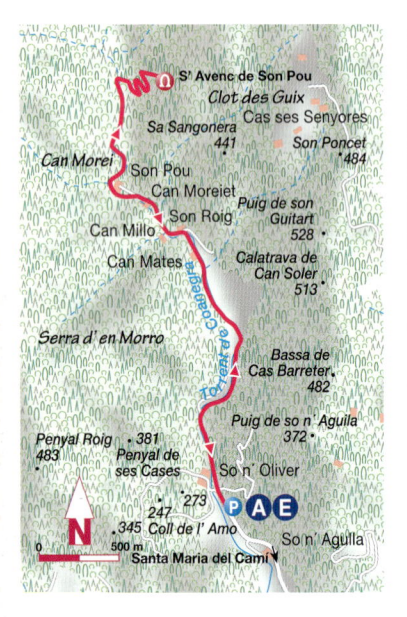

Die bizarren Gesteinskörper sind ein Foto wert.

ist der Weg zur Höhle. Auf diesem kurvigen, recht steilen Pfad erreichen wir nach zwanzig Minuten den kleinen Eingangstunnel der Höhle, vor dem meist schon ein paar Familien sitzen und picknicken. Schnell die TASCHENLAMPE herausgeholt und schon geht's durch den vierzig Meter langen Tunnel, bis Sie in dem Höhlendom S'Avenc de Son Pou stehen, beleuchtet von einem Durchbruch in der Höhlendecke. Uff, erst mal wirken lassen. Spüren Sie die kühle Erhabenheit des Gewölbes, die Gelassenheit etlicher Erdzeitalter sowie die unaufhaltsame Langsamkeit, mit der hier das Wasser den Stein modelliert. Lassen Sie Ihre Kinder die Höhle Schritt für Schritt entdecken. Die Farben, die BIZARREN GESTEINSFORMEN. Es lohnt sich, bis zum hinteren, tieferliegenden Ende der Höhle zu gehen und sie von dort zu betrachten. Zudem gibt es unweit des Eingangs eine kleine Steintreppe, die in einen engen Seitenschacht führt.

Zum Thema Tropfsteine können Sie den Kids die folgende einfache Erklärung geben. Das kohlensäurehaltige Wasser löst auf dem Weg durch den Fels das Kalkgestein und lagert es aufgrund seiner Oberflächenspannung als Calcit oder Sinter wieder an der Decke von Hohlräumen wie Spalten und

Der Markt in Santa Maria ist bei Einheimischen äußerst beliebt.

Höhlen ab. So entsteht der **STALAKTIT**. Tropft das Wasser aus der Höhe auf den Boden, fällt bei diesem Prozess ebenso das Calcit aus und am Boden erwächst das Gegenstück zum Stalaktiten, der **STALAGMIT**. Sie wachsen ca. einen Zentimeter in 100 Jahren. Am Wochenende säubert ein Mann ehrenamtlich die Höhle. Geben Sie ihm doch pro Person einen Euro, damit er sich auch in Zukunft um diese Schatztruhe der Berge kümmern kann, in der schon im 19. Jh. Mallorcas Poeten literarische Treffen abhielten.

Nach dem ausgiebigen Erkunden der Höhle ist ein kleines Picknick vor dem Tunnelschacht genau das Richtige, bevor es langsam wieder auf demselben Weg zurück zum Ausgangspunkt der Wanderung geht.

HEY KIDS, wer entdeckt hier den größten Stalagmiten?

18 Finca Son Mas

Sich einmal wie ein Mallorquiner fühlen

Entgegen der Vorstellung vieler Mitteleuropäer, das Meer wäre der prägendste Faktor auf Mallorca, sind tatsächlich die Berge mindestens ebenso wichtig. So ist es nur konsequent, dass die Tramuntana-Bergkette 2010 von der UNESCO mit dem Weltkulturerbe-Titel geadelt wurde.

Hier, fernab der Strände an den steilen Hängen mit Blick auf die fruchtbaren Täler, blüht der Mallorquiner richtig auf. Hier fühlt er sich seit jeher wohl

Anfahrt: Auto: Von Palma auf der Landstraße Ma-1040 Richtung Esporles; am Dorfeingang liegt eine Tankstelle, 100 Meter weiter geht links ein kleiner Weg, Camino Son Mas, ab, der uns bis zum Finca-Parkplatz führt. **Bus:** Von Palma mit der Linie 200 nach Esporles
Weglänge: 3 km
Höhenmeter: 144 m
Gehzeit: Rundweg 1 Std. (gut ausgeschildert)
Ausrüstung: Festes Schuhwerk, Wasser
Tourencharakter: Eine auf Familien zugeschnittene Stippvisite mitten ins mallorquinische Lebensgefühl. Das wird geboten: ein schöner, privater Wanderweg, der normalerweise nicht zugänglich ist; drei verschiedene Waldformationen, die die Kinder leicht unterscheiden können; ein typisches mallorquinisches Picknick; ein Projekt, bei dem ein altes mallorquinisches Anwesen wiederbelebt wird; mit etwas Glück: Esel, Ziegen und Schafe
Schwierigkeit: Mittel
Kinderwagen: Nein
Preise: Nur Wanderung: Erwachsene 4 €, Kinder 2–10 Jahre 3 €, Wanderung und kleines mallorquinisches Pamb'Oli Picknick: Erwachsene 8 €, Kinder 2–10 Jahre 6 €, Wanderung und großes mallorquinisches Pamb'Oli Picknick (mehr Zutaten, weitere Speisen): Erwachsene 12 €, Kinder 2–10 Jahre 8 €; auf Anfrage können Gruppenführungen oder Veranstaltungen wie Kindergeburtstage organisiert werden; unbedingt telefonisch reservieren (maximale Gruppengröße 15 Personen)
In der Nähe: La Granja, La Reserva
Informationen: Aina Marques (engl., span.), Tel. +34/678/46 44 51, www.fincasonmas.es

Finca Son Mas

und sicher, denn vom Meer her kamen meist nur Piraten, Eroberer oder Touristen.

Mitten in der Serra de Tramuntana beim schönen Ort Esporles liegt ein **KLEINOD** namens Son Mas. Dieses Anwesen ist eines von vielen auf der Insel, das im Rahmen des sozio-ökonomischen Wandels von der Landwirtschaft zum Tourismus viele Jahre lang brach lag, weil sich die Bewirtschaftung nicht mehr lohnte oder die Erben andere berufliche Wege einschlugen. Doch gibt es immer wieder junge und traditionsbewusste Mallorquiner, die die Herausforderung annehmen und die Höfe wieder aufbauen bzw. mit Mischkonzepten aus Herberge, Ausflugsort und leichter Landwirtschaft bewirtschaften. Und genau das haben Aina und ihre beiden Schwestern mit Son Mas vor. So ist ein Besuch dieser privaten **FINCA** aus

Eine Ramon Lull Statue vor der hauseigenen Kapelle

Oben: Die Finca Son Mas ist ein mallorquinisches Landgut wie aus dem Bilderbuch.

dem Jahre 1847, die seit Mai 2013 für Besucher offensteht, mehr als nur eine **WANDERUNG**. Sie blicken ganz tief in die mallorquinische **SEELE** und werden zu einem Teil dieses nachhaltigen Projektes, weshalb sich die drei vom Besucher eine besondere Sensibilität für die Natur bzw. Kultur wünschen. Eine Stunde dauert die kleine, recht intensive Wanderung über das Anwesen. Angefangen beim stattlichen Haus selbst, geht es zur benachbarten Kirche Son Mas samt ihrem von Zypressen gerahmten Garten. Es gibt einen Taubenschlag, den noch der Großvater selbst gezimmert hat, und eine kleine Grotte, aus der früher Quellwasser sprudelte und die Ainas Ahnen zu Ehren der Madonna von Lourdes bauten. Vor dem Eingang der Kirche grüßt der große mallorquinische Theologe und Logiker Ramon Llull (1232–1316) in Form einer Statue. Gleich hinter der Kirche beginnt dann der Wander-Rundweg. Nach 300 Metern erreicht man zwei große Becken, die das Wasser der benachbarten Bergquelle zurückhalten. Ein herrlicher Platz mit Bänken, an dem wir später picknicken werden. Gleich oberhalb der Quelle ist eine weitere Grotte. Hinter dem **PICKNICKPLATZ** folgen wir dem Weg links und gehen langsam durch die Oliventerrassen bergauf. Nach 20 Minuten haben wir den höchsten Punkt erreicht und eine tolle Sicht auf die Berge und auf Esporles. Nun folgen wir den schwarzen Pfeilen bis zu einem Tor. Eine Kletterleiter für Wanderer steht bereit. Ein **KIEFERNWALD** empfängt uns offen-harzig. Machen Sie die Kinder ruhig auf den Wechsel der Vegetation aufmerksam. Vielleicht sammeln sie ja ein paar Zapfen (und später Eicheln) zum Basteln. Den schwarzen Pfeilen folgend wandern wir dann lang-

Finca Son Mas

Die Finca bietet eine tolle Wanderung durch Oliven, Rosmarin und Heide.

sam wieder hinunter. Nun sind es Steineichen, die den Wald bilden. Alles ist hier viel enger und schattiger. Begegnungen mit Nutztieren wie Eseln, Ziegen und Schafen sind entlang des gesamten Weges möglich, und wenn man die Kinder fragt, sicherlich auch erwünscht. Eine weitere Leiter wartet auf uns, dann noch ein kleiner Abstieg und wir sind wieder an dem Picknickplatz von vorhin.
Nun folgt das eigentliche Highlight des Ausflugs: das **MALLORQUINI- SCHE PICKNICK**. Aina bringt es zum verabredeten Zeitpunkt zum Picknickplatz. Und da kommt die große Inselspezialität ins Spiel, nämlich das

Ein Taubenschlag, handgezimmert vom Großvater – fehlen nur noch die gefiederten Freunde.

Finca Son Mas

PA AMB OLI (kurz pamb'oli), ein Rezept aus dem 18. Jahrhundert. Es handelt sich dabei um ein ungesalzenes Landbrot, welches meist im Ofen leicht angebacken oder getoastet wird. Schließlich reibt man Tomate sowie Knoblauch darauf und garniert es mit ein paar Tropfen Olivenöl. Die Reihenfolge variiert allerdings von Region zu Region, von Familie zu Familie.

Dieses getränkte Brot darf dann nach Herzenslust mit Käse oder Schinken belegt werden. Dazu gibt es weitere typische mallorquinische Speisen und Getränke. Natürlich darf Obst von der Finca nicht fehlen, ebenso wenig wie die Coca salada, eine typische Gemüsepizza der Insel.

Im Gegensatz zur nicht weit entfernten La Granja (siehe Tipp25) geht es hier nicht um eine museale Aneinanderreihung von Gegenständen oder historischen Zeugnissen für Touristen. Auf der Finca Son Mas kann man hautnah miterleben, wie

Unbestrittener Höhepunkt der Tour: Das mallorquinische Picknick

viele Mallorquinier auf dem Land früher und auch teilweise heute noch leben. Wer Zeuge davon sein möchte, wie drei sehr freundliche Schwestern versuchen eine alte *possessió*, ein altes Anwesen, inmitten wunderbarer Landschaft wieder zum Leben zu erwecken, der sollte zur Finca Son Mas fahren. Unbedingt telefonisch anmelden!

HEY KIDS,
die Steineiche ist eine echte Mallorquinerin. Auch wenn es mal brennt, bildet sie sofort neue Triebe und überlebt.

19 La Reserva Parc de Natura

Wo sich Bär und Falke gute Nacht sagen

Wenn die Kinder lustlos mit Sand um sich schmeißen, die Gespräche mit der just kennengelernten Familie aus Pforzheim aus dem Nachbarapartment etwas ins Stocken geraten und Sie mittlerweile auswendig wissen, wann die Massagedüsen des Hotelpools anspringen, wird es Zeit für einen Ausflug.

Im Südwesten Mallorcas, keine 20 Kilometer entfernt von Palma, liegt der **NATURPARK** La Reserva Puig de Galatzó, eine gelungene Mischung aus **RUNDWEG** und **TIERPARK**, eingebettet in eine der landschaftlich reizvollsten Gegenden der Insel. Sicherlich ein Highlight für alle Kinder. Der Rundweg führt dreieinhalb Kilometer weit durch Schluchten, Steineichenwälder, vorbei an **WASSERFÄLLEN**, freilaufenden **TIEREN** und Gehegen. Zu sehen sind z. B. Braunbären, Strauße, Emus, Hirsche, Wildesel, Greif-

Anfahrt: Von Palma über die Ma-1041 nach Puigpunyent und dort den Schildern La Reserva – Puig Galatzó folgen; kostenfreier Parkplatz vorhanden
Höhenmeter: 50 m
Gehzeit: 1,5 Std.
Ausrüstung: Festes Schuhwerk, Fernglas, Wasser, evtl. Picknick, Kamera, Badesachen
Tourencharakter: Ein schöner Naturpark, der Kinderherzen höher schlagen lässt. Das wird geboten: Wandern durch herrliche Natur; Tiere aus nächster Nähe kennenlernen; eine auf der Insel einmalige Greifvogel-Show; Baden im Quellwasser; Picknick und Grillen
Schwierigkeit: Leicht bis mittel
Einkehr: Picknick und Snacks können im Park gekauft werden
Beste Zeit: Ganzjährig, wochentags, ausreichend Schatten vorhanden
Öffnungszeiten: Mai bis August täglich 10–19 Uhr, September, Oktober, März, April täglich 10–18.30 Uhr, November, Februar nur Fr–So 10–18 Uhr, 17 Uhr letzter Einlass
Preise: Erwachsene 14 €, Kinder 7 €, Parc Aventur zusätzlich 26,50 € pro Person ab 8 Jahren
In der Nähe: Finca Son Mas, La Granja
Informationen: La Reserva Puig de Galatzó, Predio Son Net s/n, 07194 Puigpunyent, Tel. +34/971/72 87 86, www.lareservamallorca.com

vögel, Pfauen, Gänse, Ziegen und unzählige Entenarten. (Foto: Emu) Auffällig sind zudem die runden KÖHLERPLÄTZE, auf denen man vor allem im 19. Jahrhundert Kohle für Palma produzierte. Als Höhepunkt des Rundgangs wartet nach 40 Minuten Gehzeit ein großer GRILLPLATZ mit Bar, wo es Snacks und Erfri-

Auf verschlungenen Pfaden geht es durch den Park.

schungen gibt oder selbst gebrutzelt werden kann (das Grillfeuer wird vom Parkpersonal ganztägig am Laufen gehalten, Grillfleisch kann man dort auch kaufen). Doch bitte laufen Sie nicht zu schnell weiter, sonst verpassen Sie noch die tolle GREIFVOGEL-SHOW, die um 14 Uhr stattfindet. Die Eintracht zwischen den Falknern und den eleganten Tieren ist wirklich beeindruckend.
Für die ganz Mutigen ab acht Jahre bietet der an den Grillplatz angegliederte Abenteuerpfad Parc Aventur gegen Aufpreis noch einige OUTDOOR-AKTIVITÄTEN. Hier können die Kids entlang eines Gleitseiles durch die Wipfel sausen, eine wackelige Amazonas-Brücke überqueren oder die ersten Kletterversuche unternehmen – professionelle Anleitung und Ausrüstung inklusive.

Wandern, Klettern und Tiere beobachten. Kinderherz, was willst Du mehr …

La Reserva Parc de Natura

Nach so viel Nervenkitzel tut ein kleines Bad gut. Und dafür gibt es gleich neben dem Grillplatz die Ses Fonts d'es Ratxó. Wer die Badesachen dabeihat (Umkleiden und Duschen vorhanden) kann sich hier herrlich abkühlen, doch Vorsicht: Das Wasser kommt direkt aus den Bergen und ist, nun sagen wir es mal vorsichtig: extrem erfrischend.

Wirkt der Park auf den ersten Blick wie ein Garten Eden, eine mediterrane Vorzeigelandschaft, so ist er doch Schauplatz einer der gruseligsten Legenden der Insel, der **Sage vom Comte Mal**. Der Graf von Formiguera, Ramon Burguès-Zaforteza Pacs-Fuster de Villalonga i Nét, (ja, der hieß wirklich so) war offenbar ein aufbrausender, jähzorniger Mann, weshalb er als Comte Mal, böser Graf, in die Geschichtsbücher einging. Als adeliger Großgrundbesitzer unterjochte und plünderte er angeblich in regelmäßigen Abständen seine Leibeigenen und Nachbarn. Diese verbündeten sich und zogen vor Gericht. Grund genug für den Grafen, den Wortführer der Meuterer von geheuerten Mördern meucheln zu lassen. Daraufhin blühte auch ihm der Tod im Jahre 1694. Doch sein immerfort lodernder Zorn soll noch heute dafür sorgen, dass er mit einem grün schimmernden Gaul durch seine ehemaligen Ländereien, nach Rache sinnend, reitet. Und dazu gehört eben auch der heutige Naturpark.

Die Greifvogelshow am Grillplatz werden die Kinder nicht so schnell vergessen.

Oben: Gänse, Schwäne und Pfaue laufen frei durch das Gehege.

HEY KIDS, wollt ihr die Wasserfälle zählen, an denen ihr vorbeilauft? Wenn ihr 30 zählt, habt ihr prima Augen und seid auch noch gut in Mathe.

20 Palma Aquarium

Wo Haie babysitten

Die Mallorquiner sind sehr stolz auf ihr Aquarium. Mit Recht, denn es ist eines der besten und größten in Europa. Der Anspruch, mit dem es 2007 gebaut wurde, war hoch: Das Verständnis und die Bewunderung für die Schönheit der Unterwasserwelt zu fördern und diese zu schützen. Und man hielt Wort.

Über Tiere in Gefangenschaft kann man, natürlich auch mit den Kindern, stundenlang diskutieren. Ohne es zu bewerten, möchte ich zu bedenken geben, dass es auf Mallorca durchaus Einrichtungen gibt, die den Tieren eine weitestgehend artgerechte Haltung ermöglichen und

Anfahrt: Auto: Auf der Autobahn Palma Ma-19 Richtung Llucmajor und an der Ausfahrt 10 auf den Cami de Can Alegria; am Kreisverkehr rechts auf die Carrer Manuela de los Herreros i Sorá; das Aquarium liegt nach wenigen Metern auf der rechten Seite. **Bus:** Von Palma mit den Linien 15, 23 und 25
Gehzeit: 2–3 Std. sollten für den Besuch eingeplant werden.
Tourencharakter: Sicherlich ist der Eintrittspreis kein Pappenstiel, doch wird hier ungeheuer viel für die ganze Familie geboten. Ein äußerst lehrreicher und spannender Tag ist garantiert. Sicherlich der professionellste und beste Tierpark der Insel
Einkehr: Restaurants vorhanden
Kinderwagen: Ja
Öffnungszeiten: Ganzjährig geöffnet, November bis März: Mo–Fr 10–15.30 Uhr (14 Uhr letzter Einlass), Sa, So, Feiertag 10–16.30 Uhr (15 Uhr letzter Einlass), April bis Oktober: 9.30–18.30 Uhr (17 Uhr letzter Einlass); Hinweis: In den Sommerferien und an Wochenenden kann es zu langen Schlangen kommen! Versuchen Sie es am besten zeitig am Morgen und werktags.
Preise: Für Touristen: Erwachsene 23,50 €, Kinder 4–12 Jahre 16,50 €, Kinder 0–3 Jahre gratis; für Residenten der Balearischen Inseln (D.N.I oder NIE vorlegen): Erwachsene 17,50 €, Kinder 4–12 Jahre 14.00 €, Kinder 0–3 Jahre gratis
In der Nähe: Spielzeugmuseum, Aqualand S'Arenal, Platja de Palma
Informationen: C/ Manuela de los Herreros i Sorà, 21, 07610 Palma de Mallorca, Tel. +34/902/70 29 02, www.palmaaquarium.com

Palma Aquarium

über die Zurschaustellung der Lebewesen beim Betrachter eine große Sensibilität für die Umwelt erreichen. Eine, die zumindest den frei lebenden Artgenossen auf lange Sicht helfen kann. Hierzu zählt ohne Zweifel das AQUARIUM in Palma.

In 55 Aquarien, die mit fünf Millionen Litern Salzwasser gefüllt sind, leben über 8000 Lebewesen und 700 unterschiedliche Vertreter von Flora und Fauna des Mittelmeeres, des Indischen Ozeans, des Atlantiks und des Pazifiks. Hier gibt es riesige lebende KORALLENVERBÄNDE, ja sogar eine Aufzuchtstation für die empfindlichen kolonienbildenden Tiere, um sie später ins Meer überzusiedeln. Wer bei so viel Wasser kurz einmal Landluft schnuppern möchte, für den gibt es einen 40 000 Quadratmeter großen Außenbereich. Hier spaziert man durch einen schön angelegten mediterranen Garten. Die Kinder können sich derweil auf dem SPIELPLATZ mit Hai-Attrappe und PIRATENSCHIFF austoben. Für das leibliche Wohl sorgen die hauseigene CAFETERIA Mediterra und das Restaurant Neptuno.

Big Blue, das tiefste Becken Europas – fast so, als wäre man auf dem Meeresgrund.

Gestärkt geht es weiter durch einen Amazonas-Dachgarten. Feuchte Luft, Wasserfälle, Schlingpflanzen und ein Piranhabecken sorgen für das exotische Ambiente. Doch es geht hier eben nicht nur um eine Zurschaustellung von seltenen Spezies in einem High-Tech-Gebäude. Das Aquarium will auch die Gründe dafür aufzeigen, warum einige Arten bedroht und daher selten sind. So folgen wir dem Weg in einen Ausstellungsraum, der dem bedrohten Roten Thun gewidmet wurde. Sicherlich ein guter Moment, um die Kinder für das Thema Überfischung zu sensibilisieren.

Highlight auf dem 900 Meter langen Rundgang ist natürlich das nun folgende Big Blue: das tiefste Becken Europas, in dem über 1000 Fische leben, zehn davon sind **HAIE** (Fütterung täglich 13 Uhr). Hier wurden schon Szenen für Spielfilme gedreht und Heiratsanträge gemacht. Sehr gelungen ist auch das **MEDUSARIUM**, wo man den Quallen eine Art Säulentempel gebaut hat. Kunstvoll beleuchtet schweben die unbeliebten Meeresbewohner wie schwerelos im Wasser und erscheinen buchstäblich in einem anderen Licht. Da staunen nicht nur die Kinder.

Am Toca-Toca Becken dürfen Kids auf Tuchfühlung mit den Meeresbewohnern gehen.

Für die Kids gibt es einige besondere Angebote. Gleich zu Beginn des Rundgangs wartet auf ganz neugierige Kinder das **TOCA-TOCA-BECKEN**, was »Anfassen erlaubt« meint. Unter Aufsicht können die Kleinen hier auf Tuchfühlung mit einigen Vertretern der Unterwasserwelt gehen, z. B. mit kleinen **ROCHEN**, Seesternen und Seeigeln.

Palma Aquarium

Wer einen Tauchschein hat, kann nach Voranmeldung (mindestens 24 Stunden vorher) mit den Haien tauchen. In jedem Fall können aber die ganz mutigen Kids ab acht Jahre im Sommer mit den Rochen tauchen, ganz ohne Vorerfahrung. Ein Tauchlehrer begleitet die Kids bei der Begegnung mit den anmutigen Gleitern. Wer wirklich alle Geheimnisse der Unterwasserwelt erfahren will, trägt sich besser in eine Liste ein, um an einer der Führungen teilzunehmen. Sehr originell ist der neue Hai-Sitter (auf Anfrage). Kinder zwischen sechs und 16 Jahren können gleich vor dem Haifischbecken ihr Nachtlager aufschlagen. Sie liefern die Kids am Abend ab (Schlafsack, Zahnbürste und Pyjama einpacken) und holen sie morgens, hoffentlich an einem Stück, wieder ab. Für Abendbrot, Bespaßung, Hai-Anekdoten und Frühstück wird gesorgt. Natürlich organisiert das Aquarium auf Anfrage auch **KINDERGEBURTSTAGE**. Im Hochsommer gibt es draußen am Piratenschiff lustige Wasserschlachten und Kinder werden zu Fischen geschminkt.

Und wer nach dem Besuch nun noch Lust auf das echte Meer hat, der muss vom Aquarium gerade einmal 200 Meter laufen, um sich in die Fluten zu werfen. Also, Badesachen nicht vergessen!

Wo wir gerade schon mal da sind: Wer mag, kann sich hier zumindest den Ballermann 14 ansehen, hinter dem sich eine schlichte Strandbude verbirgt. Der sagenumwobene Ballermann (Balneario) 6 liegt ein gutes Stück weiter in Richtung S'Arenal.

Der Außenbereich bietet Gärten, Spielplätze und weitere Aquarien.

21 Marineland

Mit Flipper ausflippen

Dieses alteingesessene Delfinarium an der Costa d`en Blanes (Calviá) ist auf Mallorca eine Institution. Ich kenne niemanden, der von dem kleinen, aber feinen Marine-Zoo mit seiner spektakulären Delfinshow nicht begeistert gewesen wäre.

Natürlich sind Shows mit Tieren Geschmacksache. Doch ist die Liebe zum Tier hier allgegenwärtig. Nicht zuletzt werden im Marineland auch kranke oder gestrandete Tiere von Meeresbiologen aufgenommen und versorgt. Zusätzlich zur Show mit den DELFINEN gibt es noch eine Darbietung mit SEEHUN-

Anfahrt: Von Palma über die Autobahn Ma-1 Richtung Andratx und bei Abfahrt 10, Costa d'en Blanes, runterfahren Richtung Puerto Portals; nach 500 Metern kommt ein Kreisverkehr, der Parkplatz vom Marineland ist gleich daneben. **Bus:** Von Palma mit den Linien 103, 104, 106 und 107
Tourencharakter: Ein Klassiker auf Mallorca, der den Kindern eine Menge Spaß macht. Ob die Reisekasse dafür groß genug ist, muss jeder selbst wissen. Das wird geboten: Delfin- und Seehundshow, Aquarien, Tropenhaus
Einkehr: Restaurant vorhanden
Kinderwagen: Ja
Öffnungszeiten: 25. März bis 31.Oktober täglich von 9.30–17.30 Uhr, Delfinshow täglich 11.45 Uhr und 15.45 Uhr
Preise: Erwachsene 24 €, Kinder 5–10 Jahre 16,50 €, günstigere Tickets im Internet (bitte vorab ausdrucken)
In der Nähe: Ein netter Strand gleich hinter dem Gelände, Katmandu Park, La Reserva
Informationen: Marineland, C/ Garcilaso de la Vega, 9, Costa d'en Blanes, Tel. +34/971/67 51 25, www.marineland.es

Marineland

Auf Mallorca eine Institution – das Marineland mit der berühmten Delfin-Show.

DEN, ein TROPENHAUS sowie diverse AQUARIEN, in denen viele Bewohner der Meere, z. B. Haie, Rochen, Clownsfische, Gitarrenfische und fliegende Fische bestaunt werden können. Ein wirklich lehrreiches und anregendes Erlebnis für die Kids, wenn auch, wie so viele Touristenattraktionen auf der Insel, nicht ganz billig. Sollten Sie eine längere Anreise für das Marineland auf sich genommen haben, nutzen sich doch die Gunst der Stunde und besuchen sie die gleich hinter dem Marineland liegenden schönen und kaum besuchten Strandabschnitte. Ein Weg führt gleich neben dem Marineland-Gelände zum Meer.

HEY KIDS,
ob ihr es glaubt oder nicht, Delfine hören extrem gut. Und zwar mit ihrem Unterkiefer. Er leitet den Schall zum Innenohr.

22 Aqualand El Arenal

In Ruhe ausrutschen lassen ...

Kinder lieben Rutschen, vor allem wenn es rasant zugeht und unten ein großer Plantschspaß wartet. Mallorca hat da was für Sie: Das Aqualand El Arenal. Ja, richtig, genau das berüchtigte Arenal.

Kennen Sie ein Kind, dass nicht gerne rutscht?

Aber keine Sorge, erstens wird das Gebiet um Arenal medial extrem überhöht, ist also gar nicht so schlimm, und zweitens befindet sich das Aqualand etwas außerhalb des Dorfes. Einige der RUTSCHEN sind vielleicht ein bisschen zu rasant für Ihre Kleinen und richten sich eher an die größeren Kids, doch auch für die Minis hat das Aqualand gesorgt. Im Dragoland wartet ein DRACHE im Kinderbecken, ausgestattet mit kleinen Gimmicks und Rutschen. Dann wäre da noch das sogenannte Children`s paradise

Anfahrt: Auf der Autobahn Palma Ma-19 Richtung S'Arenal, Ausfahrt 13; weiter immer geradeaus bis zum Parkplatz vom Aqualand. **Bus:** Von Palma mit den Linien 500, 502 und 503
Tourencharakter: Wenn bei den Kids eigentlich nichts mehr geht, Wasser-Rutschen gehen immer. Ein bewährtes Rezept, um den Kindern einen großartigen Tag zu bescheren. Aber leider sehr teuer. Das wird geboten: Rutschspaß und Action für die ganz Familie
Einkehr: Bar und Restaurant vorhanden
Öffnungszeiten: Mai, Juni, September täglich 10–17 Uhr, Juli, August täglich 10–18 Uhr
Preise: Erwachsene 26 €, Kinder 5–10 Jahre 18,50 €, Kinder 3–4 Jahre 11 €; Tipp: Wer online bucht, kann einen kleinen Nachlass ergattern
In der Nähe: Aquarium Palma, La Seu, Spielzeugmuseum, Reiterhöfe Can Paulino und Ca'n Conet
Informationen: Aqualand El Arenal, salida 13, km 15, 07600 El Arenal, www.aqualand.es/elarenal

Aqualand El Arena

Wer sich nicht auf die Rutschen traut, für den bietet sich das Dragoland an.

mit unterschiedlichsten Wasserspielzeugen für die Bambini zu nennen. Neu für die Kids ist der tropische **REGENWALD POLYNESIA**. Wenn es dann mal für die ganze Familie im wahrsten Sinne des Wortes rund gehen soll, ist der Grand Canyon zu empfehlen, bei dem man zusammen in einem **GUMMIREIFEN** eine

KULINARISCHES

Den ganzen Tag plantschen macht hungrig. Vielleicht mögen Sie nach dem Aqualand gerne richtig gut Essen gehen. Wie wäre es mit dem tollen galizischen Fischrestaurant Casa do Pulpo (Carretera Militar 219, Tel. +34/971/26 03 68) oder lieber mexikanisch günstig im Tex Mex Restaurant (Avinguda Nacional 34, Tel. +34/971/49 02 05)?

WEITERE WASSERPARKS AUF DER INSEL

Sollten Sie weiter westlich in Richtung Magaluf untergebracht sein, dann gibt es von demselben Betreiber ein zweites Rutschen-Paradies, den Westernpark (Carretera Cala Figuera a Sa Porrasa, 07182 Magaluf, www.westernpark.com). Er hat dieselben Preise und Öffnungszeiten, allein die Aufmachung geht mehr in die Wild-West-Ecke. Auch hier gibt es bei Online-Buchung einen Preisnachlass. Im Norden wäre der Hidropark bei Port d'Alcúdia eine weitere Alternative (Av. Tucán, s/n, Port d'Alcúdia, www.hidroparkalcudia.com).

blaue Röhre hinunterjagt. Leider ist der Ausflug mit der ganzen Familie sehr teuer. Neben dem saftigen Eintritt kommen noch Gebühren für Parkplatz (4 €), Spind (5 €) und Liegen (3,50 €) hinzu. Für die Rutschreifen zahlt man eine Kaution (oder nimmt Wartezeiten in Kauf), und auch das Restaurant darf man ruhig als übertreuert bezeichnen. Unter 100 € geht eine Familie hier kaum raus. Viele deutsche Touristen finden das unverschämt. Daher lohnt sich ein Blick rüber zu den Mallorquinern. Sie finden es zwar auch übertreuert, dennoch gönnen sie sich das Aqualand einmal im Jahr. Zunächst nehmen sie Aqualand-Gutscheine mit (15 % Preisnachlass). Diese finden sie gratis u.a. an den Kassen vieler Eroski-Supermärkte oder bei dem Sportausstatter Decathlon. Dann packen sie ein Picknick ein, sparen sich also das Restaurant. Oft lassen sie Wertgegenstände zu Hause, brauchen also den Spind nicht. Und am wichtigsten: Damit es sich lohnt, bleiben sie den ganzen Tag. Das schließt ein Mittagsschläfchen auf der mitgebrachten Isomatte ein.

Superschnelle Rutschen für mutige Kids

Aqualand El Arenal

Bei Mallorquinern ist das Aqualand einmal pro Jahr Pflicht.

23 Katmandu Park

High-Tech in Klein-England

Katmandu Park? Was hat denn Nepal mit Mallorca zu tun? Nichts, aber das spielt für die Unterhaltungsindustrie keine Rolle. Wir sind auf Mallorca.

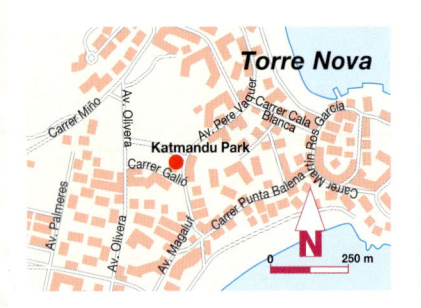

Um die zehn Millionen Touristen kommen jährlich auf dieses sehr besondere Eiland. Viele davon Deutsche, aber fast ebenso viele Engländer. Und was dem Deutschen sein Arenal ist dem Engländer sein Magaluf. Hier wird very british bis zum Umfallen gefeiert. Hotelburgen, Discos und Snackbuden wohin das Auge blickt. Und da, wo viele Menschen sind,

Anfahrt: Auf der Autobahn Palma–Andratx Ma-1 bis zur Ausfahrt 13; am dritten Kreisel rechts in die Carrer Miguel Santos Oliver, dann links in die Avenida de Cas Saboners und dem Straßenverlauf folgen bis zur Avenida Olivera; der Park liegt rechts gleich neben dem Hotel Magaluf Park.
Tourencharakter: Sollte das Wetter mal nicht so toll sein oder der Haussegen mit den lieben Kleinen richtig schief hängen, dann bringen Sie hier Kinderaugen zum Leuchten und können erleichtert den Heimweg antreten – selbiges gilt übrigens auch für Ihr Portemonnaie. Das wird geboten: High-Tech-Action in 3-D und 4-D; Minigolf; Irrgärten; ein auf dem Kopf stehendes Haus voller Überraschungen
Einkehr: Restaurant vorhanden
Öffnungszeiten: Februar bis April täglich 10–21 Uhr, Mai, September und Oktober täglich 10–22 Uhr, Juni, Juli und August täglich 10–1 Uhr
Preise: Katmandu Passport-Kombi (Aufpreise für weitere Attraktionen): Erwachsene 27,80 € (20 % Nachlass für Residenten), Kinder 3–12 Jahre 19,80 €, spezielle Preisgestaltung für Events oder größere Gruppen auf Anfrage, Online-Tickets können auf der Internetseite erstanden werden.
In der Nähe: Jungle Parc, Reserva Parc, Palma
Informationen: Katmandu Park, Avenida Pedro Vaquer Ramis 9, 07181 Magaluf, Tel. +34/971/13 46 60, www.katmandupark.com

Hightech-Attraktionen in Magaluf – gerade bei Regen ein gute Idee.

muss sich auch viel amüsiert werden. Sicherlich ein Grund, warum der Vergnügungspark Katmandu Park 2007 hier seine Zelte aufgeschlagen hat. Hier gibt es **HIGHTECH-ATTRAKTIONEN** im Stile von Europapark, Disneyland und Konsorten, wenn auch in deutlich kleinerem Rahmen.
ACHTERBAHN IN 4-D, animierter **WILD-WEST-SPASS**, ein geheimnisvolles **TIBETANISCHES HAUS**, das auf dem Kopf steht, **RODEO**, Irrgärten, Minigolf und vieles mehr. Bitte beachten Sie, dass einige der Attraktionen überfrachtend, vielleicht sogar beängstigend auf die zarten Gemüter der ganz Kleinen wirken können. Hier sollte man sich an die Altersempfehlungen des Parks halten. Mit der sogenannten Passport-Kombi haben Sie Zugang zu den vier Attraktionen, die vielleicht am besten für die Knirpse geeignet sind (House, 4-D-Kino, Desperados, Minigolf). Wem das zu viel ist, der muss nicht alles an einem Tag machen, sondern kann sich beispielsweise das Minigolf für einen sonnigen Tag aufheben.

24 La Granja de Esporles

Mallorca unter einem Dach

Ein sehr beliebtes Ausflugsziel bei mallorquinischen Eltern oder Schulklassen ist La Granja de Esporles, 15 Kilometer entfernt von Palma in der Nähe der gleichnamigen Ortschaft Esporles. Dieses Landgut liegt malerisch inmitten wunderbarer Gärten, natürlicher Quellen und schattiger Wälder.

Eben diese günstige Lage war ausschlaggebend dafür, dass sich hier zunächst die Römer und später die Mauren niederließen. Nach der Reconquista, der Rückeroberung durch Jaume I. 1229, übernahm der Zisterzienserorden 1239 die kleine Siedlung, machte ein Kloster daraus und bewirtschaftete es über 200 Jahre lang. Danach fungierte La Granja als feudaler Herrschaftssitz und landwirtschaftliche Produktionsstätte zugleich. Seit 1985 ist das Anwesen in Privatbesitz des Unternehmers und Sammlers C. Seguís, der selbst in Palma lebt,

Anfahrt: Von Palma auf der Ma-1040 nach Esporles; durch Esporles fahren (Richtung Banyalbufar), nach wenigen Kurven kommt der ausgeschilderte Parkplatz auf der rechten Seite, dort parken und ein paar Meter bis zu La Granja gehen.
Tourencharakter: Ein unterhaltsamer Tag in einem Freilichtmuseum, an dem man eine Menge über Mallorca lernen kann; der Eintrittspreis ist hoch, aber man bekommt einiges geboten: Tiere; ein Freichlichtmuseum; ein kleiner Spaziergang durch eine märchenhafte Landschaft; typisch mallorquinische Küche
Kinderwagen: Nein
Öffnungszeiten: Ganzjährig 10–19 Uhr, letzter Einlass 17.30 Uhr, man sollte einen halben Tag einplanen
Preise: Erwachsene 13,80 €, Kinder 7 €
In der Nähe: Finca Son Mas, La Reserva
Informationen: La Granja de Esporles, Carretera d'Esporles–Banyalbufar, km 1,6, 07190 Esporles, Tel. +34/971/61 00 32, www.lagranja.net

La Granja de Esporles

aber auf La Granja prunkvoll heiratete. Er machte aus dem Gut nach einer Renovierung das heutige **FREILICHTMUSEUM**. Gleich am Eingang bekommt man einen kleinen Plan ausgehändigt und begibt sich Schritt für Schritt auf die Spuren der mittelalterlichen Mönche bzw. der Gutsherren des 19. und 20. Jahrhunderts. Die Mischung aus Kleinod und Zeitreise durch die kulturelle sowie landwirtschaftliche Vergangenheit Mallorcas macht den ganz eigenen Charme von La Granja aus. Zu Beginn des Rundgangs sind einige der typischen **NUTZTIERE** wie Fasane, Esel, Enten, Gänse, Pfaue, Damhirsche und Haselhühner in ihren Gehegen zu sehen. Spätestens jetzt sollten sich Ihre Kids wohlfühlen. Im Gebäude gibt es dann für Klein und Groß in über 50 Räumen jede Menge zu entdecken, von **WEBSTUHL**, **GERBEREI**, **KERZENZIEHEREI** und Ölpresse bis hin

Fasan auf freier Wildbahn. Es gibt 2000 Jäger auf Mallorca.

Oben: La Granja, ein beliebter Ausflug bei Schulklassen

Auf einer echten Granja gibt es natürlich auch diverse Nutztiere zu sehen.

La Granja de Esporles

zum Puppentheater. Ein schier unerschöpflicher Fundus an Details aus vergangenen Zeiten, der hier zusammengetragen wurde. Kurios und sicherlich komprimiert, unterstreicht La Granja einmal mehr, wie unabhängig, wie autark die Höfe waren – ein ganzes Dorf unter einem Dach. Während in den unteren Etagen, vor allem im Keller, das Handwerk zu Hause war und die Erträge erwirtschaftete, richteten sich die Gutsherren oben feudal ein. In einer Art Gesellschaftsraum steht sogar ein Flipper aus dem 19. Jahrhundert. Unbestrittener Höhepunkt ist aber die **FOLTERKAMMER**. Hier werden die Kinder Augen machen und einsehen, dass es früher offenbar schlimmere Strafen gab, als einen Tag ohne Eis.

Wem das noch nicht reicht, der kann sich von Februar bis Oktober immer mittwochs und freitags von 15 bis 16.25 Uhr eine spezielle **HANDWERKSVORFÜHRUNG** und eine **PFERDESHOW** im Hof des Guts anschauen. Am Ausgang dürfen die Großen dann vom hausgemachten Wein probieren. Nur erwarten Sie bitte keinen Spitzentropfen, die gibt es woanders auf der Insel.

Probieren Sie mallorquinische Spezialitäten, hier die Krapfen oder Bunyols.

KULINARISCHES

Wer mag, kann noch einen Besuch im Restaurant vor Ort einlegen, das mit typischer mallorquinischer Hausmannskost aufwartet. Empfehlenswert sind hier die sogenannten sopes mallorquines, ein Auflauf, in dem man heimische Gemüsesorten mit Brot und Fleisch mischt, oder arroz brut, ein beliebtes Reis-Fleisch-Gericht mallorquinischer Art. Zum Nachtisch könnten Ihnen die Bunyols schmecken, eine Art gezuckerte Krapfen aus Kartoffelteig, die man vor allem im Herbst isst.

25 Spielzeugmuseum
Museo de sa Jugueta

Achtung, Nostalgiealarm

Das Spielzeugmuseum Museo de sa Jugueta sollte eigentlich jeder mögen. Denn wenn nicht ganz viel schiefgelaufen ist, war jeder irgendwann mal Kind. Also, liebe Eltern: Vorsicht, Nostalgie-Alarm! Taschentücher bereithalten. Sie werden alte Bekannte aus Holz und Blech wiedertreffen.

2012 öffnete das **MUSEUM** in Palmas Altstadt. Es gilt als eines der besten in Spanien. Dahinter steckt der Sammler Toni Boig. Sein sympathisches Motto: Menschen sind nur dann wirklich ernst zu nehmen, wenn sie ab und zu spie-

Anfahrt: In Palma einen Parkplatz zu finden, kann sich als sehr nervenaufreibend herausstellen; genau diese Nerven fehlen uns Eltern dann manchmal woanders, daher kann ich nur empfehlen, ein Parkhaus bzw. eine Parkgarage außerhalb des Altstadtkerns zu nutzen und die wenigen Meter in die Stadt zu laufen; leicht zugängliche Parkhäuser in der Nähe des Museums gibt es am Parc de la Mar (geht direkt von der Ma-19 ab) unterhalb der Kathedrale und unterhalb des Plaza Mayor (Zufahrt über die Ringstraße Avenidas, Via Roma und La Rambla); vom Parkhaus Parc de la Mar über die Avenida Antoni Maura in die Carrer del Conquistador, links in die Carrer del Palau Reial, dann gleich wieder rechts und hinter der Kirche in die Carrer de la Campada
Tourencharakter: Wo gibt es schon mal einen Raum, in dem alle Mitglieder der Familie Kinder sind? Wer mit den Kids einen Tag in Palma verbringt, sollte hier vorbeischauen. Das wird geboten: über 3000 Exponate aus den Jahren 1950–2000; Nostalgie-Anfall bei den Eltern; Kunstausstellung, Spielbereich, Konzerte, Theater, Restaurant, Tapas-Bar
Einkehr: Restaurant (Mo 9–21 Uhr, Di-Mi 9-24 Uhr, Do–Sa 9-2 Uhr, So geschlossen)
Öffnungszeiten: Mo–Sa, 9–21 Uhr, So geschlossen
Preise: Erwachsene 3,50 €, Rentner 3 €, Kinder 2,50 €
In der Nähe: Kathedrale La Seu, Rathaus, Plaza Mayor, Einkaufstraße Carrer de Jaume III und Carrer del Sindicat, Bar Bosch
Informationen: Museo de sa Jugueta, C/ de la Campana 7, Palma, Tel. +34/606/42 75 26, www.museudesajugueta.es

Museo de sa Jugueta

Das Museum im Zentrum Palmas zeigt Spielzeuge aus anderthalb Jahrhunderten.

len. Für ihn spiegeln die Spielzeuge auf einzigartige Weise den Zeitgeist, die ästhetischen und pädagogischen Werte einer Gesellschaft im Miniformat wider. Aus seinem Fundus von mehr als 7000 **SPIELSACHEN** sind in dem Gebäude in Palma **3000 EXPONATE** aus aller Welt auf 400 qm zu sehen. 40 Jahre lang hat Boig die Raritäten gesammelt, die ältesten sind 150 Jahre alt. Puppen, Spielautos, Schaukelpferde, alles ist da. Und natürlich voll analog. Doch so richtig wollte das Konzept nicht aufgehen. Anfang 2014 nahmen sich daher zwei der berühmtesten Pop-Musiker Mallorcas, die Gebrüder Debon, dem Museum an. Ihr Plan: aus dem Museum einen wichtigen kulturellen, sozialen und kulinarischen Treffpunkt Palmas machen. So werden wöchentlich Konzerte, Theater, Kunst-Ausstellungen (im Restaurant-Bereich) und Workshops angeboten. Das erweiterte Restaurant wartet nun mit kreativer mallorquinischer Küche zu moderaten Preisen und gesunden Snacks für die Kinder auf. Und damit die Kleinen nicht nur gucken, sondern auch spielen können, wurde extra ein Spielbereich geschaffen.

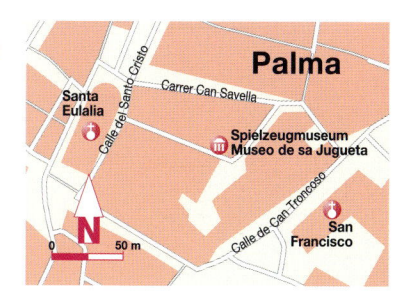

26 Jungle Parc & Jungle Parc Junior

Neue Seilschaften bilden in Santa Ponça und Bendinat

Auf Mallorca findet eigentlich alles draußen statt. Das hat natürlich mit dem Wetter zu tun. Man trifft sich fast immer auf dem Dorfplatz oder im Grünen. So kommt es, dass man nach Jahren der Freundschaft mit mallorquinischen Familien oft nicht weiß, wie denn deren Zuhause aussieht.

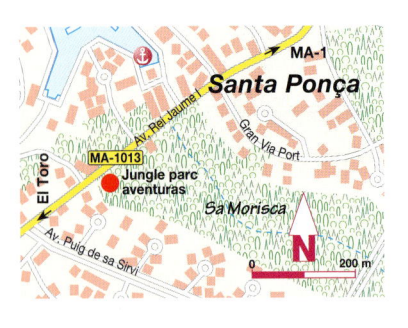

Und da sich eben alles draußen abspielt, sind auch die vielen Outdoor-Angebote der Insel nicht verwunderlich. Eines davon ist der Jungle Parc in Santa Ponça,

Anfahrt: Auto: Von Palma Richtung Andratx; die Abfahrt St. Ponça führt auf die Avenida Jaime I; immer geradeaus bis zur Nummer 40A. **Bus:** Von Palma mit den Linien 104 und 110B
Ausrüstung: Wasser (wichtig wegen Anstrengung und möglicher hoher Temperaturen), Turnschuhe, lange Hose oder lange Socken um evtl. Schürfwunden zu verhindern, Fotokamera
Tourencharakter: Ein tolles Erlebnis, das die ganze Familie noch mehr zusammenschweißt. Das wird geboten: Kletterspaß für die ganze Familie
Einkehr: Bar vorhanden
Öffnungszeiten: Variieren von Monat zu Monat. Bitte die Internetseite konsultieren oder tel. anfragen.
Preise: (inkl. Ausrüstung und Einweisung): Piratas 13 €, 1,5 Std., Explorador 16 €, 1 Std., Extremo 16 €, 1 Std., Kombination Explorador und Extremo 25 €, 2,5 Std.; Rabatt für Gruppen ab 5 Personen, auf Anfrage Feiern, z. B. Kindergeburtstag möglich
In der Nähe: Marineland, Katmandu Park, Strand in Santa Ponça (für Kids geeignet)
Informationen: Jungle Parc Santa Ponça, Avenida Jaime I – 40A, Santa Ponça, Tel. +34/630/94 82 95, www.jungleparc.es. Jungle Parc Junior, Carrer l'Arquitecte Francesc Casas S/N, Bendinat, www.jungleparcjunior.es

Jungle Parc & Jungle Parc Junior

ein **KLETTERPARK** für die ganze **FAMILIE**. Auf einem neun Hektar großen Gelände warten an die einhundert Plattformen in unterschiedlichen Höhen, verbunden durch **SEILRUTSCHEN**, Netze, Lianen oder Hängebrücken. Das sollte gerade für Jungs das absolute Paradies sein. Natürlich muss der Schwierigkeitsgrad nach Alter gestaffelt werden. Daher gibt es für Kinder ab vier Jahren, die größer als 1,05 Meter sind, den sogenannten Piratas (**PIRATEN-PARCOURS**), auf dem sie 40 kleine Übungen, gespickt mit Überraschungen, absolvieren müssen. Die Eltern verfolgen das ganze begleitend, ohne selbst zu klettern. Der perfekte Anlass, die Kleinen bei ihren Abenteuern abzulichten. Doch nicht nur Spaß, sondern auch **SICHERHEIT** wird hier großgeschrieben, daher gurtet man die Kleinen während des ganzen Rundlaufs vorsichtshalber an.

Die Kids, die bereits über 1,35 Meter groß sind, können samt Eltern(teil) den Explorador (Pfadfinderweg) und/oder den Extremo (Extremweg) erkunden. Doch vorher bekommt man eine Sicherheitseinweisung und kann einen kleinen Testlauf absolvieren. Der Park wird regelmäßig von unabhängigen Organen inspiziert, welche die Installationen überprüfen.

Sicherheit steht über allem.

Oben: Sport, Spaß und Natur – der Jungle Parc hat alles.

Und auch das Personal ist äußerst freundlich und kompetent – eine wichtige Voraussetzung für eine solche Mutprobe, gerade bei den etwas ängstlicheren Kindern.

Für diejenigen Kids, die den Parcours im Jungle Parc schon ein ums andere Mal durchgeklettert haben, eröffnete 2014 in Bendinat ein Ableger des Jungle Parcs, der sich ausschließlich den Kleinen zwischen 4 und 11 Jahren (Mindest-Körpergröße 1,05 m) widmet: Der **JUNGLE PARC JUNIOR**. In einem kleinen Wäldchen bietet er **50 KLETTERPLATTFORMEN** verteilt auf 6 Kletterstrecken und Schwierigkeitsstufen. Die Sicherheitstechnik ist hier noch ein bisschen moderner als im Jungle Parc. Die Kinder bleiben komplett während der 1,5-stündigen Tour am Seil gesichert, selbst wenn sie mal kurz am Boden sind. Das ist auch gut so, denn es geht bis zu 6 m hinauf in die Wipfel. Aber natürlich ist auch im zertifizierten Jungle Parc Junior das Personal sehr gut geschult und prüft die Kletteranlagen täglich. Sie können also ganz entspannt bleiben und ihre giggelnden Kinder genießen. Für Residenten ein toller Tipp: Feiern Sie den Kindergeburtstag hier und entgehen Sie mal dem Chaos zu Hause!

Anfahrt: **Auto:** Autobahn Ma-1 Palma-Andratx, Ausfahrt 9. Automatisch auf die Carrer Puig des Capità. Beim ersten Kreisverkehr die dritte Ausfahrt nehmen in die Carrer de l'Arquitecte Francesc Cases. Straßenverlauf folgen, bis rechter Hand eine Schule kommt. Der Park ist gegenüber.
Ausrüstung: s. Jungle Parc. Kletterzubehör wird komplett gestellt.
Tourencharakter: Kletterspaß für die Kinder unter freiem Himmel
Einkehr: Kleine Bar samt Toiletten vorhanden, eigenes Picknick nicht gestattet (Ausnahme: organisierte Kindergeburtstage)
Öffnungszeiten: Juli–August: Di–So 10-17 Uhr (Mo geschlossen). Sonst meist nur am Wochenende geöffnet (s. Internet). Bei schlechtem Wetter tel. nachfragen, ob der Park geöffnet hat.
Preise: 13 €/Kind, Erwachsene gratis (Auf drei Kinder muss mindestens eine erwachsene Aufsichtsperson kommen.)
In der Nähe: Marineland (Tipp 21), Katmandu Park (Tipp 23)
Informationen: Jungle Parc Junior, Carrer l' Arquitecte Francesc Casas S/N, Bendinat, www.jungleparcjunior.es, Tel. +34/630/94 82 95

Reiten

27 Ca'n Conet

Dieser Reitstall bietet professionellen Reitunterricht für alle Niveaus sowie Ausritte auf Stunden- oder sogar Tagesbasis an. Zweimal im Jahr (Frühjahr und Herbst) gibt es für etwas erfahrenere Reiter sogar eine Wochenend-Tour mit Übernachtung im Kloster Cura (Preis inkl. Pferd, Übernachtung, Mahlzeiten: 195 €). Club Hípico Ca'n Conet, Cami de Son Binissalom, s/n, 07199 Palma de Mallorca, Tel. +34/687/05 65 54, www.canconet.net.

28 Son Molina

Son Molina ist eher ein Hochleistungs-Reitsportzentrum, in dem es sehr professionell zugeht. Hier werden die zukünftigen nationalen Champions ausgebildet. Im Sommer gibt es für Kinder Reitkurse, auch Ausritte sind prinzipiell möglich. Son Molina bietet auch Hippotherapie zur Linderung bestimmter Erkrankungen mit speziell geschulten Pferden an. Einfach anfragen. Centre d'equitació Son Molina, Carretera de Sóller, km 12,2, 07110 Bunyola, Tel. +34/609/09 83 17 oder +34/629/68 92 91, www. sonmolina.es.

Mallorca bietet Pferdesport für alle Niveaus – Profis gehen zu Son Molina.

Was Sie trotz Kindern gesehen haben müssen

29 Von Palma nach Sóller und Port de Sóller – rasen im Roten Blitz

Der Ausflug von Palma nach Sóller mit dem Roten Blitz, dem ZUG NACH SÓLLER, gehört zu den bekanntesten auf ganz Mallorca. Wer einmal die 27,6 Kilometer in dieser musealen, holzbeschlagenen Bahn, die 1912 ihren Betrieb aufnahm, hinter sich gebracht hat, weiß warum. Und nicht nur Eisenbahnnostalgiker kommen hier auf ihre Kosten, gerade für Kinder ist die Tour besonders geeignet, da der Zug sehr gemächlich, nämlich mit 27 km/h, über die Berge tuckert und Zeit lässt für eine kindgerechte Betrachtung der **TRAUMHAFTEN UMGEBUNG**. Hier ist der Weg selbst das Ziel. Die Bahn fährt sogar so langsam, dass man bei geöffneten Fenstern in den Tunnels den Temperaturabfall merkt und die Feuchtigkeit des Gesteins riechen kann. Die Strecke führt aus Palma (dieser Abschnitt ist weniger interessant) heraus und hält an den wunderschönen **GÄRTEN ALFABIAS**, im Bergdorf Bunyola und an der **AUSSICHTSPLATTFORM** Mirador del Pujol d'en Banya, bis sie schließlich in Sóller eintrifft.

1912 wurde die Bahnstrecke eröffnet. Doch wurden damals nicht nur Passagiere befördert, sondern in erster Linie Zitrusfrüchte, was der kleinen Bahn auch den Namen Vitamin-C-Express einbrachte. Bemerkenswert dabei ist, dass die Bürger Sóllers selbst die Bahn finanzierten. Sie erkannten den Vorteil eines schnellen Transportmittels für ihre Orangen und Zitronen, dauerte die beschwerliche Reise über die Wege und Straßen nach Palma doch bis zu zehn Stunden. Und sie wollten für die Erste Klasse nur das Beste: Ledersitze, Mahagoni-Vertäfelungen und lederne Gepäcknetze (und genau so sieht sie heute noch aus). Doch Lkws sollten den Zug bald ablösen und ihn seiner eigentlichen

Was Sie trotz Kindern gesehen haben müssen

Bestimmung entledigen. Auf diese Weise wurde er zu einer der größten Touristenattraktionen der Insel.
Einmal am Bahnhof Sóller angekommen, sind es nur noch wenige Meter bis zur Touristeninformation und zum Hauptplatz namens Plaça Constitució. Hier tummeln sich normalerweise die Touristen, um bei Kaffee und Kuchen die quirlige Atmosphäre des Ortes aufzusaugen. Doch **SÓLLER** ist nicht nur hübsch und lebendig, es hat auch eine interessante Geschichte. Durch die natürliche Bergbarriere war dieser Ort vom Rest der Insel wie abgeschnitten und entwickelte sich sehr eigenständig. Wegen der permanenten Übergriffe arabischer **PIRATEN** auf das durch Olivenöl zu Wohlstand gekommene Städtchen, baute man den Hafen zu einer regelrechten Festung aus. Noch heute feiert man die Schlacht von 1561, bei der den Chroniken nach 600 Sóllerics mehr als doppelt so viele arabische Piraten in die Flucht schlugen, mit einem einwöchigen **KAMPFSPEKTAKEL** Christen gegen Mauren (ebenso wie in Pollença übrigens). Später flohen französische Handwerker während der französischen Revolution von Marseille nach Mallorca und landeten genau hier in Sóller. Sie fingen an, die wegen ihres Vitamingehaltes in Mitteleuropa stark nachgefragte Orange mit den sogenannten **ORANGENSEGLERN** nach Frankreich zu exportieren und wurden so sehr vermögend. Auf dem Rückweg brachten die Schiffe Möbel und landwirtschaftliches Gerät mit. Diese enge Verbindung zu Frankreich drückt sich noch heute in dem Dialekt der Sóllerics aus, die viele Wörter aus dem Französischen ins Mallorquinische übernommen haben.
Apropos Orangen. Die spielen heute immer noch eine wichtige Rolle im Tal von Sóller. Sei es als Exportgut oder als Zutat in unzähligen landestypischen

Die Mallorquiner schwärmen am Wochenende gerne in großen Gruppen aus.

Rezepten. Natürlich gibt es auch ORANGENEIS in Sóller. Sa Fàbrica de Gelats hat sich den Namen gemacht, das beste Orangeneis der Insel herzustellen. Vom Platz aus führt die Avinguda de Cristòfol Colom gleich bis zur Eisdiele (Nummer 13). Sicherlich eine perfekte Belohnung für die Kleinen. Gleich daneben gibt es im Ladenlokal Fet a Sóller die Möglichkeit, Produkte aus Mallorca zu kaufen. Von Marmelade über Salz bis hin zum Olivenöl, finden Sie hier eine Auswahl der besten und erfolgreichsten mallorquinischen DELIKATESSEN – tolle Mitbringsel. Ebenfalls vom Platz geht die pittoreske Einkaufsgasse Carrer de Sa Lluna ab; geradezu geschaffen für einen kleinen Bummel.

Wer nun noch Sehnsucht nach dem Meer verspürt, der nimmt einfach die Straßenbahn nach Port de Sóller. Sie fährt gleich vor dem Bahnhof in Sóller ab und absolviert die 4,8 Kilometer bis zum Hafen ebenso gemächlich wie der Rote Blitz zuvor die Bergstrecke. Tatsächlich wurde die Tramvia de Sóller auch zur gleichen Zeit wie der Rote Blitz in Betrieb genommen. Weil ein Gesetz vorschrieb, nur Bahnstrecken ab 30 Kilometer Länge zu subventionieren und dem Roten Blitz dazu noch gut drei Kilometer fehlten, baute man gleich die Anschlussstrecke zum Hafen. In Port de Sóller angekommen lässt es sich prima entlang der PROMENADE flanieren. Wer könnte jetzt zu einem Café con leche mit Blick auf die Bucht schon Nein sagen? Außer den Kindern natürlich.

> **TIPP**
>
> Wer am zweiten Mai-Wochenende kommt, darf sich auf eine der größten und spektakulärsten Fiestas der Insel freuen: Es Firó. Abfahrt des Zuges: Bahnhof in Palma de Mallorca (am Plaça d'España), Eusebio Estada, 1, 07004 Palma, Tel. +34/902/364711, +34/971/75 20 51 und +34/971/75 20 28, www.trendesoller.com; Ankunft des Zuges: Büro und Bahnhof in Sóller, Plaça d'Espanya, 6, 07100 Sóller, Tel. +34/902/36 47 11 und +34/971/63 01 30

Was Sie trotz Kindern gesehen haben müssen

30 Tapas-Tour, Ruta Martiana – Spießroutenlauf durch Palma

Palma ist eine grandiose Stadt. Sie bietet eine famose Melange aus Tradition und Moderne. Kultur- und **KUNSTLIEBHABER** kommen genauso auf ihre Kosten wie **NACHTSCHWÄRMER**.

Und da sind wir auch schon beim Thema: Abend bzw. Nacht. Mit Kindern heißt Abend und Nacht für gewöhnlich: zusammen Abendbrot essen, Schlachtfeld säubern, danach ein Film oder ein paar Seiten in einem Buch, teils putzige, teils nervende Gute-Nacht-Zeremonien y buenas noches. Natürlich können und wollen Sie mit den Kindern nachts nicht durch die Bars tingeln oder sie mit auf ein Live-Konzert nehmen. Aber vielleicht haben Sie beide das ja schon lange nicht mehr gemacht! Nun, sollten Sie in einem Hotel bzw. einer Finca ohne Kinderbetreuung wohnen, gibt es auf Mallorca noch Kids up. Dahinter verbirgt sich die **KINDER-COACHING-** und Betreuungsagentur von Andrea Schmedes, einer sehr freundlichen wie passionierten Diplom-Sozialpädagogin, die sich

Die Bar ist in Spanien das eigentliche Wohnzimmer.

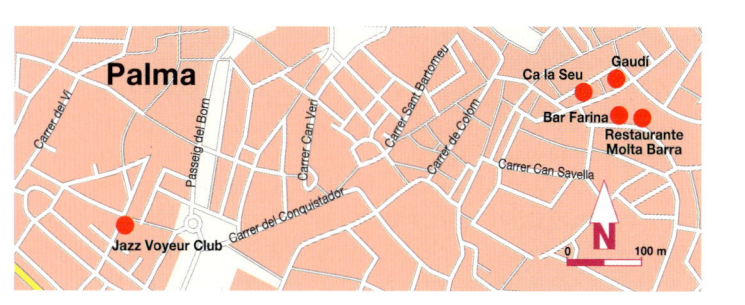

um Ihre Kinder kümmert, wenn Sie mal richtig schön ausbüxen möchten. Nach Absprache kommt sie gerne zu Ihnen ins Hotel oder auf die Finca. Kids up bietet sogar individuelle **AKTIVPROGRAMME** und Ausflüge für Kinder an, falls Sie mal tagsüber zu zweit am Pool ausspannen wollen. Wenn dann alles geregelt ist, steht einem spannenden Abend in Palma nichts mehr im Wege. Man könnte nun in einem schicken Restaurant tafeln, irgendwo einen Absacker nehmen und dann wieder nach Hause fahren. Okay, aber wie wäre es, wenn man am Dienstag- bzw. Mittwochabend gleich mehrere **TAPA-BARS** auf der Ruta Martiana kennenlernt und ein Stück spanische Lebensart noch dazu? Die Idee entstand aus der Not im Jahr 2009. In Palmas Altstadtviertel Sa Gerreria fing es mit der Kultbar Molta Barra (Calle Pes de la Farina, 12) an. Das Viertel hing etwas durch, besonders werktags, die Wirtschaftskrise kam dazu, der Barbesitzer hatte kein Geld, um einen Koch einzustellen. Also kam er auf folgende Idee: Ein Häppchen bzw. eine Tapa (oder auch pincho, Spieß, genannt) plus ein Getränk (z. B. kleines Bier) für 2 €. Seitdem sind nicht nur zig andere Bars in der Gegend auf den Tapas-Zug aufgesprungen, sondern auch andere Viertel, ja Inselorte haben die Idee kopiert, z. B. Manacor. Eigentlich nicht weltbewegend neu oder originell, aber es funktioniert prächtig. Und da der Spanier abends ohnehin gerne von Bar zu Bar hopst, hat man ihm mit den Häppchen noch einen Grund mehr geliefert. Also sollten Sie nicht zu spät aufschlagen, wenn Sie ein paar der köstlichen Tapas ergattern wollen. Ich empfehle vor 22 Uhr.

Wenn man dann sitt und satt aus der letzten Bar kommt, wäre doch ein bisschen **LIVEMUSIK** genau das Richtige, oder? Man darf zwei absolute Kultbars im Ausgehviertel La Lonja nicht verpassen. Ein kleiner Verdauungsspaziergang kann jetzt eh nicht schaden.

> **WEITERE BARS**
> auf der Ruta Martiana: Bar Farina, Calle Pes de la Farina, 10, Spezialität: Mini-Hamburger, reina negra, Ca la Seu, Calle Cordería, 17, Spezialität: klassische Tapas, Cocktails, Cero' 58, Plaza Quartera, 7, Gaudí, Plaza Quartera, L' Ambigú, C. Carnissería, 1, Spezialität: Weine und tolle Terrasse, Bar Boya, Calle Miracle, 8 y calle galera, 5, Spezialität: Vielfalt an Tapas, Bar-Cervecería Plaza d'en Coll, Plaza d'en Coll, 1.

Was Sie trotz Kindern gesehen haben müssen

Wer es lieber jazzig mag, der sollte in Palmas Jazzclub Nr.1, dem Jazz Voyeur, C/ Blau, 11A, vorbeischauen. Hier gibt es so gut wie jeden Abend Livemusik, und zwar gratis. Bekannte Inselgrößen und internationale Besetzungen geben sich hier die Klinke in die Hand. Oftmals spielen sogar zwei Bands am Abend (21.15 Uhr, bzw. 23 Uhr).

Kids up – Coaching für Kinder mit Anspruch, Andrea Schmedes, Vial 32 Can Perico 2, 07100 Sóller, Tel. +34/971/63 83 69 oder +34/616/83 54 32, www.kids-up-mallorca.de.

31 Palmas Bars – bar jeder Eile

BARS und **CAFÉS** gibt es überall. Und da, wo sie wie Monumente stoisch die Zeit überstehen, sich nicht ständig neu gewanden und jeden modischen Schnickschnack mitmachen, da, wo über Jahrzehnte in ihnen gelacht, diskutiert, geflirtet, geseufzt, zugehört und geschwiegen wurde, da, wo sie anachronistisch, verlässlich und unbestechlich bleiben, wo der Barman würdevoll mitaltert, da gehören sie ebenso zu den Sehenswürdigkeiten einer Stadt wie eine Kirche, ein Museum oder ein Park – wenn nicht sogar mehr. Und Palma hat auch hier etwas zu bieten.

Die Bar Cristal am Plaza de España gibt es bereits seit 1930. Für viele, die mit dem Flughafenbus in der Stadt landen, ist sie mehr oder weniger das Erste, was sie von Mallorca zu sehen kriegen. Vielleicht ist das der Grund, warum man sich dort gleich mal zu einem Café con leche niederlässt und dem mediterranen **LEBENSGEFÜHL** nachspürt. Innen hat sie einen leicht renovierungsbedürftigen französischen **CHARME**. Aber wen interessiert in Spanien schon, was drinnen passiert. Draußen geht die Post ab. An dieser Bar kommt im Laufe einer Stunde alles vorbei, was gerade auf der Insel ist: Geschäftsmänner, die in ihr Handy brüllen, elegante Frauen, die rekordverdächtig schnell und wie an einer Linie gezogen vor-

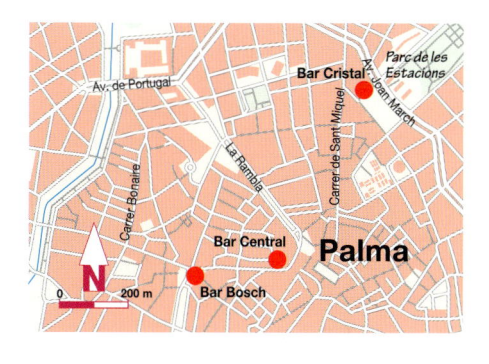

Ein typischer Forn, also eine Bäckerei, im Zentrum Palmas

beitrippeln, ein paar Zigeuner, die etwas unentschlossen wirken, amerikanische Touristengruppen mit Sonnenbrand, deutsche Rentner auf der Suche nach größtmöglicher Authentizität, Kinder in Schuluniform, hippe Youngster und, und, und. Vielleicht lernt man hier mehr über Mallorca als aus Büchern. Auf jeden Fall sollte man sich etwas Zeit dafür nehmen und ein Teil dieses bunten Puzzles werden. Die Kinder können sich auf dem Platz in Sichtweite austoben. Bar Cristal, Plaça d'Espany 4, Öffnungszeiten: 7–1 Uhr. Mitten im Zentrum von Palmas pittoresker Altstadt liegt die Bar Bosch. Seit 1936 verkehrt hier alles, was sieht, aber auch gerne gesehen werden will. Namhafte **KÜNSTLER** wie Joan Miro, Miquel Barceló oder Xesc Forteza schlürften hier schon ihre Cortados. Ein Treffpunkt der intellektuellen Eliten einerseits und eine **OASE** für Normalos, die ihren Beinen nach Shopping- bzw. Sightseeing-Exkursen eine Verschnaufpause gönnen, andererseits. Hier legt man Wert auf hochwertige und frische Zutaten für die feilgebotenen

Was Sie trotz Kindern gesehen haben müssen

KUCHEN, Teigwaren und Tapas. Obwohl man die Bar 2006 komplett renovierte, hat sie von ihrem Ruf als waschechte INSTITUTION kaum etwas eingebüßt. Die Kinder können hier nicht wirklich herumlaufen, da die Straße nicht weit ist. Am besten, Sie halten sie mit einer Ensaïmada (Schmalzkringel, Nationalgebäck) samt Limo am Tisch. Bar Bosch, Plaza Rei Joan Carles I, 6, Tel: +34/971/72 11 31, Öffnungszeiten: Mo–Sa 7–2 Uhr, So 8–1 Uhr.

Meine Lieblingsbar, die Bar Central, ist unweit der Bar Bosch. Hier ist das Publikum weniger auf Außenwirkung bedacht, die Kellner sind dafür extrem freundlich und die Preise sehr fair. Hier geht es insgesamt ruhiger zu und doch bekommt man einiges zu sehen. Nicht nur die wunderbaren altehrwürdigen Straßenplatanen, deren Blätter im Wind raschen, oder die Jugendstilfassade des ehemaligen Gran Hotels von 1903 gegenüber (erbaut von einem Freund Gaudís, Lluís Domènech i Montaner). Nein, zwischen den Aluminium-Stühlen und der Bar laufen die Menschen Palmas entlang. Einfach so. In der Mittagspause, beim Einkaufen, nach Feierabend. Wer möchte, bekommt hier ganz leicht das Gefühl, einer von ihnen zu sein. Und wer sich mit köstlichen Teilchen für den Nachhauseweg eindecken will, dem sei der Forn de Teatre gleich nebenan ans Herz gelegt. Bar Central, Plaza Weyler, 10, Tel. +34/971/72 10 58, Öffnungszeiten: 9–22 Uhr.

Was wäre eine Bar ohne die legendären Tapas?

32 La Seu – die Kathedrale Palmas

Kommen wir zur vielleicht größten SEHENSWÜRDIGKEIT der Insel abseits aller Naturfreuden, der Kathedrale La Seu (katalanisch der Sitz bzw. Bischofssitz). Normalerweise ist sie auf Reiseführern auf der ersten Seite zu finden, denn sie ist das spektakuläre, mit mallorquinischer Geschichte vollgepackte Wahrzeichen Palmas, ja der ganzen Insel. Doch ist es schwer mit Kindern, die Ruhe, die kontemplative Stimmung zu spüren, die von diesem Gebäude ausgeht und gleichsam von ihm verlangt wird. Ich habe es trotzdem irgendwann einmal gewagt, mit meinen damals vierjährigen Töchtern hineinzugehen. Es endete in einer Art Verfolgungsjagd durch die Kirchenbänke, die Sirenen gab es gratis dazu. Sollte man es dann doch lieber lassen? Auf keinen Fall, schon gar nicht, wenn Ihre Kids eher stille Gesellen sind. Geht der Nachwuchs allerdings eher in Richtung Schreihals-Klettermax, gibt es ja vielleicht die Möglichkeit, dass man sich abwechselt. Draußen vor dem Sakralbau stehen oft PFERDEKUTSCHEN und in der Nähe gibt es mit Iceberg eine vielfach prämierte EISDIELE am Carrer del Palau Reial, 3.

Außerdem liegt gleich südlich der Kathedrale eine Treppe, die hinunter Richtung Meer bzw. Parc de la Mar führt. Nach ein paar Stufen liegt rechts ein

La Seu – das imposante Wahrzeichen Palmas und Mallorcas

Was Sie trotz Kindern gesehen haben müssen

kleiner **SPIELPLATZ** im Schatten. So könnte der Nachwuchs von einem Elternteil bespaßt werden, während der andere in La Seu auf Entdeckungstour geht. Und zu entdecken gibt es da einiges.

Gleich der Eingang ist bemerkenswert. Er ist das ehemalige Armenhaus, in dem die bedürftige Bevölkerung Palmas um Almosen bettelte. Heute müssen die Touristen 6 € an der Kasse zahlen. Sicherlich nicht gerade wenig, aber inbegriffen ist das kleine Kirchenmuseum, durch das man anschließend geht. Hier sind sakrale Gemälde und Reliquien wie Knochenstücke einiger Heiliger ausgestellt. Doch das ist gelinde gesagt nur die Ouvertüre zu dem eigentlichen Meisterwerk, das nun folgt: Der 44 Meter hohe Innenraum des Gotteshauses, an dem man über drei Jahrhunderte bis ins Jahr 1601 baute, an den Fassaden sogar bis in 20. Jahrhundert.

Alles fing 1229 an, als Jaume I. mit 20 000 Mann und 140 Schiffen nach Mallorca aufbrach, um der maurischen Herrschaft ein Ende zu bereiten. Er kam in Seenot und gelobte dem Herrn die größte Kirche der Welt zu bauen, sollte er das Unwetter überstehen und die Araber vertreiben. Und so kam es, dass Jaume I. sein Versprechen nach den siegreichen Schlachten sofort einlöste und die Kathedrale auf dem Sockel einer Moschee bauen ließ, die bis dato jene privilegierte Lage am Meer genoß. Dabei übersah er in der Eile, dass er auch die Ausrichtung der Moschee übernahm, und so zeigt eine der berühmtesten Kathedralen der Welt bis heute nach Mekka und nicht nach Jerusalem. Doch damit nicht genug.

Die Säulenkonstruktion zur Schulterung des Daches war zu fragil gewählt. Sie musste ausgetauscht werden und wurde daher erst 1389 fertiggestellt. 100 Jahre später krachte ein Stück der Decke dennoch ein und warf die

---

Anfahrt: La Seu; Parken in der Tiefgarage am Parc de la Mar unterhalb der Kathedrale; Öffnungszeiten Kirche und Museum (für Messen bitte auf die Website schauen): 1. April bis 31. Mai, Oktober Mo–Fr 10–17.15Uhr, 1. Juni bis 30. September Mo–Fr 10–18.15 Uhr, 2. November bis 31. März Mo–Fr 10–15.15 Uhr, ganzjährig Sa 10–14.15 Uhr
Eintritt Kirche/Museum: Erwachsene 6 €, Kinder bis 10 Jahre und Residenten frei, www.catedraldemallorca.org
Mercat de l'Olivar, Plaça del Olivar, Öffnungszeiten: Mo–Sa von 9–13 Uhr, im Markt befindet sich auch ein Restaurant sowie ein Supermarkt im zweiten Stock.

Arbeiten um Dekaden zurück. Erst gegen 1600 waren Kirchenschiff und Hauptportal der Kathedrale fertig. Doch Erdbeben (1851), Unwetter (1906) und sogar eine Fliegerbombe (1936) rissen immer wieder Narben in den sensiblen Korpus. Am Ende ist La Seu mit 110 Metern Länge und 33 Metern Breite zwar nicht die größte Kirche des Planeten, aber zumindest ist sie eine der buntesten und lichtdurchflutetsten geworden. Viele nennen sie wegen der großen Rosettenfenster (Durchmesser 12,50 Meter) und der 60 Buntglasfenster auch die **KATHEDRALE DES LICHTS**. Außerdem ist sie ein bedeutendes **MAUSOLEUM**. Die beiden mallorquinischen Könige Jaume II. und Jaume III. haben hier ihre letzte Ruhestätte gefunden (ja, ist schon richtig, Jaume heißt hier beinahe jeder).

Für die Gestaltung des Hauptaltars und des aufgeräumten Innenbereichs, der die Lichtflutung überhaupt erst ermöglicht, zeichnet kein geringerer als **ANTONI GAUDÍ** (später seine Schüler Rubió und Reynés) verantwortlich, der zehn Jahre daran arbeitete (1904–1914). Die Seitenkapelle, Kapelle des Allerheiligsten, modellierte Mallorcas bekanntester zeitgenössischer Künstler **MIQUEL BARCELÓ**. Sie wurde unter großem medialem Interesse 2007 eröffnet.

Und noch ein Fakt ist erwähnenswert. Zweimal im Jahr stehen die beiden großen **FENSTERROSETTEN** der Kirche im Mittelpunkt. Am 2. Februar sowie am 11. November, morgens gegen halb neun, projizieren die Strahlen der aufgehenden Sonne das Farbenspiel der Ost-Rosette auf die gegenüberliegende Wand. Ein beeindruckendes **SCHAUSPIEL**, das viele Menschen anlockt. Zudem ist der Eintritt just an diesen Tagen frei.

Wer mit Religion und/oder Kirchenbauten nicht so viel anfangen kann, dem sei stattdessen ein Besuch der Markthalle Mercat de l'Olivar ans Herz gelegt, wo es um die eher profanen Gaumenfreuden geht. Er folgt der Kathedrale sicherlich recht weit oben in der Liste von Palmas beliebtesten Sehenswürdigkeiten.

Oder Sie verbinden beides mit einem Bummel durch das geschäftige Herz Palmas (z. B. Passeig del Born – Carrer de la Unió – Plaça del Mercat-Plaça de Weyler – (Treppe hoch) Costa del Teatre – Plaça Mayor-Carrer Sant Miquel – Plaça de l'Olivar). Und die gute Nachricht: Hier am Markt können die Kinder so viel Krach machen, wie sie wollen. Merkt kein Mensch.

Es gibt Dinge, die gesehen haben muss, wer sich für Mallorca ein wenig interessiert. La Seu und der Mercat de l'Olivar gehören ganz sicher dazu.

Was Sie trotz Kindern gesehen haben müssen

33 Sundowner im Paradies – fast umsonst

Bei all den Angeboten und unzähligen Attraktionen auf Mallorca vergisst man allzu schnell, dass die schönsten Dinge oft ganz einfach sind. Daher mein Vorschlag: Kaufen Sie sich auf einem der unzähligen Märkte oder im Supermarkt guten Käse, eine Sobrassada, Baguette, ein bisschen Obst und vor allem eine Flasche von dem ausgezeichneten Inselwein (z. B. Can Ribas, Macia Batle oder José Ferrer). Für die Kinder vielleicht ein paar der typischen Inselkekse Quelis. Nehmen Sie Becher, ein Taschenmesser, eine Sitzunterlage und vielleicht ein Windlicht mit. Am Abend, gegen 19.30–20 Uhr, wenn viele der anderen Touristen vom Strand kommen, gehen Sie gemeinsam erst hin. Vielleicht haben Sie ja sogar noch Lust auf ein schnelles Bad. Breiten Sie das **PICKNICK** aus, während die Kinder im **SAND** spielen. Und nun genießen Sie einfach den **SONNENUNTERGANG** auf der vermutlich schönsten und vielseitigsten Insel des Planeten.

Hinweis: Der Strand sollte, wenn möglich, nach Westen ausgerichtet sein. Sie können z. B. im Norden bei Son Serra de Marina, im Süden am Es Trenc, im Westen an der Platja de Palma oder in Santa Ponca und Paguera schöne Sonnenuntergänge erleben. Natürlich sind die Sundowner an der Steilküste der **TRAMUNTANA** ungeschlagen, aber dahin führen eben wieder recht lange Wege über Serpentinen.

Ein Sonnenuntergang auf Mallorca ist schwer zu toppen.

Dorffeste und Märkte

Abhängig von Ihrem Reisetermin, können Sie mit etwas Glück einigen dieser Feste und Märkte beiwohnen. Schauen Sie doch mal, was in Ihrer Nähe liegt.

Ganzjährige Wochenmärkte

Meist von 8.30–14.30 Uhr auf den zentralen Plätzen:
Montag: Biniamar
Mittwoch: Andratx, Bunyola, Selva.
Donnerstag: Port de Sóller (Sóller).
Freitag: Es Pont d'Inca, Son Ferrer.

Es Firó. Die nachgestellte Piratenschlacht in Sóller ist legendär.

Samstag:
S'Arracó Bunyola, Esporles, S'Horta, Sóller.
Sonntag: Valldemossa.

Saisonale Märkte
Alaro: Zweites Dezemberwochenende Weihnachtsmarkt
Andratx: 31. Oktober 8–14 Uhr Blumenmarkt,
erstes Dezemberwochenende 10–17 Uhr Weihnachtsmarkt.
Consell: 24. August, 20–24 Uhr abendlicher Markt, Calle Nadal Munar/San Bartomeu.
Esporles: Erster Sonntag im Monat (bis auf August), Trödelmarkt, alle Samstage im Dezember 9–14 Uhr Weihnachtsmarkt.
Palma: Januar bis Februar Di–Sa; März, April, November, Dezember Mo, Do, Fr, Sa; Mai, Juni, Oktober Mo, Di, Do–Sa 10–14 Uhr Kunsthandwerk-Markt, Plaza Mayor,
1. Mai bis 31. Oktober täglich 20–24 Uhr Markt in Las Maravillas, Playa de Plama,
1. Mai bis 30. September Do–So 19–0.30 Uhr Kunsthandwerk-Markt, Paseo de Sagrera,
1. April bis 30. September Do–Sa Kunsthandwerk-Markt, S'Hort des Rei.
Palmanova und Magaluf: 1. Mai

Die Boote mit den maurischen Piraten landen in Puerto de Sóller.

bis 30. September täglich 19–24 Uhr Markt am Paseo del mar.
Peguera: 1. Mai bis 30. September täglich 19–24 Uhr Markt am Plaza de Niza.
Santa Ponça: 1. Mai bis 30. September täglich 19–24 Uhr Markt am Plaza de la Pinada.
St. Elm: 1. Augustwochenende 14–24 Uhr Mercado de la Palomera – Kunsthandwerk-Markt.

Fiestas im Sommerhalbjahr

Sa Fira I Es Firó – Piraten live und in Farbe
Zweites Mai-Wochenende
Sollten Sie Mitte Mai auf der Insel sein, dann ist diese Fiesta in Sóller/Port ein Muss. Neben zahlreichen Darbietungen, Gedenkfeiern und einer Ausstellung lokaler Produkte (Sa Fira) gibt es hier ein besonderes Spektakel zu sehen: Es Firó. Dabei wird eine historische Schlacht nachgestellt, bei der sich die Einwohner Sóllers im Mai des Jahres 1561 einer arabischen Piratenübermacht gegenübersahen und diese mit vereinten Kräften in die Flucht schlugen. Das gilt auch für die weiblichen Teile der Bevölkerung. Einige von ihnen, die Valentes Dones (die tapferen Frauen), sollen Araber mit Pfannen verdroschen und sogar mit den Sperrbalken der Haustüren erschlagen haben. Auf diese resoluten Weibsbilder ist man ganz besonders stolz. Das Spektakel wird üblicherweise am zweiten Montag im Mai aufgeführt.

Sant Mateu, Bunyola
13. bis 21. September
Im Spätsommer findet in dem bezaubernden Bergdorf Bunyola die Fiesta de Sant Mateu statt. Auch hier gibt es jede Menge Aktionen wie Spiele, Umzüge, Theater und Musik. Kuriosester Beitrag ist der frisch dazugekommene Unterwäschelauf (correguda de ropa interior), bei dem das halbe Dorf in Unterhose, Slips und Tangas durch die Straßen läuft. Ein Hauch von Loveparade in den Bergen Mallorcas.

Das Archipel Sa Cabrera im Süden Mallorcas

DER SÜDEN

Die schönsten Strände

Die Strände im Süden bzw. Süd-Osten gelten gemeinhin als die schönsten der ganzen Insel. Sanft abfallendes **türkisfarbenes Wasser**, hell leuchtender feiner Sand vor Naturdünen und **saftigen Pinien**. Ich habe vier Strände herausgepickt, die alle für Familien wie geschaffen sind und unterschiedlichste Ansprüche erfüllen sollten.

An den Naturstränden Cabreras finden Kinder tolle Baumaterialien.

Der legendäre Strand von **Es Trenc** (siehe Tipp22) ist immer noch eine Reise wert. Gerade die Kinder werden ihn wegen seiner Betriebsamkeit lieben. Wer indes mehr Einsamkeit und Platz sucht, sollte eher woanders hinfahren. Ein toller Strand für die ganze Familie mit allen Es-Trenc-Eigenschaften liegt zwischen den Siedlungen Sa Ràpita und Ses Covetes. Hier herrscht nur etwas weniger Betrieb, weil er eben nicht Es Trenc heißt, sondern **S'Arenal de sa Ràpita** bzw. **Ses Covetes** (siehe Tipp 23). Manchmal ist weniger mehr. Am Strand von **Es Caragol** (siehe Tipp 24) hat man das Gefühl, dass der Strand mal nicht auf einen wartet. Er ist sich selbst genug. Und wenn man artig ist, darf man ihm ein bisschen dabei zuschauen. An der Cala Pi (siehe Tour 25) findet man einen schönen Strand, der nichts vermissen lässt und dennoch nicht überlaufen ist. Ideal zum Schnorcheln und Baden.

Die Burg Cabreras wurde zum Schutz gegen die Piraten im 15. Jahrhundert errichtet. Von oben hat man einen tollen Blick auf das Archipel.

34 Platja d'es Trenc

Das Vorzeigeparadies

Kein Reiseführer, in dem dieser Strand fehlen darf. Ja, er ist der Vorzeigestrand der Insel, dem man karibischen Charakter nachsagt.

Als der letzte große, unbebaute NATURSTRAND, hat er kristallklares Wasser, pulverfeinen Sand und eine intakte DÜNENLANDSCHAFT zu bieten, doch der Geheimtipp, als den man ihn ab zu noch verkaufen will, ist er längst nicht mehr. Im Gegenteil. Da er bei zahlreichen Touristen auf der To-do-Liste während ihres Aufenthaltes steht, strömen im Sommer täglich mehrere Tausend Sonnenanbeter von überall her, und sei es nur für einen Nachmittag. Seine Schönheit ist ihm im Laufe der Jahre zum Verhängnis geworden und so kann es passieren, dass es am Es Trenc von Mai bis Oktober recht beengt zugeht. Das hat aber zugegebenermaßen auch mit der geringen natürlichen Breite des Strandes von gerade mal 15 bis 20 Metern zu tun. Warum also

Anfahrt: Von Campos kommend über die Landstraße Richtung Colonia de Sant Jordi; nach acht Kilometern dem kleinen Schild mit der Aufschrift Es Trenc folgen und nach rechts in eine kleine Straße abbiegen; nach wenigen Metern wird die Salzmanufaktur von Flor de Sal passiert, wer hochwertiges Salz mag, sollte kurz am Ladengeschäft anhalten und sich eindecken; nun geht es vorbei an den Salinas de Llevant (auf den Gegenverkehr achten!) und 500 Meter vor dem Strand nach rechts zum Restaurant Es Trenc bzw. auf dessen gebührenpflichtigen Parkplatz; von hier sind es noch wenige Schritte bis zum Strand; etwas weiter geradeaus folgt ein weiterer Parkplatz (6 €/Tag); alternativ kann man von Campos über die Landstraße nach Sa Ràpita fahren und eineinhalb Kilometer vor Sa Ràpita links Richtung Ses Covetes/Es Trenc abbiegen; nach Abstellen des Autos begibt man sich dann in südöstliche Richtung.
Bus: Von Palma mit der Linie 515
Strand: Feinster Sand, flach abfallendes Wasser, viele (deutsche) Familien
Länge: 2 km
Wasserqualität: Atemberaubend
Blaue Flagge: Nein
Infrastruktur: Kostenpflichtiger Parkplatz, Rettungsdienst, Strandbar, Sonnenschirme/Liegen mietbar, sanitäre Anlagen, Wassersport
In der Nähe: Besucherzentrum Cabrera, Cabrera, Es Caragol

Platja d'es Trenc

dann noch hinfahren? Nun, für Kinder sollte es trotzdem oder gerade deshalb ein Highlight werden. Die Wahrscheinlichkeit hier auf andere deutschsprachige Kinder zu treffen, die **SANDBURGEN** bauen oder Muscheln sammeln, ist einhundert Prozent. Mamas und Papas können sich prima nur wenige Meter dahinter im Schatten eines der vielen Bastschirmchen eine Liege mieten und ganz entspannt lesen oder ein Nickerchen machen. Das Meer bleibt lange knöchel- bis knietief. Für Noch-Nichtschwimmer ist also alles bereitet. Zudem wird der Strand von professionellen Rettungsschwimmern bewacht, was beruhigt, aber selbstredend die Eltern nicht ihrer Aufsichtspflicht enthebt. Das Publikum ist sehr gemischt. Alle Altersklassen sind vertreten. Ein paar Nackedeis haben sich auch daruntergemischt, bei denen man schon mal ein Auge zudrücken sollte (oder besser beide).

Im Hochsommer geht es im Paradies zuweilen eng zu.
Oben: Es Trenc ist der Vorzeigestrand der Insel und bei Familien sehr beliebt.

Weißdüne bei Es Trenc. Die ersten Pflanzen haben sich angesiedelt.

Gleich hinter dem Strand liegt ein hoch sensibles **NATURSCHUTZGEBIET** aus Sümpfen, Dünen und **BRACKWASSERLAGUNEN**, welches vielen Zugvögeln als Zwischenstation auf ihrem Weg nach Afrika und zurück dient. Anderen Arten, wie dem Seeregenpfeifer, ist es allerdings ein permanentes Zuhause und Brutgebiet. Mehr als **170 VOGELARTEN** lassen sich beobachten. Gleichzeitig wird hier auf sehr traditionelle Weise Salz gewonnen. Stark salzhaltiges Küstenwasser fließt langsam durch verschiedene Becken, bis durch die zunehmende Verdunstung schließlich kristallines Natriumchlorid ausfällt und abgeschöpft wird. Das **SALZ** von den Salinen Es Trenc ist mittlerweile ein echter Verkaufshit.

Erwähnenswert ist vielleicht die Tatsache, dass der Strand von Es Trenc seit Jahren Sand verliert. Das hat einerseits mit den Touristen zu tun, die den Sand in Schuhen und Handtüchern unwissentlich abtransportieren, und andererseits mit der Strandnutzung selbst. Der starke Badebetrieb und querbeet trampelnde Badeurlauber erlauben der Primärvegetation nicht sich anzusiedeln und die Dünen mit ihren Wurzeln zu festigen. Daher wurden Seile gespannt, um die Strandgänger von den Pflanzen zu trennen. So können sich erstere erholen, während letztere ihren Job machen. Weisen Sie die Kids ruhig auf dieses sensible System hin.

Platja d'es Trenc

Es Caracol – ein Strand für Naturliebhaber, die auf Strandbuden verzichten können.

35 S'Arenal de sa Ràpita und Ses Covetes

Geschwister, die sich im Sande verlaufen

Dieser Strand ist der nördliche Zwilling von Es Trenc und liegt zwischen den Siedlungen Sa Ràpita und Ses Covetes. Die beiden Urbanisationen teilen sich sozusagen denselben Strand.

S'Arenal de sa Ràpita ist mit seinen 1,1 Kilometern Länge nicht so großzügig dimensioniert wie Es Trenc, aber ich wüsste jetzt nicht, auf welcher Seite des Zaunes das Gras grüner bzw. das Meer türkisfarbener wäre. Auffällig ist die Tatsache, dass in Sa Ràpita insgesamt weniger Menschen pro Quadratme-

Anfahrt: Sa Ràpita: Von Campos über die Landstraße nach Sa Ràpita; dort am Club Nàutic, also am Yachthafen, parken (kostenpflichtig) oder etwas weiter in die Ortschaft fahren und dann rechts von der Hauptstraße kostenfrei parken. Ses Covetes: Von Campos über die Landstraße nach Sa Ràpita; eineinhalb Kilometer vor Sa Ràpita links Richtung Ses Covetes/Es Trenc abbiegen; parken ist hier auf blauen Stellflächen nur weit vom Strand entfernt an der Zufahrtsstraße möglich (in der Hochsaison auch kostenpflichtig); wer auf Nummer sicher gehen will, für den gibt es kurz vor Ses Covetes gebührenpflichtige Groß-Parkplätze (bis zu 6 €/Tag); gerade wenn man als Familie tonnenweise Kinderbespaßungsausrüstung dabei hat, sollte man vielleicht Letzteres in Betracht ziehen; wenn man auf das Meer zuläuft, befindet sich rechts (nord-westlich) der Strand von Ses Covetes, während es nach links (süd-östlich) zum Strand von Es Trenc geht. **Bus:** von Palma Linie 515
Strand: S'Arenal de sa Ràpita: Feinsandig, flacher Einstieg, Dünen und Kiefernwälder; Ses Covetes: Feinsandig, flacher Einstieg, aber auch felsiger Abschnitt Es Freu
Länge: S'Arenal de sa Ràpita: 1,1 km; Ses Covetes: 300 m
Breite: S'Arenal de sa Ràpita: 15 m; Ses Covetes: 20 m
Wasserqualität: Hervorragend
Blaue Flagge: Nein
Infrastruktur: Kostenpflichtiger Parkplatz am Hafen und in Ses Covetes, Rettungsdienst, Bars, Restaurants, Wassersport, behindertengerechter Zugang, sanitäre Anlagen, Liegen-und Schirmvermietung
In der Nähe: Besucherzentrum Cabrera, Cabrera, Es Caragol

S'Arenal de sa Ràpita und Ses Covetes

Sa Ràpita ist genauso schön wie der Nachbarstrand Es Trenc, aber weniger überlaufen.

ter liegen und deutlich mehr Mallorquiner darunter sind. Vielleicht liegt das daran, dass viele Inselbewohner hier ein Wochenendhäuschen haben. Am Hafen selbst, der gleich neben dem Strand liegt, gibt es ein paar nette BARS UND RESTAURANTS. Der Strandabschnitt von Ses Covetes ist gar nur 300 Meter lang und steht Es Trenc ebenfalls in nichts nach. Gleich hinter der Siedlung gibt es mit ES FREU eine malerische, felsige Zone für diejenigen, die gerne schnorcheln. Hier wurden unter anderem STEINE zum Bau der Stadtmauer und der Kathedrale von Palma geschlagen. Für das leibliche Wohl sorgen eine urige Strandbude und diverse Restaurants in Ses Covetes.

In Sa Ràpita sei noch auf den WACHTURM Son Durí aus dem 16. Jahrhundert hingewiesen. Er wurde errichtet, um die Bevölkerung vor PIRATEN zu warnen (siehe Tipp 4). Einem tollen Strandtag steht nichts mehr im Wege.

36 Es Caragol

Statt Eis gibt's eher Nackedeis

Einen Strand, der aus der Reihe tanzt, wollte ich dann doch noch vorstellen: Es Caragol, die Schnecke. Hier sind jene Naturliebhaber bestens aufgehoben, die für einen tollen Strand und ihre Ruhe etwas kämpfen wollen.

Er liegt abseits der Modestrände und ist nur über einen 20-minütigen Fußmarsch oder per Boot zu erreichen. Auf dem vierhundert Meter langen Strand gibt es bis auf zwei alte Bunker in den DÜNEN und ein paar aufgestellte Papierkörbe nichts. Nichts freilich, außer feinem Sand, einem traumhaften Meer und einer Handvoll anderer Touristen. Ein paar LIBELLEN schwirren unbeeindruckt herum, während hinten ein Nackedei Thai-Chi macht. Keine Propellermaschinen mit Reklamefahnen im Schlepptau, keine Motorboote oder Jetskis. Das einzige Geräusch, das Sie jetzt noch vernehmen (sollten die Kinder mal eine Sekunde Ruhe geben) ist das Schwappen vereinzelter vor Anker gegangener Yachten unweit des Strandes. Selbst in der Hochsaison werden Sie sich weitestgehend ungestört fühlen. Auch Einheimische kommen gerne, weil

> HEY KIDS,
> schaut doch mal, was sich zwischen Meer und Leuchtturm befindet. Richtig! Ein Garten voller STEINTÜRMCHEN. Könnt ihr auch so einen Turm bauen?

Anfahrt: Auf der Landstraße Ma-6100 zwischen Ses Salines und Es Llombards zum Cap de Ses Salines auf die Ma-6110 abbiegen; immer geradeaus bis zum Leuchtturm
Strand: Naturbelassen, feinsandig, fällt recht flach ab
Länge: 500 m
Breite: 40 m
Wasserqualität: Hervorragend
Ausrüstung: Bequeme Schuhe, Verpflegung, viel Wasser, Sonnenschirm
Infrastruktur: Keine
In der Nähe: Besucherzentrum Cabrera, Cabrera, Santanyi

Es Caragol

sie die Ruhe und **ABGESCHIEDENHEIT** dieses Ortes schätzen. Doch für die Schnecke muss man einen gewissen Aufwand in Kauf nehmen. Das beginnt mit der Autofahrt zum Cap des ses Salines, dem südlichsten Punkt der Insel. Auf der Landstraße zwischen Ses Salines und Es Llombards biegt die Straße zum Cap ab. Nach einer scheinbar endlosen Geraden hat man das Kap samt **LEUCHTTURM** schließlich erreicht. Da kein Parkplatz vorhanden ist, muss der Wagen am Straßenrand abgestellt werden, was hier gang und gäbe ist. Vor dem Tor zum Leuchtturm führt rechts ein kleiner Weg die Außenmauer entlang Richtung Meer. Mit Blick auf das Wasser halten wir uns nun rechts in nord-westlicher Richtung. Der Weg ist deutlich zu erkennen und führt uns entlang eines Zaunes nach 20 Minuten zum Strand Es Caragol. Damit sich der Aufwand lohnt, sollte man hier schon mindestens den halben Tag verbringen und sich dementsprechend ausrüsten.

Der Leuchtturm am Cap de ses Salines ist Ausgangspunkt für den kleinen Fußmarsch.

37 Cala Pi

Das vergisst man nie

Der Strand von Cala Pi liegt verträumt zwischen stattlichen Felswänden und verdankt seinen Ursprung einem Sturzbach, dem Torrent de Cala Pi, der sich jahrtausendelang durch das Gestein fräste und ins Meer mündete.

Der heutige Strand ist sozusagen das DELTA des Baches. Dementsprechend misst er nur gute 50 Meter an Länge, zieht sich aber fast 150 Meter in die Breite. Da sollte genug Platz für alle sein, selbst in der Hochsaison. Der Sand ist fein, das Wasser fällt flach

Anfahrt: Von Llucmajor auf die Ma-6015 Richtung Estanyol, dann rechts auf die Landstraße Ma-6014; bei Cala Pi abfahren und im Ort den Schildern zum Platja/Playa folgen; man gelangt zwangsläufig über die Carrer Torre an die Plateau-Spitze und sieht vor sich den Torre de Cala Pi, einen Wehrturm aus dem 16. Jahrhundert; stellen Sie das Auto ab und genießen Sie den Ausblick über die südliche Steilküste der Insel; vielleicht entdecken Sie mit den Kindern ja den Zipfel von Cabrera, das Archipel südlich von Mallorca; nun geht man die Straße ein Stück zurück ins Dorf, bis links die Treppen zu sehen sind, die hinunter zur Bucht führen. **Bus:** ab Palma Linie 525
Strand: Sandig, flach abfallend
Länge: 50 m
Breite: 150 m
Wasserqualität: Ausgezeichnet
Blaue Flagge: Nein
Infrastruktur: Rettungsdienst, sanitäre Anlagen, Liegen-/Schirmvermietung, Strandbude, Restaurants und Supermärkte im Dorf
In der Nähe: Talayotsiedlung Capocorb (bedeutende Wehrsiedlung aus der Zeit um 1200 v. Chr., 4 km vor Cala Pi), Aqualand S'Arenal, Sa Ràpita

Cala Pi

Cala Pi – eine kleine aber feine Badebucht; auch perfekt zum Schnorcheln

ab und es gibt sogar eine **STRANDBUDE**, die knurrende Kindermägen versorgt. Dazu spenden die dreißig Meter hohen **FELSWÄNDE** in den Nachmittagsstunden wohltuenden Schatten. Auch ein Ausguck samt Rettungsschwimmer ist vorhanden. Auf geht´s nach Cala Pi!

Traumhafte Panoramen des felsigen Südküste

38 Nationalpark Cabrera

Ziegen, Piraten und nackte Mönche

Klar, Mallorcas Reichtum an traumhaften Landstrichen, Stränden und pittoresken Dörfchen ist manchmal schon ein bisschen zu viel des Guten. Da kann man nur noch die Flucht nach vorn antreten. Und zwar in ein noch vollkommeneres Paradies: das Ziegen-Archipel Cabrera.

Dieser 1991 unter Schutz gestellte **NATIONALPARK**, bestehend aus 19 Inseln mit der Hauptinsel Cabrera (*cabra*, spanisch für Ziege), hat seinen natürlichen Charakter komplett erhalten können und zeigt uns mediterrane Inselchen wie sie aussehen, wenn eben kein Tourismus Einzug gehalten hat. Große Teile Mallorcas mögen noch vor 80 bis 90 Jahren genauso ausgesehen haben. Ziegen gibt es übrigens auf Cabrera keine mehr, da man das sensible Ökosystem durch Überweidung nicht gefährden wollte.

Cabrera ist nur meerseitig zu erreichen, was den Besucherstrom zusätzlich bremst. Im Sommer sind es nur an die 50 bis 100 Personen pro Tag, die mit dem Boot übersetzen. Selbst Mallorquiner besuchen die Insel selten, ist ihnen ihre große Insel doch offenbar genug. Die Familie Ferrer mit dem Unternehmen Excursions a cabrera (Ausflüge nach Cabrera) organisiert seit über 40 Jahren die Überfahrten von Colònia Sant Jordi. Die Boote legen täglich zwischen 10 und 11.30 Uhr ab und kehren gegen 17 Uhr zurück. Es werden un-

Nationalpark Cabrera

terschiedliche Touren angeboten. Komplette Archipel-Umrundungen oder doch lieber nur Sektschlürfen zum Sonnenuntergang. Für Familien ist das Classic-Angebot zu empfehlen.

Eine Stunde braucht das BOOT, bis es den Hafen Cabreras erreicht hat. Je nach Wind- und Wetterlage kann es dabei schon mal etwas hin- und herschaukeln, was einige Kinder juchzend feiern, während andere damit zu kämpfen haben. Mit etwas Glück können an der Steilküste vor Cabrera

Anfahrt: Auto: Auf der Ma-19 von Palma nach Llucmajor, dann auf die Ma-19 nach Campos, schließlich auf die Ma-6040 nach Colònia de Sant Jordi; bis zum Hafen durchfahren (auf Schilder Excursions a Cabrera achten); parken kann man kostenpflichtig in der Nähe des Hafens oder kostenlos in den Straßen etwas weiter vom Hafen entfernt. **Bus:** Von Palma mit den Linien 502 und 503. Das Büro Excursions a Cabrera ist mitten auf der kleinen Hafenpromenade und nicht zu verfehlen; die Abfahrt des Bootes ist am Ende der Mole

Abfahrt: 10–11.30 Uhr, per SMS wird über genaue Abfahrtszeit informiert (20 Minuten vorher Tickets im Hafenbüro abholen)

Rückkehr: 17 Uhr

Gehzeit: Variabel, z. B. Castell–Museum–Sa Platgeta–Boot 1,25 Std.

Ausrüstung: Evtl. Picknick, viel Wasser, Sonnencreme, Badesachen, Handtücher, festes Schuhwerk, Fotokamera

Tourencharakter: Ein Naturerlebnis, das man so schnell nicht vergisst und unzähligen Touristen Mallorcas voraushat. Gerade für Familien, die Mallorca schon ein bisschen besser kennen, ein toller, wenn auch nicht gerade günstiger Ausflug. Das wird geboten: eine Bootsfahrt; eine nahezu unberührte Mittelmeerinsel fernab vom Massentourismus; ein kleines Museum; eine Höhle mit einem ganz besonderen Wasser

Schwierigkeit: Leicht bis mittel

Einkehr: Verpflegung selbst mitbringen oder Menü für 7 € bestellen (wird an Bord serviert oder kann mitgenommen werden); Bar am Hafen von Sa Cabrera oder in Colònia San Jordi

Preise: Classic Tour (unbedingt telefonisch reservieren!): Erwachsene 35 € Vorsaison/Nachsaison, 40 € Hauptsaison (18. Juni bis 1. September), Kinder 3–11 Jahre 20 € Vorsaison/Nachsaison, 25 € Hauptsaison, Kinder 0–2 Jahre gratis, Platzreservierung dennoch nötig, Residenten: 15 % Familien-Rabatt, zwei Erwachsene und mindestens zwei Kinder unter 12 Jahren bei Vorlage DNI, NIE

In der Nähe: Platja d'es Port, Besucherzentrum Cabrera, Es Trenc, Ses Covetes, Sa Ràpita

Information: Tel. +34/971/64 90 34, www.cvcabrera.es

Die Boote stehen in Colònia Sant Jordi für den Ausflug bereit.

FISCHADLER und Turmfalken beobachtet werden, wie sie sich von den Klippen auf der Suche nach Frischfisch stürzen. Auch viele seltene Seevögel wie Sturmschwalben oder Sardengrasmücken brüten in den Felsen. Ein Eldorado für Ornithologen. Sobald das Boot angelegt hat, bekommen Sie vom Parkpersonal Informationen, welche Sehenswürdigkeiten die Insel bereithält, welche Routen es gibt und welche Verhaltensregeln es in diesem NATURPARADIES einzuhalten gilt. Am Hafen La Mola selbst gibt es ein kleines INFORMATIONSBÜRO. Schnappen Sie sich am besten eine Karte des Nationalparks, die dort kostenlos ausliegt. Wer noch einen Kaffee oder eine kleine Stärkung braucht, sollte in der einzigen BAR der Insel einkehren, die gleich neben dem Büro zu finden ist. Ein guter Start, um die Insel zu erkunden, ist sicherlich das CASTELL DE CABRERA, das man nach 15 Minuten erreicht. Der Weg führt vor dem Informationsbüro hinauf. Dieser

Nationalpark Cabrera

Sa Cova Balva – das vermutlich blauste Wasser des Mittelmeeres

WACHTURM stammt aus dem 15. Jahrhundert und wurde seitdem gut ein Dutzend Mal zerstört und wieder aufgebaut. Er liegt 72 Meter über dem Meeresspiegel und bietet eine großartige Sicht über Cabrera. Die kleine Festung diente lange zum Schutz vor KORSAREN, sprich Piraten, denn die machten sich hier zu gerne breit, um ihre Angriffe auf die mallorquinischen Häfen zu planen und nach getaner Arbeit ihre Beute zu verstecken, was der Insel auch den Beinamen PIRATENINSEL einbrachte. Tatsächlich nutzten SCHMUGGLER dieses verlassene Eiland bis ins späte vorletzte

> **HEY KIDS,** schaut doch mal, ob ihr eine der zahlreichen PITYUSEN-EIDECHSEN entdeckt. Die sind wechselwarm und brauchen die Sonne, um sich aufzuheizen.

Die Besucherströme des Nationalparks werden streng kontrolliert. Das kommt Flora und Fauna zugute.

Jahrhundert, um ihre Ware zu verstecken. Selbst der Diktator Franco schmuggelte Penicillin auf die Insel, um die Wehrmacht fernab der alliierten Streitkräfte mit Antibiotika zu versorgen.

Über den einzigen öffentlichen Weg gelangen wir von der Burg nach 25 Minuten an einer kleinen Siedlung vorbei zum ersten Strand Sa Platgeta und zu einer Weggabelung. Der Weg nach links führt nach wenigen Metern zu einem schattigen Picknickplatz und nach weiteren 300 Metern zum **ETHNOGRAFISCH-HISTORISCHEN MUSEUM** Es Celler (2 € / Erwachsene). Das war tatsächlich ein alter Weinkeller der Familie Feliu, die Cabrera von 1890 bis 1915 besaß. Der Keller wurde 1995 dann zum Museum umgebaut. Hier erfährt man alles über Natur und Geschichte der Insel. Zum Beispiel, dass die Römer auf Cabrera gerne Zwischenstopp machten und gleich die

Ziegen daließen. Auch Mönche soll es gegeben haben, die sich gegen die Obrigkeiten auflehnten und hier ihr eigenes Süppchen kochen wollten. Irgendwann wurden die rebellischen Kleriker dabei beobachtet, wie sie nackt und entrückt am Strand tanzten. Zusätzlich erlaubt ein kleiner **BOTANISCHER GARTEN** einen Blick auf eine Vielzahl der auf den Balearen vorkommenden Pflanzen. Der andere Weg führt dann nach 15 Minuten zu einem weiteren **TRAUMHAFTEN STRAND**, dem S'Espalmador. Überall schwimmen Fische im glasklaren Nass, ein Schnorchel-Paradies.

Kleine Fische, Seegras, kristallklares Wasser: aden auf Cabrera

Vom erstgenannten Strand Sa Platgeta geht es zu abgesprochener Stunde mit dem Boot weiter zur **SA COVA BLAVA**, der **BLAUEN HÖHLE**. Das Boot schippert andächtig und leise in die kleine Höhle, wo Sie sich in das vermutlich blauste Wasser Ihres Lebens stürzen dürfen. Es empfiehlt sich, die Badekleidung gleich anzubehalten und ein paar trockene Sachen für danach zur Hand zu haben.

Nach diesem ereignisreichen Tag geht es zurück nach Colònia de Sant Jordi. Wenn der Abschied von der Trauminsel zu früh kommt: Seit 2014 kann man in der Inselherberge für eine Nacht (Juni–Sept.) bzw. zwei Nächte (Feb.–Mai, Okt.–Nov.) bleiben. Die Zweibettzimmer kosten zwischen 50 u. 60 € / Nacht. Reservierungen unter: www.cvcabrera.es/albergue-de-cabrera/

Hinweis: Das Museum auf Cabrera schließt um 14 Uhr. Wenn Sie eine sehr späte Abfahrt erwischen und erst zwischen 12.30 und 13 Uhr auf Cabrera landen, ist ein Besuch von Castell und Museum zeitlich kaum zu schaffen. Sie sollten sich dann für eines der beiden entscheiden und den Rest der Zeit am Naturstrand genießen.

39 Besucherzentrum Cabrera

Botschafter des Archipels

Man staunt nicht schlecht, wenn man ein paar Meter hinter der kleinen Strandpromenade von Colònia Sant Jordi auf ein architektonisch aufwendiges und gleichsam verspieltes Gebäude trifft. Vielleicht ein wenig zu ambitioniert für so ein kleines Nest, könnte man meinen.

Und tatsächlich handelt es sich bei dem Besucherzentrum Cabrera um ein politisches **PRESTIGEPROJEKT** des Ex-Balearenpräsidenten Jaume Matas. Im Jahr 2008 öffnete es seine Pforten und sorgt seitdem immer wieder für Schlagzeilen. Einerseits, weil die Architektur einem **TAYALOT-TURM** aus dem prähistorischen Mallorca (1300–200 v. Chr) nachempfunden wurde und einfach nur als spektakulär zu bezeichnen ist, und andererseits, weil die Betriebskosten des Zentrums so exorbitant hoch sind, dass die Finanzierung auf recht wackeligen Beinen stand und steht. Bis 2017 ist diese aber nun in großen Teilen gesichert, zur Erleichterung der ansässigen Hoteliers und Cabrera-Fans. Zur Zeit der Fertigstellung dieses Buches führte man wegen der finanziellen Einschnitte gerade Restrukturierungsmaßnahmen durch. Ab 2014 sollte die volle Betriebsfähigkeit aber wieder gewährleistet sein.

Anfahrt: Auto: Auf der Ma-19 von Palma nach Campos, dann auf die Ma-6040 nach Colónia de Sant Jordi; bis zum Hafen durchfahren (auf Schilder Excursions a Cabrera achten). **Bus:** Von Palma mit den Linien 502 und 503
Tourencharakter: Das wird geboten: Aquarien mit vielen Spezies des Mittelmeeres; eine aufwendige Animation über den Nationalpark Cabrera; ein beschilderter Rundgang durch Kunst und Natur; sehenswerte Architektur
Öffnungszeiten: Nebensaison (16. September bis 15. Juni) 9–14 Uhr und 15–18 Uhr, Hauptsaison (16. Juni bis 15. September) 10–14 Uhr und 15–23 Uhr
Preise: Nebensaison (16. September bis 15. Juni): Erwachsene 5 €, Kinder 3–12 Jahre 3 €, Hauptsaison (16. Juni bis 15. September) Erwachsene 6 €, Kinder 3–12 Jahre 3 €
In der Nähe: Nationalpark Cabrera, Strände Es Port, Es Trenc, Sa Ràpita, Es Caragol
Informationen: Centro de Visitantes Parque Nacional de Cabrera, C/ Gabriel Roca s/n, Ecke Plaza Es Dolç, 07638 Colónia de Sant Jordi Illes, Tel. +34/971/65 62 82

Besucherzentrum Cabrera

Egal ob man noch nach Cabrera fährt oder nicht, ein Besuch des *centro* lohnt sich in jedem Fall. Es ist deutlich mehr als nur ein Botschafter des benachbarten Archipels. Hier hat man versucht, **NATUR UND KUNST**, Architektur und Entertainment miteinander zu verbinden. Und das ist gelungen. Vom Eingang des Zentrums geht es durch eine **AQUARIENLANDSCHAFT**, bestehend aus 17 teils überraschend großen Bassins, die einen tollen Eindruck der balearischen Unterwasserwelt (u.a. mit Rochen, kleinen Haien, Muränen) vermitteln und an deren Ende sich zwei Aufzüge befinden. Wie ein Taucher zur Oberfläche aufsteigt, so steigt der Aufzug entlang eines Aquariums in den ersten Stock und kommt in einem Vorführraum mit Sitzreihen zum Stehen. Hier erwartet Sie eine fünfminütige **ANIMATION** eines Tages auf Cabrera. Dabei gibt es echte Effekte wie Regen, Lichtblitze oder Wind. Doch keine Sorge, alles geschieht in sicherer Distanz zu Ihren Sitzen. Die Kinder werden es lieben. Schließlich bewegen sich die Sitzreihen hydraulisch nach oben auf die Dachterrasse, von der aus wir das 17 Kilometer entfernte Cabrera bestens sehen können. Über einen Rundgang mit diversen Schautafeln zur Geschichte des Mittelmeers und den typischen mediterranen Pflanzen erreichen wir schließlich den Ausgang. Jetzt sind wir doch eigentlich bereit für das Abenteuer Cabrera, oder sollten wir doch lieber noch ein paar Minuten an den putzigen **STRAND** von Es Port?

Architektonisch ein Genuss. Besucherzentrum im Form einen altertümlichen Wehrturms.

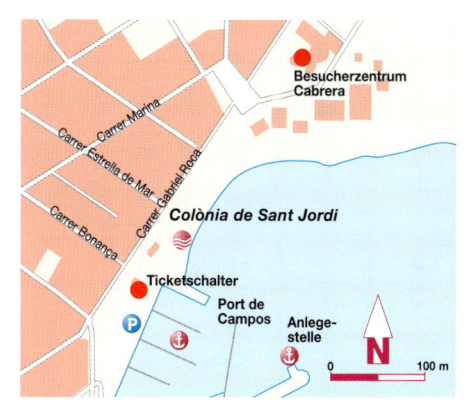

40 Reiten in Can Paulino

Can Paulino ist ein Reiterhof bzw. eine Pferde-Finca in der Nähe von Llucmajor unter deutscher Leitung. Neben Ausritten in die **WÄLDER** und die **BERGE** geht es auch zum **TRAUMSTRAND** von Es Trenc. Die Tiere werden hier liebevoll gehegt und gepflegt. Die Finca bietet sehr schöne Apartments, Wellness und Seminare. Can Paulino, Cami Vell D'Algaida s/n, 07620 Llucmajor, Tel. +34/664/38 49 24, www.canpaulino.com.

Es Trenc kann man auch zu Pferde erreichen. Die gute Organisation bei Can Paulino macht's möglich.

Reiten

Und wer noch mehr Zeit mit den Vierbeiner verbringen will, kann gleich den ganzen Urlaub hier verbringen.

Dorffeste und Märkte

Ganzjährige Wochenmärkte

Meist von 8.30–14.30 Uhr auf den zentralen Plätzen:
Dienstag: S'Alqueria Blanca (Santanyí), S'Arenal (Llucmajor).

Mallorca ist ohne Oliven unvorstellbar. Die Auswahl ist riesig und sehr schmackhaft.

Mittwoch: S'Arenal, Santanyí, Sa Ràpita.
Donnerstag: S'Arenal (Llucmajor), Calonge (Santanyí), Campos, Llombards (Santanyí), Ses Salines, Sa Torre (Llucmajor).
Freitag: S'Arenal, Llucmajor.
Samstag: S'Arenal, Badia Gran/Pedrafort, Campos, Santanyí, Sa Ràpita.
Sonntag: Llucmajor.

Saisonale Märkte

Cala Egos: Juni bis Oktober Do 18–23.30 Uhr Markt, Avendia de sa Marina.
Cala Ferrera: Mai bis Oktober Fr 17–24 Uhr abendlicher Markt.
Cala Figuera: Juni bis Oktober Mo 9–13.30 Uhr Kunsthandwerk-Markt, Calle San Pedro.
Cala d'Or: Juni bis Oktober So 18–23.30 Uhr Kunsthandwerk-Markt, Plaza de Toni Costa.
Cala Pi: Juni bis September Mi abendlicher Markt, Plaza del Pinaret Espès.
Colònia de Sant Jordi: Mi 16–22 Uhr Sommermarkt, Plaza d'en Verdera.
Porto Colom: Mai bis Oktober Sa 17–24 Uhr abendlicher Markt, 7., 14., 21. und 28. Dezember 16–20.30 Uhr Weihnachtsmarkt.
Porto Petro: Juni bis Oktober Fr 18–23.30 Uhr Kunsthandwerk-Markt, Plaza Caló des Moix.
S'Estanyol: Juni bis September Di abendlicher Markt, Plaza de Pescador.
Ses Covetes: Juni bis Oktober Do, Fr, Sa, So, 9–20 Uhr Markt.

Marmeladen, Trockenfrüchte und Kuchen. Der Mallorquiner mag es gerne süß.

Fehlen nur noch der Café con leche und ein Plätzchen im Schatten.

Die Coves del Drac: Touristenmagnet seit Jahrzehnten.

DER OSTEN

41 Finca Ses Cases Noves

Langohrs Paradies

Ein Stück nordöstlich von Manacor wartet eine besondere Finca auf Sie und Ihre Kids. Die Finca Ses Cases Noves, auch bekannt als die Eselfinca.

Die Österreicherin Renate Marie Hiesberger hat das alte Landgut aus dem 17. Jahrhundert mit viel Liebe restauriert und dabei den **CHARME** einer echten mallorquinischen Finca erhalten. Sie erfüllte sich hier den Traum vom **LANDLEBEN**, umgeben nur von der herrlichen Natur und ihren zahlreichen Tieren, z. B. den über 40 Eseln sowie zahlreichen Schafen, Ziegen und Schweinen. An dieser tollen **ATMOSPHÄRE** lässt sie Ihre Familie gerne teilhaben. Auf dem 10 000 Quadratmeter großen gepflegten Anwesen kann man viel über den Alltag auf einer Finca lernen. Eine kleine Reise in

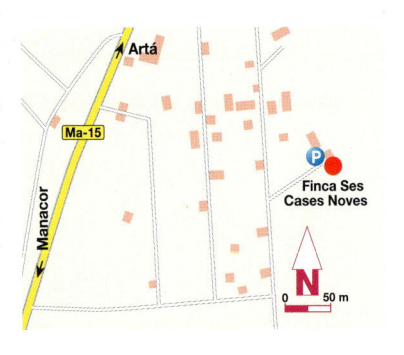

Anfahrt: Von Manacor über die Ma-15 Richtung Artá; hinter Sant Llorrenc des Cardassar liegt nach 600 Metern auf der linken Seite das Gut Son Barbot; wenige Meter dahinter rechts in den Feldweg abbiegen, bis zum Ende durchfahren, Tor öffnen und auf dem Finca-Gelände parken
Ausrüstung: Fotoapparat!
Tourencharakter: Ein herrliches Landgut mit deutlichem Eselsschwerpunkt, das bei so viel Meer, Sand und Sonne erfrischend anders daherkommt. Das wird geboten: Eselreiten, jede Menge Tiere; ein charmantes, authentisches Landgut; leckere, hausgemachte Speisen
Öffnungszeiten: Telefonische Voranmeldung oder per E-Mail mindestens einen Tag im Voraus bei der Besitzerin Renate Marie Hiesberger.
In der Nähe: Coves de Drac, Artá, Safari Park, Strände Sa Coma und Cala Millor (beide Blaue Flagge)
Informationen: Finca Ses Cases Noves, 07530 San Lorenzo, Tel. +34/971/56 95 15, +34/660/53 68 28, www.eselfinca-mallorca.com

Finca Ses Cases Noves

Renates »Eselkarussell« bringt Kinderaugen zum Leuchten. Alle Eselgrößen vorhanden.

die Zeit, als Mallorca noch nicht vom Tourismus lebte, sondern primär von der Landwirtschaft. Renate gibt Ihnen gerne eine kleine Führung zur Flora und Fauna auf ihre ganz spezielle, herzlich-schroffe Art. Und während die Kinder die **ESEL** füttern oder auf ihnen reiten, wird der Grill angeschmissen und danach zusammen auf mallorquinische Art gegessen. Ein Ausflug, bei dem Sie das viel zitierte andere Mallorca kennenlernen können und die Finca voller lebendiger Eindrücke wieder verlassen. Für den Besuch sollte man einen halben Tag einplanen. Um den Tag abzurunden, könnte man weiterfahren zu den Coves del Drac, den Drachenhöhlen, nach Porto Christo, an einen der Strände im Osten (z. B. Sa Coma oder Cala Millor) oder weiter nördlich zum hübschen Städtchen Artá.

42 Safari Zoo Mallorca

Affe auf heißem Dach

Der Vollständigkeit halber möchte ich den Safari Zoo bei Sa Coma erwähnen. Der Park spaltet die Besucher seit jeher. Viele finden den Park unterhaltsam und interessant, während andere immer wieder empört den Zustand der Gehege monieren, auch wenn seitens der Behörden keine Beanstandung vorliegt.

Gerade 2013 gab es viel Kritik von engagierten Tierfreunden und den Medien, die aus meiner Sicht nicht unberechtigt ist. Ich kann daher zum jetzigen Zeitpunkt keine hundertprozentige Empfehlung aussprechen. Der Leiter des Tierparks versprach, zügig in allen Bereichen nachzubessern. Sollte dies passiert sein, ist der Safari ZOO sicherlich ein spannender Ausflug, bei dem man mit dem eigenen Auto oder dem sog. Zug drei Kilometer durch offenes GELÄNDE fährt und freilaufende Tiere wie GIRAFFEN, NASHÖRNER, ZEBRAS, GAZELLEN und GNUS aus nächster Nähe betrachten kann. Die distanzlosen AFFEN machen den Kindern besonders Freude, da sie zuweilen auf dem Autodach residieren und Papas Nervenkostüm auf eine harte Probe stellen.

Anfahrt: Von Porto Christo auf der Ma-4023 nach Son Severa bis zum Zoo bei Sa Coma, km 5
Tourencharakter: Bitte informieren Sie sich vor Ihrer Reise über den Zustand des Parks. Sollte bei der Arthaltung nachgebessert worden sein, ist es für die Kinder ein sehr spannendes Abenteuer.
Öffnungszeiten: Sommer täglich 9–18.30 Uhr, Winter täglich 10–16 Uhr
Preise: Erwachsene 19 €, Kinder bis 12 Jahre 12 €
In der Nähe: Coves de Drac, Finca Ses Cases Noves, Rancho Bonanza (Reiterhof)
Informationen: Safari Zoo, Landstraße Porto Cristo–Son Servera, km 5, 07680 Porto Cristo, Tel. +34/971/81 09 09, www.safari-zoo.com

Safari Zoo Mallorca

Exotische Tiere aus nächster Nähe gibt es im Safari Zoo Mallorca.

43 Coves del Drac

Wo Wasser und Gestein Hochzeit feiern

Die Drachenhöhlen gehören zweifelsohne zu den größten touristischen Attraktionen der Insel. Eine Institution, wenn man so will.

Spricht man die jungen mallorquinischen Eltern darauf an, fangen sie an zu schwelgen und erinnern sich detailreich an die Ausflüge, die sie dorthin unternahmen, als sie selbst noch Kinder waren. Überlaufen? Meistens schon, aber doch ein **NATURMONUMENT** erster Güte, in dem jeder, der sich Mallorca-Fan nennt, schon einmal gewesen sein muss. Doch nicht nur die bizarr

Anfahrt: Auto: Von Palma nach Manacor auf der Ma-15; weiter von Manacor nach Porto Cristo auf der Ma-4020; in Porto Christo den Schildern bis zur Höhle folgen.
Bus: Von Palma mit der Linie 412
Tourencharakter: Die bekannteste Höhle der Balearen
Einkehr: Bar vorhanden
Kinderwagen: Nein
Öffnungszeiten: 1. November bis 31. März täglich um 10.45 Uhr, 12 Uhr, 14 Uhr und 15.30 Uhr, 1. April bis 31. Oktober täglich um 10 Uhr, 11 Uhr, 12 Uhr, 14 Uhr, 15 Uhr, 16 Uhr und 17 Uhr; am 25. Dezember und am 1. Januar sind die Höhlen geschlossen; Tipp: In der Hochsaison sind die Besichtigungen um 10 Uhr, um 16 Uhr und um 17 Uhr nicht so überlaufen
Preise: Erwachsene 14 €, Kinder 3–12 Jahre 7 €, Kinder 0–2 Jahre gratis; Achtung: Kreditkarten werden nicht akzeptiert; Wichtig: Auf dem Ticket wird die Besuchszeit vermerkt. Sie können die Höhle also nur zu der Zeit besuchen, die sie beim Kauf angegeben haben. Haben Sie beispielsweise vor, die Höhle um 14 Uhr zu besuchen, dann geben Sie das beim Kauf bitte an und finden sich um ca. 13.50 Uhr an der Eingangstür zur Höhle (200 m vom Kassenhäuschen entfernt) ein. Reservieren ist nicht möglich, aber ab 9 Uhr kann man täglich Eintrittskarten für die erwünschte Besichtigung kaufen
In der Nähe: Finca Ses Cases Noves, Safaripark, netter Strand Playa de Porto Christo (500 m) oder die schönen, südwestlich gelegenen Buchten Calas Anguila und Cala Mendia (3 km)
Informationen: Ctra. Cuevas s/n, Porto Cristo., Tel. +34/971/82 07 53, www.cuevasdeldrach.com

Coves del Drac

Der Lago Martel, ein unterirdischer See innerhalb der Drachenhöhlen.

geformten **HÖHLEN** aus Stalagmiten und Stalaktiten an sich (Wissenswertes zu Tropfsteinen gibt es bei Tipp 17) verzaubern Groß und Klein. Nein, sie verbergen in ihrer Mitte eine weitere Sehenswürdigkeit. Einen **SEE**. Und zwar nicht irgendeinen, sondern, wie es sich gehört, einen der größten unterirdischen Seen des Planeten, den Lago Martel. Benannt wurde er nach dem Entdecker, dem Franzosen

Édouard Alfred Martel, der die Höhlen 1896 erforschte und erstmals kartierte. Doch bekannt sind die Höhlen schon viel länger. Sie wurden bereits 1338 zum ersten Mal schriftlich erwähnt.

Die Tour durch die Höhlen dauert eine Stunde, in der 1,2 Kilometer durchlaufen werden. Kurz vor Schluss wartet dann der pompöse Höhepunkt auf Sie. Am See spielt ein Quartett live **KLASSISCHE MUSIK** auf, während ein Lichtspiel die Morgendämmerung am Martelsee inszeniert. Es steht Ihnen frei, ob Sie nun den 170 Meter langen und neun Meter tiefen See mit dem Boot überqueren oder doch lieber die Brücke nehmen wollen. Ich denke, die Kinder werden Ihnen diese Entscheidung zugunsten des Bootes wohl abnehmen.

Hinweis: Da in Höhlen ganzjährig die gleichen Temperaturen herrschen, ist es hier auch im Sommer mit ca. 20 °C recht frisch. Was bei sommerlichen Außentemperaturen von bis zu 35 °C zunächst wie eine angenehme Abkühlung wirken mag, ist dann nach einer Stunde vielleicht doch zu viel des Guten. Es empfiehlt sich daher, Pullover oder dünne Jacken mitzunehmen. Die Schuhe sollten möglichst bequem und rutschfest sein, da der Boden der Höhle feucht sein kann.

ÄHNLICH SPEKTAKULÄRE HÖHLEN IN DER NÄHE

Wenn Sie weniger kommerzielle Höhlenerlebnisse bevorzugen, dann könnten der S'Avenc de Son Pou (Tipp 17) oder die Höhlen in Campanet (Tipp 11) das Richtige für Sie sein. Sie sind allerdings von hier recht weit entfernt. Alternativ und in der Nähe wären da noch die Coves de Artá oder die Coves Hams zu nennen. Die Coves de Artá sind ganzjährig geöffnet (bis auf 25. Dezember und 1. Januar), Mai bis Oktober 10–18 Uhr, November bis April 10–17 Uhr, Eintritt pro Person 13 €, Kinder 0–6 Jahre gratis, Ctra. de las Cuevas s/n 07580 Capdepera, Tel. +34/971/84 12 93, www.cuevasde-arta.com. Empfehlenswert ist ein Bootsausflug zu den Coves de Artá ab Font de Sa Cala (Preis: 10 €) oder ab Cala Ratjada (12 €). Die Coves Hams liegen an der Straße Manacor–Porto Cristo, km 11,5, 07680 Porto Cristo. Informationen erhalten Sie unter Tel. +34/971/82 09 88 oder www.cuevas-hams.com

Coves del Drac

Perfekt ausgerüstet steht dem Höhlenabenteuer dann nichts mehr im Weg. Zum Strandausklang locken die nahegelegenen Calas Anguila oder Mendia.

HEY KIDS, könnt ihr euch vorstellen, dass die Stalaktiten in 100 Jahren nur einen Zentimeter wachsen? Wie alt mögen die dann wohl sein, hmm …?

Stalaktiten und Stalagmiten in den Coves del Drac – Zeit spielt hier keine Rolle.

Reiten

44 Rancho Bonanza

Im Osten der Insel bietet die Rancho Bonanza diverse Ausritte an, z. B. an die traumhaften Buchten Cala Torta oder Cala Mesquida. Für die ganz Kleinen stehen **PONYS** bereit. Wer noch ein bisschen **REITUNTERRICHT** benötigt, ist hier ebenfalls bestens aufgehoben. Rancho Bonanza, Calle Can Patilla s/n, 07590 Cala Ratjada, Tel. +34/971/56 56 64, www.ranchobonanza.com.

Der Osten bietet sich für Ausritte zu den Calas förmlich an. Anlaufstelle hier: die Rancho Bonanza.

Reiten

45 Finca Son Sureda

Die Finca Son Sureda datiert auf das Jahr 1500 und ist ein typischer Vertreter des **AGROTURISME**. Hier geht es um Ferien auf dem Land, wie man sie viel authentischer auf Mallorca nicht erleben kann. Die Pferde auf dem angeschlossenen öffentlichen **REITERHOF** sind dann sozusagen noch das Tüpfelchen auf dem I. Finca Son Sureda, Ctra. Manacor, Colònia de Sant Pere, km 5,6, 07500 Manacor, Tel. +34/ 609/44 13 81, www.sonsureda.com.

Das Reiter-Rundum-Sorglos-Paket gibt es auf Son Menut.

46 Son Menut

Auf Son Menut gibt es das komplette Programm: Pferdezucht, Reitschule, **AUSRITTE**, Hotel, sehr gutes Restaurant (mit Kindermenü), **WELLNESS** (während die Kids betreut werden). Ein fantastischer Ort für passionierte Pferdefreunde und Kinder. Und wenn es nur mal ein kleiner, halbstündiger **PONY-SPAZIERGANG** sein soll, geht das schon für 11 €. Hier hat man an alles gedacht. Absolut empfehlenswert. Für Residenten interessant: Son Menut bietet auch eine *escuela de verano* an. Son Menut Club d'Equitació, Agrupació Son Tauler, 8, 3ª Volta, 3040, Camí de Son Negre, 07208 Felanitx, Tel. +34/971/58 29 20, www.sonmenut.com.

Dorffeste und Märkte

Ganzjährige Wochenmärkte

Meist von 8.30–14.30 Uhr auf den zentralen Plätzen:
Montag: Manacor
Dienstag: Artà, Campanet, Portocolom.
Mittwoch: Capdepera, Cas Concos (Felanitx).
Donnerstag: Sant Llorenç des Cardassar.
Freitag: Son Carrió, Son Servera.
Samstag: Artà, Cala Rajada, Campanet, S'Illot (Manacor), Manacor, Portocolom.
Sonntag: Felanitx, Porto Cristo.

Saisonale Märkte

Artà: April bis Oktober Di 8–13 Uhr Markt in den Gärten von Alcaldesa.
Cala Millor: März bis Oktober Sa Markt, Calle Na Penyal.

Die Correfocs sind ein lauter und nicht ganz ungefährlicher Spaß.

Capdepera: Mai bis Oktober, Mo, Mi, Fr, So 18–24 Uhr abendlicher Markt, Plaza del Castellet de Cala Ratjada.

Porto Cristo: 8. Dezember 17–20 Uhr Weihnachtsmarkt, Plaza del Aljibe.

S'Illot: Juni bis September Do 18–24 Uhr Markt, Camino de la Mar und Calle Tamarell, 14. Dezember 8–12 Uhr Weihnachtsmarkt.

Sant Llorenç des Cardassar: Mai bis Oktober Mi 19–22 Uhr Markt in der Avenida de sa Coma.

Fiestas im Sommerhalbjahr

Fiesta (Nit) de Sant Joan

23. bis 24. Juni

Dieser Gedenktag für Johannes den Täufer wird auf der ganzen Insel am 24. Juni gefeiert. Neben Palma wird Nit de San Joan groß gefeiert in Muro, Alcúdia, Puigpunyent, Calvià, Deià, Mancor de la Vall und Son Servera. In Muro findet zu Sant Joan einer der wenigen, wenn nicht der einzige **Stierkampf** des Jahres statt. In Felanitx indes wartet Sant Joan Pelós auf Sie. Ein verkleideter Mann tänzelt einer alten Tradition gemäß durch die Straßen der Stadt.

Treffen der sogenannten Gegants (Giganten) sind Zuschauermagneten.

Oben: Der Spanier feiert gerne. Farbenfrohe Umzüge auf den Dorffesten im Wochentakt

Zwischen Küsten und Gebirgen:
Die malerische Inselmitte

# DIE INSEL-MITTE

47 Natura Parc

Eine Familie und ein Traum

Der Natura Parc bei Santa Eugenia kommt von allen Tierparks auf Mallorca einem normalen Zoo am nächsten. Und er hat eine besondere Geschichte.

Nicht, dass sie alt wäre, denn der ZOOLOGISCHE GARTEN öffnete erst 2008. Es ist eher seine Entstehungsgeschichte, die aufhorchen lässt. So können wir uns im Natura Parc vom wahrgewordenen Traum einer tierverrückten mallorquinischen Familie überzeugen, die früh begann, sich autodidaktisch mit Tieren und deren Haltung zu beschäftigen und daraus Schritt für

Anfahrt: Der Zoo liegt 20 Fahrminuten von Palma entfernt rechts an der Landstraße Ma-3011 von Son Ferriol Richtung Sineu kurz bevor es links nach Santa Eugenia abgeht; wer über die Autobahn Palma–Sa Pobla kommt, fährt an der Ausfahrt Santa Maria del Camí raus, folgt den Schildern nach Santa Eugenia, das entlang der Hauptstraße durchquert wird; hinter dem Dorf biegen wir dann rechts auf die Landstraße Ma-3011 Richtung Palma; der Zoo liegt nach 800 Metern auf der linken Seite. **Bus:** Vom Plaça España fährt die Linie 400 bis zum Zoo

Tourencharakter: Bitte erwarten Sie hier keinen Tierpark in den Dimensionen und der Professionalität, die sie aus deutschen Großstädten oder anderen Metropolen kennen. Dazu liegt der Zoo vielleicht auch etwas zu weit von den hiesigen Touristenhochburgen entfernt und hat einfach nicht die Mittel zur Verfügung. Doch wenn Sie und Ihre Kleinen Tiere mögen, ist er allemal einen Besuch wert. Das wird geboten: viele exotische Tiere

Öffnungszeiten: Ganzjährig 10–18 Uhr

Preise: Erwachsene 15 € (Residenten 11 €), Kinder bis 12 Jahre 7 €, Kinder unter drei Jahre gratis; Rabatte für Inhaber der Carnet Jove, Targeta Verda, Tarjeta AMAT; auf Anfrage werden spezielle Angebote für Kids wie Kindergeburtstage (mindestens 15 Personen, bis 12 Jahre) organisiert; Kinder, die auf der Insel leben, können Tierpatenschaften übernehmen

Einkehr: Restaurant vorhanden

In der Nähe: Festival Park, Santa Maria (So Markt), S'Avenc de Son Pou

Informationen: Natura Parc, Carretera de Sineu, km 15,400, 07142 Santa Eugenia, Tel. +34/971/14 45 32, www.naturaparc.net

Natura Parc

Ein kleiner Rastplatz im Natura Parc. Hier können die Akkus aufgeladen werden.

Schritt ihr Lebensmodell aufbaute. Dabei verfolgte sie drei Prinzipien: Umwelterziehung, Artenschutz und Forschung. Auf den über 30 000 Quadratmetern sind mittlerweile über 1000 Tiere beherbergt, darunter Löwen, TIGER, Leoparden, Luchse, Affen, Lemuren, Zebras und Geier. Unser Tipp: Verbinden Sie den Ausflug doch mit dem Markt im benachbarten Santa Maria.

Was Sie trotz Kindern gesehen haben müssen

48 MallorcaWine-Tours – beschwingt durch Mallorcas Weinbaugebiet

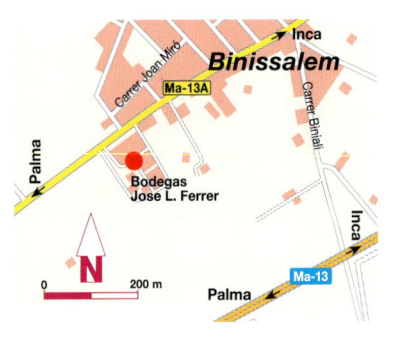

Mallorca hat eine lange **WEINBAUTRADITION**. Bereits die Römer brachten die ersten Reben auf die Insel. Auf der Achse Santa Maria – Consell – Inca finden sich steinige Böden sandiger Textur mit besten Drainageeigenschaften. Die Sonnenstunden pro Tag sind durch die exponierte Ebene hoch und der Niederschlag mit 450 Millimetern pro Jahr niedrig. Daher ist es nicht verwunderlich, dass der mallorquinische Weinbau seit ein paar Jahren eine Renaissance erlebt. Eine ganze Reihe junger, ambitionierter Winzer hat sich dazu entschieden, das Erbe anzunehmen und die alten Weingüter aus dem Familienbesitz wieder bzw. weiter zu bewirtschaften. Selbstverständlich können viele dieser mallorquinischen Weingüter auch individuell besucht werden. Führungen inkl. Weinproben sind fast überall nach Absprache möglich. Doch dieser Organisationsaufwand ist für eine Familie im Urlaub vielleicht ein bisschen zu viel. MallorcaWine-Tours hat sich auf Wein-Touren aller Art spezialisiert. Sei es mit dem Rad, dem Bus oder sogar dem Helikopter. Für Familien ist sicher der Wine-Express besonders interessant. Einfach in die **MOTORISIERTE EISENBAHN** mit der leicht nostalgischen Note setzen und genießen. Wobei ich nicht weiß, wer diesen Ausflug mehr lieben wird: die Kinder oder (wahrscheinlicher) Sie, die Eltern. Der Zug fährt am Weingut José Ferrer in Binissalem los. Bevor man die Bahn besteigt, gibt es hier die erste dreisprachige (Deutsch, Englisch, Spanisch) Führung durch eines der besten Weingüter Mallorcas, samt **WEINPROBE** und **VERKÖSTIGUNG** anderer hauseigener Erzeugnisse wie Öle, Liköre oder die typischen, gesalzenen Kekse: die Quelis. Gut gestärkt (Kids) und leicht beschwingt (Eltern) kann nun die Fahrt mit der Bahn auf Rädern beginnen. Das ist der Moment, auf den der Nachwuchs sehnsüchtig gewartet hat. Fragen Sie ruhig nach, ob die Kinder vorne beim LOKFÜHRER mitfahren dürfen. Normalerweise ist das kein Problem. Durch die Weinberge oder besser gesagt Anbauflächen nimmt die Bahn Kurs auf Consell. Unterwegs erfahren Wissbegierige viel über die lokalen Rebsorten und die Weinproduktion. Mitten in den Weinstöcken auf den Feldern der Bodega Can Ribas macht der Zug einen Zwischenstopp. Der hier angebaute Wein darf probiert werden, dazu gibt es die typisch mallorquinische Coca de trampó, eine GEMÜSE-PIZZA, die man hier bei so gut wie jedem größeren Anlass futtert, und die SOBRASSADA, die berühmte mallorquinische Paprika-Streichwurst. Für die Kinder stehen natürlich nicht-alkoholische Getränke bzw. Wasser während der gesamten Tour zur Verfügung.

Köstliche Weine und Speisen bietet der Wine Epress

HINWEIS

Die Weinkeller haben eine konstante Temperatur von 19° C. Es empfiehlt sich, eine dünne Jacke dabeizuhaben, auch wenn draußen die Sonne brütet.

Schließlich endet die kleine Weinreise am charmanten Weingut Can Ribas in Consell. Es ist die drittälteste Bodega Spaniens und die älteste der Insel. Hier wird in der 13. Generation Wein gemacht. Und was für einer! Nach einer Führung durch die Produktionsstätte gibt es im traumschönen Innenhof die letzte Weinprobe samt Snack. Acht Weine aus dem Herzen Mallorcas werden Sie bis zu diesem Zeitpunkt probiert und deren Unterschiede herausgeschmeckt haben. Schließlich bricht der Mallorca Wine Express wieder nach Santa Maria zum Ausgangspunkt der Tour auf.

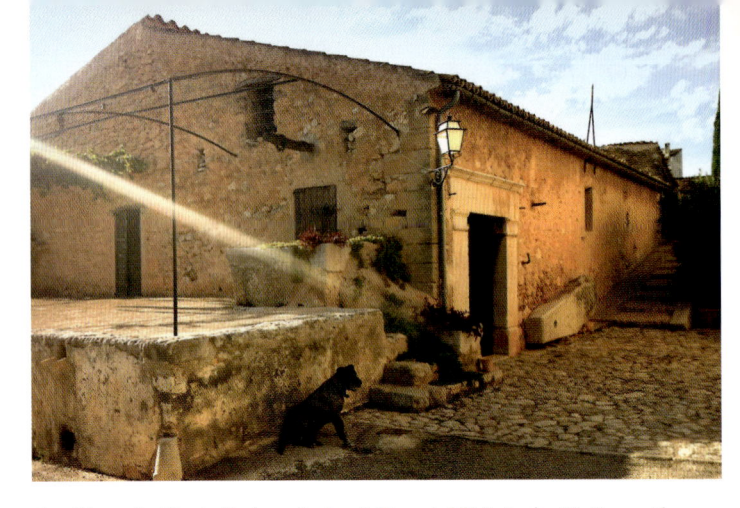

Can Ribas, die älteste Bodega der Insel. Hier wird Wein in der 13. Generation gemacht.

Anfahrt: Das Weingut José L. Ferrer liegt von Palma kommend gleich am Dorfeingang von Binissalem an der Ma-13. Wer mit der Bahn anreist, steigt am Bahnhof Binissalem aus, läuft dann ca.1 km leicht bergab durch das Dorf, bis er auf die Ma-13 trifft und hält sich dann rechts. Wichtig: Immer reservieren! Info und Reservierungen: Tel. +34/653/52 86 59, Tourstart: Mo–Fr 10.30 Uhr,15 Uhr, Sa 10 Uhr, So nach Absprache, Dauer: 3–4 Std., Preise: Kinder bis 5 Jahre gratis, Kinder 5–12 Jahre 5 €, Kinder 12–18 Jahre 10 €, Erwachsene 45 € (inkl. Führungen und Weinprobe bzw. Verköstigung). Alternativ gibt es dieselbe Tour nur mit Weinprobe bzw. ohne die mallorquinischen Snacks. Preise: Kinder wie oben, Erwachsene 35 €. Mallorca Wine Express, José L. Ferrer, Palma-Alcudia Str.C/. Conquistador 103, 07350, Binissalem, www.mallorcawinetours.com

SELBST ORGANISIERTE WEINPROBE

Wer eine Weinprobe selbst organisieren möchte, für den sind hier einige Adressen aufgeführt (Weinproben auf Deutsch): Bodega Can Ribas (wird auch mit dem Wine Express angesteuert), Muntanya, 2, Consell, Tel. +34/971/62 26 73, www.bodegaribas.com, Bodegas Castell Miquel, Apdo. Correos 11, Ctra. Alaró-Lloseta, km 8,7, 07340 Alaró, Tel. +34/971/51 06 98, www.castellmiquel.com, Celler/Bodega Tianna Negre, Camí des Mitjans., Parcel. la 67–Polígon 7, 07350 Binissalem, Tel. +34/971/88 68 26, www.tiannanegre.com.

Was Sie trotz Kindern gesehen haben müssen

49 Festival Park – auch Mutti will mal shoppen

Ach, wie herrlich abwechslungsreich doch diese Insel ist. 600 Kilometer Küste mit den unterschiedlichsten, aber auf ihre Weise bezaubernden Stränden, authentische Dörfer im Inselinneren, einsame Berge und eine waschechte Metropole, die nur so vor Leben strotzt. Ja, und wenn man denkt, man hat alles gesehen, dann gibt es da noch den Festival Park. Dieses Outlet-Kunstdorf nach amerikanischem Vorbild würde man nicht unbedingt auf Mallorca erwarten, aber da ist es, gleich neben der Autobahn bzw. der Zugtrasse. Seit jeher spaltet dieses 34 400 Quadratmeter große Ensemble aus Fast Food-Tempeln, 3-D-Kino, FASHION-SHOPS und SPORT-OUTLETS die Inselbewohner. Die einen lieben es, die anderen mögen es gar nicht. Ich würde es nicht als Sehenswürdigkeit, sondern als eine ALTERNATIVE für die ganze einkaufsfreudige Familie bezeichnen – vor allem bei Regen. Äh, die ganze Familie? Ja, denn Mutti kann hier bei Mango, Desigual, Diesel, Camper und vielen anderen shoppen bis der Arzt kommt, die Kinder können Karussell fahren oder Trampolin springen und Papa … hmm. Nun, je nachdem wie sportlich er ist, kann er sich entweder in den Outlets von Nike, Reebok oder Asics neu eindecken oder gleich ins amerikanische Grillrestaurant zum Burger-Futtern durchgehen. Als Tipp für WANDERFREUNDE: Kurz vor dem riesigen Nike-Outlet befindet sich ein kleiner Laden des mallorquinischen Outdoor-Herstellers Bestard aus Lloseta. Hier finden Sie hervorragende, günstige Outdoor- und Wanderschuhe hoher Qualität made in Mallorca.

Der Festival Park ist mit seinen Outlets bei Regen eine gute Adresse.

Und wer einfach mal in Ruhe ohne Kinder shoppen will, der kann sie im Monkey Park parken, einem 1100 Quadratmeter großen IN-DOOR-SPIELPARK. Er befin-

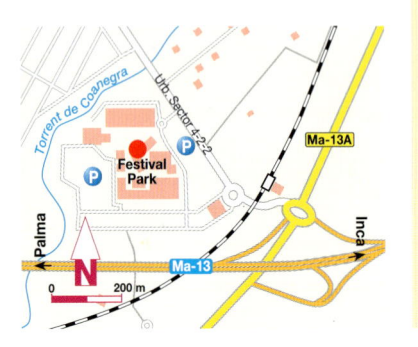

Anfahrt: Auto: Auf der Autobahn Palma–Inca Ma-13, bis km 7,1 Marratxí; Zug: Haltestelle Festival Park; Bus: Linie 330 ab Plaza España/Palma; Öffnungszeiten Festival Park: ganzjährig Mo–Sa 10–22 Uhr, So 10–21 Uhr, www.festivalpark.es; Öffnungszeiten Monkey Park: Mo–Fr 16–22 Uhr, Sa, So und Feiertag 11–22 Uhr, Preise: 60 Min. 5 €, unbegrenzt 7 €, Tel. +34/971/60 40 84, www.monkeypark.es
In der Nähe: S'Avenc de Son Pou, Natura Parc, Wine Express

det sich unweit des Hauptplatzes Fuente Plaza Festival im zweiten Stock. Hier dürfen sich die Kids unter Aufsicht austoben und können anschließend von glücklicher Mama und schwindeligem Papa wieder abgeholt werden. Wenn Sie Lust auf Shoppen ohne den Stadtstress haben und/oder das Wetter vielleicht mal nicht ganz so berauschend ist, sollten Sie den Festival Park antesten. Tipp: Am letzten Donnerstag jeden Monats, am sog. Súper Jueves, gibt es in vielen Geschäften noch mal bis zu 30% Sonderrabatte.

50 (Re-)Camper in Inca – besser Lederschuhe als Lederhaut

Bleiben wir noch kurz beim Thema Shoppen bzw. der großen Leidenschaft vieler Frauen: Schuhe. Und was wäre Mallorca ohne Camper! Die SCHUHMARKE aus dem Industriegebiet Incas hat die Welt im Flug erobert. Und das kommt nicht von ungefähr, denn Inca war seit jeher die Hochburg vieler tüchtiger Schuster und spanienweit für QUALITÄTSSCHUHE bekannt. Schon 1458 machte sich die Schusterzunft Incas von Palma unabhängig und legte ihre eigenen Satzungen und Regeln fest. Man zahlte Mitgliedsbeiträge in eine Gemeinschaftskasse, aus der man bei Bedarf für Messen, Feste, Beerdigungen und soziale Belange der Zunftmitglieder Mittel entnahm. Bis heute hat sich das Schuhmacher-Handwerk in Inca gehalten (ebenso in Alaró mit Toni Mora) und viele berühmte Marken wie Yanko,

Was Sie trotz Kindern gesehen haben müssen

Lotusse oder eben Camper hervorgebracht. Letztere wurde 1975 gegründet und hat wenig mit dem englischen Wort camping zu tun. Es ist schlicht das mallorquinische Wort für Bauer. Sowohl im Festival Park als auch in Inca bei der Firmenzentrale gibt es einen sogenannten Recamper-Shop. Hier werden PROTOTYPEN sowie Auslaufmodelle für deutlich kleineres Geld angeboten als die normale Ware. Natürlich ist die Auswahl begrenzt und meist gibt es ein spezielles Paar nur in ein oder zwei Größen, aber für 60 bis 80 Euro kann man da schon mal

> **TIPP**
>
> Shoppen kann unfassbar anstrengend sein, gerade für den ein oder anderen männlichen Begleiter. Lassen Sie sich doch danach in einem der Cellers verwöhnen, das sind ehemalige Weinkeller, die heute gutbürgerliche Restaurants beherbergen, wie zum Beispiel der Celler Can Amer in der Carrer Pau 39.

Mallorcas bekanntester Export: Camper Schuhe aus Inca. Ein Outlet für Schnäppchenjäger

ein Schnäppchen machen. Besonders lobenswert: der Erlös der Schuhe wird von Camper in UMWELTPROJEKTE investiert.

Anfahrt: Auf der Autobahn von Palma Ma-13 bis zur Ausfahrt Inca Poligono Industrial. Am ersten Kreisel rechts, am zweiten nach links. Rechts in den Cami vell Palma und schließlich wieder rechts in die Carrer Quater (ist auch ausgeschildert);
Öffnungszeiten: Mo–Sa 10–20 Uhr, Recamper Shop, Poligono Industrial, Carrer Quater, Tel. +34/971/88 82 33, www.camper.com. Andere Schuh- und Lederwaren-Outlets in Inca: Lottusse, Pagessos 14 C, gegenüber von Recamper, www.lottusse.com, Barrats 1890, Avenida General Luque, 480, www.barrats1890.com, Farrutx, Avenida des Tren, 72.

In der Nähe: Festival Park, S'Avenc de Son Pou, Wine Express, Coves de Campanet.

51 Mallorca Planetarium – ET lässt grüßen

Zugegeben, eine Sternwarte ist nicht gerade das, was man mit Mallorca verbindet. Auch unter den Kindern ist ASTRONOMIE auf der Beliebtheitsskala nicht mehr so weit oben wie früher, als es noch kein Internet gab und wir alle irgendwie ET liebten. Sollte Ihr Nachwuchs sich für das WELTALL interessieren, ist dieser Ausflug ohnehin in die Hand gespielt. Wenn nicht, könnte es der Anfang einer langen Freundschaft zwischen Ihren Kindern und dem unendlichen Firmament sein oder der Grund für ein ebenso unendliches Gemaule im Auto.

Mitten auf der Insel liegt das beschauliche Dorf Costitx. Genau, das ist da, wo Fuchs und Hase sich gute Nacht sagen. Und dort hat man wegen des Mikroklimas und der klaren Luft 1991 eine STERNWARTE gebaut. Eine witzige Iglulandschaft, die selbst ein bisschen extraterrestrisch anmutet. Hier können Sie zusammen mit Ihren Kleinen in die beeindruckenden TELESKOPE schauen und bekannte und weniger bekannte Himmelskörper ent-

Was Sie trotz Kindern gesehen haben müssen

decken. Einen Steinwurf weiter steht seit etwa drei Jahren die in Originalgröße nachgebaute MONDLANDEFÄHRE der Apollo-11-Mission, in aufwendiger Handarbeit zusammengebaut von den Mitarbeitern der Warte.

Außerdem gibt es noch eine METEORITENSAMMLUNG im Eingangsbereich des Hauptgebäudes. Sie erlaubt einen Blick auf alles, was in den letzten Jahren so auf die Erde krachte, bewacht von dem Vorzeige-Außerirdischen ET. Zu guter Letzt kann man im Kuppelbau des Planetariums dann noch eine dreiviertelstündige INFOTAINMENT-SHOW zu unseren All-gegenwärtigen Planeten ansehen.

Sicherlich ein sehr spezieller Ort für Hobby-Astronomen, aber warum nicht mal den ersten Kontakt zu dieser Spezies herstellen und einen Ort auf Mallorca kennenlernen, den die wenigsten Mallorquiner kennen.

Anflug auf den Kuppelbau des Planetariums.
Oben: Sind die Ausserirdischen schon da? Futuristische Teleskope in Costitx.

Anfahrt: Anfahrt: Auf der Autobahn Palma–Alcúdia bis Inca, zweite Ausfahrt rechts Richtung Sineu auf die Ma-3240. Nach zehn Kilometern rechts nach Costitx auf die Ma-3241 abbiegen, durch das Dorf, danach zweimal links abbiegen (ausgeschildert);
Öffnungszeiten: Fr, Sa ab 19 Uhr, Di, Mi, Do und So nach Vereinbarung, Eintritt: 10 €, Camino de l'Observatori s/n, 07144 Costitx, Tel. +34/689/68 65 57 oder +34/649/99 77 52, www.mallorcaplanetarium.com. In der Nähe: Natura Parc, Sineu (Markt mittwochs), Wine Express, Inca (Schuh-Shopping).

Dorffeste und Märkte

Ganzjährige Wochenmärkte

Meist von 8.30–14.30 Uhr auf den zentralen Plätzen:
Montag: Montuiri
Dienstag: Llubí, Pina (Algaida), Porreres.
Mittwoch: Petra, Sencelles, Sineu, Vilafranca de Bonany.
Donnerstag: Ariany, Consell, Inca, Pòrtol (Marratxí), Sant Joan.
Freitag: Algaida, Binissalem, Inca, Maria de la Salut.
Samstag: Alaró, Biniali, Búger, Costitx, Lloseta, Santa Eugènia, Santa Margalida.
Sonntag: Inca, Polígon de Marratxí, Santa Maria del Camí.

Saisonale Märkte

Sencelles: 21. Dezember 18–22 Uhr Weihnachtsmarkt im Sportzentrum (Polideportivo).

Fiestas im Sommerhalbjahr

Alaró Sant Roc – Karneval und Tanz der Teufel
Mitte August
Dieses kleine Städtchen am Fuße der Tramuntana hat mitten in der Hauptferienzeit ein abwechslungsreiches Dorffest zu bieten, das sich über zehn Tage erstreckt. Besonders lohnenswert ist ein Besuch bei der desfilada de carrosses. Das ist ein **Umzug**, an dem bis zu acht verschiedene Gruppen in sehr aufwendigen **Verkleidungen** teilnehmen und um einen ausgeschriebenen Preis wetteifern. Es erinnert an den deutschen **Straßenkarneval**, nur dass man hier eher schwitzt als friert.
Ein weiteres Highlight ist sicherlich das **Correfoc**, das den Abschluss der Fiesta bildet. In einem infernalischen **Feuerregen** laufen die hiesigen Hobby-Pyromanen, die sich die Teufelchen (demonis) nennen, in feuerfesten Anzügen umher. Das Publikum steht gebannt am Rand und lässt sich vom Tanz der Funken bezaubern. Mit Kindern toll, aber sehr laut und leider erst gegen 23 Uhr.

Fiesta del Vermar, Binissalem
Letzter Sonntag im September
Traditionelle Tänze und **Weintraubenschlacht** sind bei der Fiesta del Vermar in Binissalem zum Abschluss der Weinernte zu beäugen. Umzüge, **Livemusik** und Tanz in toller Atmosphäre. Analog dazu wird in Vilafranca de Bonany bei der Fiesta del Meló die **Wassermelonenernte** gefeiert.

Der Fachmann bei der Arbeit.

Kleiner Sprachführer

Nun, das mit den Sprachen ist auf Mallorca ein bisschen kompliziert. Es gibt offiziell zwei Amts- bzw. Schriftsprachen: Spanisch und Katalanisch. Man spricht allerdings einen starken Dialekt des Katalanischen: Das Mallorquí. Diese Sprache ist den Insulanern heilig. Sie ist sicherlich das wichtigste Kulturgut der Mallorquiner und wird mit großem Aufwand gehegt und gepflegt. Das Spanische kommt daher manchmal wie ein Störenfried daher, der dem Mallorquí auf den Pelz rückt und es auszulöschen droht.
Das hat natürlich eine Vorgeschichte: Bis 1701 war Katalonien samt Balearen politisch eigenständig. Doch ausgelöst durch den Erbfolgekrieg wurde es vom spanischen Zentralstaat geschluckt, das Katalanische wurde unterdrückt, später nach dem Bürgerkrieg (1936–1939) unter Franco sogar verboten. Allerdings lebte die Sprache, teils mündlich überliefert, im Untergrund weiter. So feiert sie seit den 80er-Jahren als Ausdruck des Selbstvertrauens und auch ein Stück weit der Unbeugsamkeit einer wirtschaftlich starken Region eine Renaissance.
Doch richtig konsequent sind die Mallorquiner auch nicht. Die Tageszeitungen der Insel beispielsweise sind immer noch alle auf Spanisch, während in den Schulen fast ausschließlich auf Katalanisch unterrichtet wird (auf dem Schulhof sprechen die Kinder aber dann wieder Spanisch). Auf den Ämtern wiederum wird man nur Formblätter auf Katalanisch finden, die Straßenschilder sind teils auf Katalanisch, teils auf Spanisch. In Palma hört man aufgrund der vielen Zugezogenen eher Spanisch, in allen übrigen Orten mehr Mallorquí. So wird aus dem Sprachendurcheinander immer noch schnell ein Politikum. Ein delikates, stetig präsentes Thema zwischen stolzem Regionalismus hier und Weltoffenheit bzw. der Einsicht, Spanisch als gemeinsame Sprache zu stärken, da.
Als Gast sollte man sich in die Befindlichkeit dieses Inselvolks hineinfühlen und einfach akzeptieren, dass sie sich eben mehr als Mallorquiner fühlen, denn als Spanier. Als Besucher kommt Ihnen ohnehin ein Sonderstatus zu. Niemand wird Sie schräg ansehen, wenn Sie Spanisch sprechen. Im Gegenteil, die Menschen hier werden freudig überrascht sein. Doch wenn den Mallorquinern das Herz aufgehen soll, dann schauen Sie doch mal, ob Sie oder die Kinder nicht ein paar der mallorquinischen Phrasen anwenden können:

Deutsch	Mallorquí/Catalán	Aussprache
Hallo	hola	olla
Ja/Nein	sí/no	si/no
Auf Wiedersehen/Tschüss	adéu	ade-u
Guten Tag	bon dia	bonn dia
Wie geht´s?	com va?	komm wa
Bitte (um etwas bitten)	si us plau	si us plau
Dankeschön	gràcies	grassis
Das gefällt mir	m'agrada	magrada
Ich heiße ...	em dic ...	em dik
Guten Abend	bones tardes	bonas tardas
Gute Nacht	bona nit	bonna nitt
Guten Appetit	bon profit	bonn profitt
eins	un	un
zwei	dos/dues	dos/dues
drei	tres	träs
vier	quatre	kwatra
Wo ist die Toilette?	On és el lavabo?	On es el lawabo
Herzlichen Glückwunsch!	molts d'anys!	molts_eins
gern geschehen	de res	de räs
Hotel	hotel	hotel
(Trink-)Wasser	aigua	eigo
Hilfe!	socors!	sokkors
Entschuldigung!	perdó!	perdo
Fahrrad	bicicleta	bissikleta
Kinderarzt	pediatre	pediatra
Krankenhaus	hospital	osspital
Autobahn	autopista	autopista
Strand	platja	platscheh

Register

Agroturisme 20, 171
Alaró Sant Roc 186
Alcúdia 11, 12, 20, 26, 36, 38, 41, 54, 64, 73, 77, 78f., 80f., 173, 185
Aljibe 67, 173
Amollada D'ànneres 80
Aqualand 104ff.
Aquarium 98f., 100f., 155
Artá 40, 52, 73, 162f., 168, 172
Ausritt 72f., 118f., 156, 170f.
Aussichtsplattform 75, 120

Bahia de Alcúdia 31
Ballermann 56, 77, 101
Bar Bosch 127
Bar Central 127, 128
Bar Cristal 125, 126
Barceló, Miquel 69, 127, 130
Bateman, Frederick 59
Besucherzentrum Cabrera 138, 142, 144, 149, 154f.
Blaue Flagge 23, 32, 36, 138, 142, 146, 162
Bluesville 125
Bodega Can Ribas 179, 180
Bóquertal 32, 42ff., 44, 77
Botanischer Garten 153
Bucht von Alcúdia 34, 40, 73
Bucht von Pollença 32, 40f., 43
Bunyols 113
Bürgerkrieg 187

Ca'n Conet 119
Cabrera 10, 138, 142, 144, 146, 148ff., 155
Cala Formentor 31, 32f., 77
Cala Gentil 32
Cala Millor 162f., 173
Cala Pi 136, 146f., 158
Camí des Freu 85
Campingplätze 19
Can Paulino 104, 156f.
Can Picafort 31, 52, 56f., 73, 79, 80f.
Canal Gran de s'Albufera 56
Cap de Ses Salines 144
Cap Formentor 75, 76f.
Castell de Cabrera 150
Centre de Recepció sa Roca 57
Coll Baix 39, 64
Coll del Moro 44
Coll, Antonio Parietti 75
Colònia Sant Jordi 148, 154
Comte Mal 97
Consell 79, 80, 132, 178f., 180, 186
Correfoc 186
Costitx 184f., 186
Coves de Campanet 62, 70f., 184
Coves del Drac 70, 163, 166f.

Delfinarium 102
Diehl, Adán 33, 77
Dorffest 78f., 132, 158, 172, 186
Drachenhöhlen 70, 163, 166

Entenwerfen 80
Erlebnis Ranch 73
Ermita de Victoria 38
Es Camell 50
Es Caragol 136, 138, 142, 144f., 154
Es Celler 151
Es Colomer 44, 76
Es Comú 34
Es Freu 142f.
Es Llombards 144f.
Es Plà 11
Es Port 149, 154f.
Es Raiguer 12
Es Trenc 131, 136, 138, 140, 142f., 156
Escuela de verano 171
Esporles 78, 89, 90, 110, 132
Excursions a cabrera 148f., 154

Fashion-Shop 181
Fathy, Hassan 66
Felanitx 80, 171, 172f.
Festival Park 84, 176, 181, 182f., 184
Fet a Sóller 122
Fiesta (Nit) de Sant Joan 80, 173
Fiesta del Meló 187
Fiesta del Vermar 186
Finca Bóquer 43
Finca Son Mas 88ff., 93
Finca Son Pou 85
Finca Son Real 34, 52, 54, 56
Flor de Sal 138

Gaudí, Antoni 46, 130
Gelbe Flagge 23
Gerberei 111
Gran Hotels 127
Grüne Flagge 23

Halbinsel Victòria 38, 77
Hotel Formentor 32f., 77
Hoteles Rurales 20

Inca 12, 46, 132, 178, 182ff., 186

Jakober, Ben 64, 69
Jakober, Yannick 64, 69
Jaume I 11, 47, 110, 129
Jaume II 11, 130
Jazz Voyeur 125
Jungle Parc Santa Ponça 116f.

Kathedrale 80, 114, 128f., 130, 143
Keramik 85
Kerzenzieherei 111
Kindergeburtstag 73, 101
Kletterpark 116f.
Kloster Lluc 19, 46, 48, 60, 70
Klostermuseum Lluc 51
Köhlerplatz 24, 50, 95
Kloster Cura 119
Korallenverbände 99
Korsaren 150
Kunsthalle Sokrates 67, 69

La Granja 93, 110f., 115
La Reserva 94
La Seu 128ff.
Lago Martel 167
Landgut Son Real 53, 54
Laternenlauf 81
Leuchtturm 75, 77, 145
Llevant 6, 11, 77, 138
Llobera, Miquel i 76
Lloseta 181, 186
Lluc 19, 46, 48, 51
Llull, Ramon 90

Register

Macchie 42
Macià Batle 84, 131, 178, 180
Magaluf 104, 108, 132
Mallorca-Planetarium 60, 184f.
Mallorqui 187, 188
Manacor 124, 162, 166, 168, 171, 172
Marineland 102f.
Markt 78f., 85, 131, 132, 158, 172, 186
Mauren 11, 47, 63, 110, 121
Mausoleum 130
Medusarium 100
Mercat de l'Olivar 130f.
Meteoritensammlung 185
Migjorn 11, 77
Mirador d'es Colomer 32, 42, 75
Mirador de Sa Victòria 39, 41
Mirador del Pujol d'en Banya 120
Molta Barra 124
Monkey-Park 181, 182
Moreneta 48
Muro 35, 79, 80, 173
Museu monogràfic de Pollèntia 54

Nationalpark 10, 148f., 154
Natura Parc 84, 176f., 182, 185
Naturpark La Reserva Puig de Galatzo 94
Naturschutzgebiet S'Albufera 56ff.

Orangene Flagge 23
Outdoor-Aktivitäten 15, 25, 95

Pa Amb Oli 91, 93
Palma 6f., 10f., 12, 16f., 18f., 40, 78, 80, 94f., 99, 110, 115, 119, 120, 122f., 124f., 127, 128f., 130f., 132, 143, 154, 173, 176, 182, 184, 187
Parc Aventur 95
Pastor Mallorquin 43
Pincho 124
Piraten 40f., 89, 121, 133, 143, 148, 150
Piratenschiff 99, 101
Plaja de S'Illot 41, 64
Platja d'es Trenc 138
Platja de Alcúdia 31, 36f.
Platja de Formentor 31, 32
Platja de Muro 20, 31, 34f., 36, 56
Ponent 77
Pont dels Anglesos 56
Port d'Alcúdia 31, 36, 56f., 106
Port de Pollença 32, 42f., 76f., 78f.
Port de Sóller 120, 122, 132
Porto Christo 163, 164, 166
Possessió 93
Punta de la Nao 76

Quallen 45, 100
Quelis 131, 178

Rancho Bonanza 170
Römer 11, 110, 153, 178
Rote Flagge 23
Rundweg 49, 63, 90, 94
Ruta Martiana 123, 124

S'Albufera 34, 36, , 38, 40, 42, 52, 56, 58f., 64, 70, 77
S'Arenal de sa Ràpita 136, 142f.
S'Avenc de Son Pou 84ff., 168, 182, 184
S'Espalmador 153
Sa Bassa 66
Sa Calobra 75
Sa Coma 163, 164
Sa Cometa des Morts 50f.
Sa Cova Blava 153
Sa Fàbrica de Gelats 122
Sa Fira I Es Firó 133
Sa Gerreria 124
Sa Platgeta 149, 151, 153
Sa Ràpita 136, 138, 142f., 146, 149, 154, 158
Sa Victòria 38, 64
Safari Zoo 164f.
Salinen Es Trenc 140
Sant Joan Pelós 80, 173
Sant Mateu 133
Santa Eugenia 176, 186
Santa Maria 84, 86, 176, 178f., 180, 186
Santa Maria del Camí 85, 176, 180, 186
See 12, 75, 167, 168
Serra de Tramuntana 11, 89
Serres de Llevant 6, 11
Ses Cases Noves 162f., 164, 166
Ses Covetes 136, 142f., 158
Ses Font d'es Ratxo 97
Ses Fonts Ufanes 60ff., 70f.
Ses Llanternes 81
Skulpturengarten 67, 69
Sobrassada 55, 85, 131
Sóller 119, 120f., 122, 125, 132f.
Son Bauló 52f., 81
Son Menut 171
Son Molina 119
Son Roig 85
Son Sureda 171
Sonnenwendfest 80
sopes mallorquines 113
Steineichen 46, 51, 55, 60, 91
Steinmännchen 45
Sternwarte 184
Stierkampf 80, 173
Stiftung Jakober 41, 56, 64
Strandbar S'Illot 41

Talaia d'Alcúdia 38ff.
Talaiot-Bauwerk 63
Talaiotikum 11
Tancas 44
Tapas-Bar 115
Tapas-Tour 123, 124
Tayalotturm 154
Teleskop 184
Tierpark 94, 164, 176
Toca-Toca-Becken 100
Torrent de Coanegra 85
Totenstadt 52f., 54
Touristeninformation 27, 79, 80, 121
Tramuntana 6, 11, 40, 49, 51, 60, 63, 70, 77, 131, 186
Tropfsteinhöhle 70

Unterwäschelauf 133

Vall de Bóquer 42
Vitamin C-Express 120

Wachturm Son Durí 143
Wanderungen 24
Weinbautradition 178
Wellness 146, 171
Weltkulturerbe 88
Wildcampen 20
Wine Express 84, 178f., 180, 182, 184
Wochenmärkte 8, 78, 132, 158, 172, 186

Zisterzienserorden 110

191

Impressum

Verantwortlich: Sabine Klingan
Redaktion: Christian Schneider, Traunstein
Umschlaggestaltung: Karin Vollmer, München
Layout: Eva-Maria Klaffenböck, München, www.atelier-luk.de
Repro: Cromika, Verona
Kartografie: Heidi Schmalfuß, München
Herstellung: Barbara Uhlig
Printed in Italy by Printer Trento

★★★★★

Sind Sie mit diesem Titel zufrieden? Dann würden wir uns über Ihre Weiterempfehlung freuen. Erzählen Sie es im Freundeskreis, berichten Sie Ihrem Buchhändler, oder bewerten Sie bei Onlinekauf.
Und wenn Sie Kritik, Korrekturen, Aktualisierungen haben, freuen wir uns über Ihre Nachricht an Bruckmann Verlag, Postfach 40 02 09, D-80702 München oder per E-Mail an lektorat@verlagshaus.de.

Unser komplettes Programm finden Sie unter www.bruckmann.de

Alle Angaben dieses Werkes wurden vom Autor sorgfältig recherchiert und auf den neuesten Stand gebracht sowie vom Verlag geprüft. Für die Richtigkeit der Angaben kann jedoch keine Haftung übernommen werden.

Autorenempfehlung

Sie sind auf der Suche nach weiterführender Literatur? Dann empfehle ich Ihnen den Titel »Mallorca – Zeit für das Beste« von Lothar Schmidt und Holger Leue. Oder Sie werfen einen Blick in die Zeitschrift »Bergsteiger«. Hier werden Sie bestimmt fündig.
Ihr Steve Keller

Bildnachweis: Alle Bilder stammen vom Autor, außer: Museu Sa Bassa Blanca-Fundación Yannick y Ben Jakober: S. 65, 67, 68; Bendgens/Mallorca Zeitung: S. 63, 132, 133; Terassa/Mallorca Zeitung: S. 123, 128; Coves de Campanet: S. 71; Palma Aquarium: S. 99, 100; La Granja: S. 111, 112, 113; Coves del Drac: S. 160, 167, 169; Natura Parc: S. 177; tamatesch.com: S. 179; Shutterstock (www.shutterstock.com): S. 31 (2) (Gert Hochmuth), 73 o., 174 (Pawel Kazmierczak), 73 u. (MARKABOND), 104 (irabel8), 111 u. (Roger Hall), 115 (luna4), 127 (Pat_Hastings), 140 (Dirk Ott), 160 (Michal Durinik), 165 (Jearu), 170 (Ilya Shapovalov), 171 (pirita), 187 (abimages); Wikimedia Commons (Wo st 01): S. 101; Katmandu Park & Resort: S. 109; Sibylle Döhne (Ca´n Conet): S. 119; Can Paulino: S. 156, 157.
Umschlagvorderseite: Großes Bild: Am Strand (Lisa und Wilfried Bahnmüller, Geretsried); kleine Bilder von li. n. re.: Straßenbahn in Port de Sóller (huber-images/Schmid, Reinhard), Strandspiele (Lisa und Wilfried Bahnmüller, Geretsried), Blick auf die Insel Sa Dragonera (huber-images/Dörr, C.)
Umschlagrückseite: An den Naturstränden Cabreras finden Kinder tolle Baumaterialien.
Seite 1: Strandspiele

Die Deutsche Nationalbibliothek verzeichnet diese Publikation in der Deutschen Nationalbibliografie; detaillierte bibliografische Daten sind im Internet über http://dnb.d-nb.de abrufbar.

Aktualisierte Nachauflage
© 2015, 2014 Bruckmann Verlag GmbH
ISBN 978-3-7654-6942-8

Optimal unterkommen auf Mallorca

REISE KNOW-HOW

Beileger zum Reise Know-How-Titel »Mallorca« - Auflage 2015

INHALTSVERZEICHNIS

Hotels und Apartmentanlagen in allen Ferienorten

Zu Auswahl und Kriterien für die Empfehlungen	3

Empfehlungen nach Regionen — 5

- Rund um die Bucht von Palma — 5
- Die Südwestregion — 12
- Bereich Zentrale Westküste — 16
- Die Bucht von Pollença und Umfeld — 21
- Die Bucht von Alcudia — 24
- Der Nordosten — 28
- Bereich zentrale Ostküste — 25
- Der Südosten — 40

Kasten: Herbergen, Santuaris und Ermitas — 44

Ausgewählte Quartiere abseits typischer Ferienorte — 47

Zur Auswahl — 47

Empfehlungen — 48

Alle in diesem Heft enthaltenen Informationen und Daten wurden bis Februar 2015 mit großer Sorgfalt nach- und neu recherchiert, zusammengestellt und vom Verlag gewissenhaft bearbeitet. Inhaltliche und sachliche Fehler sind dennoch nicht auszuschließen. Alle Angaben erfolgen ohne Gewähr für die Richtigkeit im Sinne einer Produkthaftung; Verlag und Autor übernehmen keine Verantwortung und Haftung für versehentliche inhaltliche wie sachliche Fehler.

IMPRESSUM

Dieser **Unterkunftsführer** für Mallorca ist eine **Beilage zum**

Reise Know-How-Titel
Mallorca - Das Handbuch für den optimalen Urlaub
Auflage 3/2015, ISBN 978-3-89662-286-0

Reise Know-How Verlag

© Dr. Hans-R. Grundmann
  Am Hamjebusch 29, 26655 Westerstede

Konzeption/Layout: Hans-R. Grundmann
Druck: Zertani Die Druckerei GmbH, Bremen
Die Beilage kann nicht gesondert erworben werden

Zur Auswahl/Websites der Veranstalter/Preisvergleich

HOTELS UND APARTMENTS IN ALLEN FERIENORTEN
Zu Auswahl und Kriterien für die Empfehlungen

Die folgenden Empfehlungen orientieren sich an den Kapiteln 4 und 5.1-5.9 auf den Seiten 118-392 des RKH-Reiseführers Mallorca. Für alle dort besprochenen Küstenferienorte sind in identischer Reihenfolge Hotels und Apartmentanlagen genannt, die – in ihrer Kategorie und nach Autorenmeinung – aus dem Rahmen des lokalen Angebots herausragen. Dabei kann im Ort X ein Hotel empfohlen sein, das im Ort Y unter den Empfehlungen nicht zu finden wäre, da Y generell über ein besseres Angebot verfügt. Umgekehrt fällt ein an sich gutes und preiswürdiges Haus in Y nicht weiter auf, das vielleicht im Ort X auf der Empfehlungsliste gestanden hätte.

Alle Empfehlungen müssen daher **im Zusammenhang mit der jeweiligen Ortbeschreibung** gesehen werden. Sie beziehen sich auf Häuser, die – pauschal mit oder separat ohne Flug – über deutschsprachige Veranstalter im **Jahr 2015** zu buchen sind, außerdem auf eine Reihe von Quartieren ohne Veranstalterbindung, die nur individuell gebucht werden können. Für fast alle Unterkünfte existieren heute **Internetauftritte** mit Detailinformationen samt mehr oder minder aufschlussreichen Fotos der Zimmer und Einrichtungen. Einige wenige Quartiere ohne eigene Website findet man nur auf den Portalen von Veranstaltern und Vermittlungsagenturen. So oder so genügt die Angabe der Unterkunftsbezeichnung mit Ortsnamen oder nur »Mallorca, und die Suchmaschine wirft die Website des Hauses, so existent, und die Portale von Kooperationspartner gleich auf den ersten Seiten aus*).

Die in diesem Heft vorgestellte Auswahl basiert auf folgenden Kriterien:

Neben weitgehend objektiv **feststellbaren Faktoren** wie **Strandnähe, Verkehrslärm/Ruhe, Lage der Zimmer** (Sonne, Schatten, freier Blick), **Größe und Umfeld der Poolanlage** (Beton, Garten) etc. spielten durchaus auch **subjektive Eindrücke** bei den Empfehlungen eine Rolle. Eine Erläuterung der Gründe für die Herausstreichung eines Hauses müsste indessen wortreich sein und explizit negative Eigenschaften der (hier nicht genannten) benachbarten Konkurrenz mit ins Spiel bringen, was unter wettbewerbsrechtlichen Aspekten problematisch ist. Der Leser darf also davon ausgehen, daß es außer den stichwortartig positiv aufgeführten oft noch weitere Gründe für die gemachte Empfehlung gibt – vor allem mit Seitenblick auf das sonstige Angebot eines Ortes.

Die aus Durchsicht von Reisekatalogen und Websites resultierenden »**Favoriten**« des Autors sind oft nicht die letztlich empfohlenen **nach** Besichtigung. Leider erlauben es – wiederum – wettbewerbsrechtliche

---

*) Wer sich die Mühe macht, für viele der hier empfohlenen Häuser Angebote von Veranstaltern zu suchen, wird feststellen, dass bestimmte Veranstalternamen besonders oft auftauchen. Das liegt u.a. daran, dass Mallorca-Anbieter eine sehr unterschiedliche Zahl von Hotels und Apartmentkomplexen unter Vertrag haben und den Markt mal prozentual mehr, mal weniger mit hochwertigeren Quartieren bedienen. Hier gilt generell: Alle Empfehlungen sind ausnahmslos objektbezogen unabhängig von Reise-/Vermittlungsagenturen.

Zur Auswahl/Websites der Veranstalter/Preisvergleich

Gründe nicht, von bestimmten Häusern abzuraten, die in Prospekten oder im Internet einen »zu guten« Eindruck erwecken. Es gibt aber auch Unterkünfte, die im Katalog oder in der Darstellung im Internet nicht herausragen, in Wahrheit aber ein besseres Angebot sind als der geschickter präsentierte Nachbar.

Sicher fehlen hier Häuser, die – je nach persönlicher Optik – ebenfalls für eine Empfehlung in Frage gekommen wären. Mit Buchung der hier detaillierten Hotels und Apartmentanlagen wird man aber – **im Rahmen des jeweiligen Ortsangebotes/der Kategorie** sowie unter Berücksichtigung ggf. genannter Einschränkungen – ganz schief nicht liegen.

Auf einen wichtigen Punkt muss indessen deutlich hingewiesen werden: **Kaum eine der Empfehlungen berücksichtigt die Qualität von Service und Mahlzeiten, schon gar nicht bei »all-inclusive«-Angeboten.** Eine korrekte und faire Bewertung der in dieser Hinsicht im Zeitablauf häufig schwankenden Qualität für eine Vielzahl von Unterkünften ist einfach nicht möglich und aktuell zu halten.

Die meisten Häuser verfügen, wie gesagt, über eigene **Webauftritte**, so dass die Angabe von Telefonnummern sich weitgehend erübrigt.

Für alle, die sich lieber (auch) an bewährte Veranstalter wenden, statt direkt zu reservieren, hier die wichtigsten mit ihrem Internetportal. Bei ihnen kann man neben Pauschalreisen auch Einzelleistungen separat buchen (Flug, Unterkunft, Fahrzeugmiete, Aktivitäten etc.):

Veranstalter	**www.adresse 2015**
1-2-fly	www.1-2-fly.de
Airtours	www.airtours.de
Alltours	www.alltours.de
Club Blau	www.club-blaues-meer.de
DER Tour	www.dertour.de
FTI	www.fti.de
ITS	www.its.de
Jahn	www.jahnreisen.de
JT Touristik	www.jt.de
Neckermann	www.neckermann-reisen.de
Olimar	www.olimar.de
Phoenix	www.phoenixreisen.com
Schauinsland	www.schauinsland-reisen.de
Thomas Cook	www.thomascook.de
TUI	www.tui.com/de
Universal/CH	www.universaltravel.ch

Auf **Last Minute/Restplätze** spezialisiert sind www.bucherreisen.de, www.lmx-touristik.de und www.5vorflug.de, aber auch andere Unternehmen haben Last Minute-Angebote im Portfolio.

Einen Gesamtüberblick bieten Websites, die die Angebote der Veranstalter durchforsten und Preise vergleichen. Damit erspart man sich den mühsamen eigenen Preisvergleich und findet für viele Häuser rasch den günstigsten Veranstalter: www.reisepreisvergleich.de, www.reisen.de, www.ab-in-den-urlaub.de, www.reisegeier.de u.a.m.

Empfehlungen nach Regionen
Rund um die Bucht von Palma

S`ARENAL (⇨ ab Seite 158 und Karte ebenfalls Seite 158)

Hotel Aya***; www.hotelaya.com: Direkt am Strand bzw. der Promenade der Playa de Palma gelegenes Hotel am Westrand von Arenal. Angenehmer Poolgarten hinter dem Hotel. Wenn überhaupt Arenal, dann hier im Grenzbereich zwischen beiden »Orten«.

Hotel Hispania***, www.hotel-hispania.com, liegt als Nachbar des Aya ebenfalls direkt an der Promenade und damit am Strand im Grenzbereich Arenal/Playa de Palma. Modern Design auf Schlicht. Alles ist da, was man braucht. Pool recht klein für 164 Zimmer, aber das Meer rauscht schließlich nur ein paar Schritte entfernt.

PLAYA/PLATJA DE PALMA (⇨ ab Seite 160, Karte Seite 158)

Apartments

Luxor***; www.hotelluxor.com: Ordentlicher Standard. Eigener Garten hinter dem *Hotel Luxor*. Alle Apartments schauen auf den Poolgarten und die begrünte, ruhige Nebenstraße. Zum Strand und Zentralbereich der Playa de Palma sind es allerdings etwa 300 m.

Barcelo Pueblo Park****; www.barcelo.com: Parkartige Anlage gute 200 m hinter der Küste mit Hotel und separaten 2-stöckigen Apartmentgebäuden. Große Poolanlage mit zwei Becken, eines davon indoor. Mit Frühstück, Halbpension oder *all-inclusive* buchbar. Beliebter **Biker-Stützpunkt**.

Pabisa Orlando***, www.pabisa.com: Apartmentanlage im Bereich der Riu-Hotels in der zweiten Reihe unweit des *High Life*. Mit Halbpension buchbar. Restauration/Bar im Haus. Relativ preiswert.

Hotels Playa de Palma, nur mittlere bis gehobene Kategorie

Residencia Condor***: keine eigene Website, aber viele Agenturen im Internet: ein kleines, etwas verstecktes Haus in gut 300 m Entfernung zum Meer mit schöner Gartenanlage. Alle (nur 33) Zimmer besitzen eine zu Pool und Garten ausgerichtete Terrasse. Angenehmes Restaurant, sehr ruhig. Gutes Preis-Leistungs-Verhältnis. Alternative zu den Großkomplexen.

Hotel- und Apartmentempfehlungen in Ferienorten

Cristobal Colón*****; www.hotel-cristobal-colon.de. Gutes Mittelklasse-Hotel, auf vier Sterne hochrenoviert in zentraler Lage mit schönem Poolbereich. Noch überschaubar, nicht sehr viele ungünstig gelegene Zimmer. Eine der wenigen Alternativen zu den Riu-Hotels in der Umgebung.

Vista Odin******; www.vistaodin.com: Das international belegte Hotel liegt am hinteren Rand der Hotelurbanisation, ca. 500 m vom Strand entfernt. Auffällig sind die versetzten Balkons, die eine unmittelbare Nachbarschaft zu anderen Gästen verhindern. Aus nahezu allen Zimmern freier Blick. Hübscher Poolgarten. Für die Kategorie relativ einfacher Standard, dafür etwas preisgünstiger als die orts- und strandnäheren *** bis ****Hotels.

Riu-Hotels*******, www.riu.com. Die Riu-Hotelkette besitzt speziell in Playa de Palma eine ganze Reihe von Häusern der (überwiegend) von drei auf vier Sterne aufgepeppten Kategorie. Sie zeichnen sich durch ihre relative Identität aus. Die meisten liegen dicht beieinander im zentralen Bereich, 100-300 m von Strand und Hauptverkehr abgesetzt. Gärten um die zumeist großzügigen Pools herum machen die Riu-Hotels attraktiv. Die Mahlzeiten werden durchweg am Buffet eingenommen. In den Preisdifferenzen spiegeln sich ungefähr die geringfügigen Komfortunterschiede. Mit den Riu-Hotels kann man wenig verkehrt machen, wenn es an die Playa de Palma gehen soll: man bucht mit ihnen eine sichere konfektionierte Leistung. Für Individualisten indessen sind die Riu-Hotels genauso wenig geschaffen wie das Gros der Konkurrenz in diesem Bereich der Bucht von Palma. Man kann direkt buchen, aber überwiegend sind Riu-Hotels mit Gästen des mit Riu verflochtenen TUI-Konzerns belegt.

Riu Bravo*******. Das immer schon mit vier Sternen gesegnete *Riu Bravo* ragt aus dem Vier-Stern-Niveau der anderen Häuser der Kette heraus, obwohl mittlerweile von den offiziellen Sternen her kaum ein Unterschied bestehen sollte. Das gilt insbesondere für die Suiten (Schlafzimmer und Salon). Beide Gebäude des Hotels stehen in der größten Garten- und Poolanlage zwischen Palma und Arenal. Wohnstandard, Lobby und Gastronomie sind überdurchschnittlich – das bei **all inclusive**. Entfernung von der Promenade 200 m, vom Zentrum des *High Life* ca. 500 m. Eine der besten Alternativen im Bereich, dafür nicht besonders teuer.

CAN PASTILLA (⇨ Seite 166, Karte Seite 158)

Marina Luz*******; www.marinaluzhotel.com. Das früher wegen seiner Nähe zur Einflugschneise des Airports unbeliebte Hotel hat dank der Einführung leiserer Jets den einen Nachteil überwunden und ist heute ein **Geheimtipp**. Es liegt etwas abseits der dichten Bebauung am Westrand von Can Pastilla an der nach Palma führenden Bike- und Laufroute (⇨ Seite 156 und Foto Seite 167). Sandstrand ist weit, aber gute Badestellen finden sich am felsigen Ufer in Hotelnähe. Die kürzliche Renovierung von drei auf vier Sterne ist in diesem Fall gelungen. Die Zimmer sind groß und angenehm möbliert und haben Weitblick vom Balkon. Meerblick-Buchung heißt hier immer noch ein bisschen Störung durch Flugzeuge, Poolblickbuchung bremst diesen Faktor ziemlich aus. Sehr zu empfehlen ist hier die Juniorsuite. Moderates Preisniveau. Nur Erwachsene, Wifi frei.

Rund um die Bucht von Palma

Voll verglastes Wohnzimmer der Turmsuite im Ciutat Jardí mit freiem Blick übers Meer

CIUTAT JARDÍ (⇨ Seite 168, Karte Seite 158)

Hotel Ciutat Jardí******** (✆ 835 230, www.hciutatj.com). Das vor ein paar Jahren komplett renovierte und wiedereröffnete Nostalgiehotel unmittelbar an Promenade und Strand von Ciutat Jardí ist ein Kleinod der Hotellerie vergangener Jahre mit wunderbaren Details. Nur ganze 12 Zimmer und Suiten unterschiedlicher Größe mit/ohne Terrasse stehen zur Verfügung. Unschlagbar ist die Turmsuite Cupula mit eigenem Fahrstuhl in eine Art Wintergarten, von dem aus man hinüber nach Palma und übers Meer schaut. Eher moderate Vier-Stern-Tarife.

PALMA STADT (Stadtplan in der vorderen Umschlagklappe oder separate Karte)

Direkt in Palma de Mallorca findet man heute zahlreiche Hotels in allen Kategorien. Die Angebote der Reiseveranstalter beziehen sich aber im wesentlichen auf die in den letzten Jahren neu eröffneten ******Boutiquehotels** und eine Handvoll älterer *****Häuser**, die in jüngerer Zeit auf vier Sterne hochrenoviert wurden. Fast alle genügen gehobenen Ansprüchen (m. E. *Isla de Mallorca* und *Hesperia Ciutat*), so dass es für die Buchungsentscheidung auf die Lage und den jeweiligen Preis ankommt. Apropos Lage: Diverse große Komfort- und Mittelklasse-Hotels liegen am *Passeig Maritim*, der Tag und Nacht belebten Prachtallee an der Hafenbucht. Vom Zimmer mit Blick auf Schiffe und Meer schaut man gleichzeitig über den *Passeig* und ist bei geöffnetem Fenster und auf Balkon oder Terrasse sowieso Lärm und Luftverschmutzung ausgesetzt. Warum sollte man dort absteigen?

Auch die Hotels im Villenviertel (*Armadams/Isla de Mallorca*), in den zentrumsnahen Gassen der Altstadt (*D'alt Murada, Tres, Puro, Convent de la Missió, Ca Sa Galesa, Arcitect Brondo* u.a.) oder nahe der Plaça Espanya, darunter das neue, aus einem alten Filmpalast entstandene *******Hotel Avenida***, sind für viele sicher eine bessere Wahl. Spitze ist im wahrsten Sinne des Wortes der ********Valparaiso Palace*** hoch über Terreno auch, was die Tarife angeht. Das alte *******Hotel Born*** mit seinem herrlichen Innenhof ist etwas für Nostalgiker.

Man könnte aber durchaus auch eines der letzten verbliebenen preiswerten *Hostales* für ein paar Tage Kurzurlaub in Palma als Standquartier in Erwägung ziehen, wie vor allem das

Hotel- und Apartmentempfehlungen in Ferienorten

Hostal Corona****** (Privatbucher, ✆/Fax 731935; www.hostal-corona.com). Es liegt im Stadtteil Terreno unweit der Plaça Gomila in der Carrer José Villalonga 22 zwischen der Avinguda Joán Miro und dem Park des Castell Bellver. Die nostalgische Villa (»Kunterbunt«, ein Leserkommentar) mit schönem Garten, großer Terrrasse und Kneipe ist seit langem ein Geheimtipp für preiswertes Übernachten in einfacher, aber ruhiger und angenehmer Umgebung.

Hostal Ritzi***** (✆ 714610, www.hostalritzi.com). Dieses witzige Haus mitten in der Kneipengasse Apuntadors No. 6 unweit des Hafens und des Zentrums war beliebt bei jungen und junggebliebenen Leuten. Dort fühlte sich wohl, wer die Atmosphäre vor die Zimmerqualität stellt. Anfang 2015 war es geschlossen wegen Renovierung. Wiedereröffnung als *Hostal* oder was? Und wann? Das war nicht erfahrbar.

Hostal Apuntadors*****, Carrer Apuntadors 8 (✆ 713491, www.apuntadoreshostal.com). Einfache Zimmer mit oder ohne Bad in der Kneipengasse Apuntadors neben dem *Ritzi* sorgen für noch erschwingliche Tarife. Sie sind für das Gebotene nicht niedrig, man muss aber wohl die zentrale Lage berücksichtigen. Das Highlight des Hauses ist die Dachterrasse mit Weitblick auf Kathedrale und Meer. Wifi frei.

Palma Suites Plaza Mercadal******** (✆ 714610, www.palma-suites.com). Die erst 2013 eröffneten *Palma Suites* mitten in der Altstadt (Calatrava) unweit der zentralen Plaza Mayor gehören zu den besten Tipps für etwas längere Palma-Aufenthalte (Minimum 1 Woche). Verschieden große modern möblierte Wohnungen (z.T. über zwei Stockwerke laufend) bieten perfekte Technologie und Ausrüstung mit Hifi, Wifi und Skype. Unten im Haus Bar und Frühstücksbistro (im Umfeld jede Menge Gastronomie). Dachterrasse mit Minipool (beheizt!). Das kann nicht billig sein, kostet aber »nur« ab €700/Woche für die kleinste der Suiten. Im Penthouse ist man dann fürs Doppelte dabei. Das ist weniger, als manches Boutique-Hotel im zentralen Palma für ein Zimmer verlangt.

Palacio Avenida******** (✆ 908108, www.urhotels.com). Erst vor wenigen Jahren wurde dieses Eckhochaus unmittelbar am »Bahnhofspark« in ein Stadthotel umfunktioniert. Für einen Stadturlaub mit Ausflügen per Bahn und Bus gibt es keine bessere Lage. Auf der gegenüberliegenden Seite der verkehrsbelasteten Hauptstraße Avinguda Rosselló beginnt die ausgedehnte Fußgängerzone. Der *Mercat Olivar* liegt um die

Eingangshalle im Convent de la Missio

Ecke. Die Zimmer entsprechen dem erwartbaren Sterne-Standard, nur die eigenartigen quadratischen Fenster stören; keine Balkons. Unten im Hotel befindet sich das Restaurant *Urba* (⇨ Seite 146).

Hotel Born**** (© 712942, www.hotelborn.com). Mitten in der Stadt am *Carrer Sant Jaume*, nur ein paar Schritte vom *Borne* (dennoch ruhig) liegt dieses Nostalgie-Hotel. Große Zimmer, keins wie das andere, und ein herrlicher Innenhof versprechen einen anderen Aufenthalt als in einem der moderneren, gesichtsloseren Hotels. Klimaanlage und SAT-TV sind vorhanden, aber kein Pool, keine Parkplätze/-garage. Stark unterschiedliche Tarife je nach Zimmer und Saison.

AC-Hotel**** (© 902292295, www.ac-hotels.com) ist komplett modern und gehobene Mittelklasse. Es liegt an der Plaza Puente, knapp 100 m vom Passeig Maritim entfernt zwischen Innenstadt und Nachtclubviertel El Terreno. Die Zimmer sind nicht sehr groß; kein Balkon, aber tolles Bad. Kein Pool. Minibar ist gratis, ebenso der Nachmittagskaffee. Komfortabel zu akzeptablen Kosten.

Hotel Valparaiso Palace*****; www.hotel-valparaiso-palace.de: Ein hoch über dem Vergnügungsvorort Terreno (Bereich Bonanova) gelegener Luxuskomplex. Der Bau wirkt klotzig, aber drinnen ist alles gediegen. So auch die Pools und der Park. Weitsicht von allen Zimmern. Das Valparaiso ist nicht billig, bietet dafür aber einiges; u.a. mit dem *Paraiso* ein **Gourmet-Restaurant** und einen tollen **Wellness-Bereich**.

Dachpool des Hotel Tres

Hotel Tres**** (© 717333, www.hotel_tres.com). Dieses typische Designhotel liegt mitten in der Altstadt in der Restaurant- und Kneipengasse Apuntadors. In einem ehemaligen Palast mit schönem Patio und einem Anbau gibt es 41 Zimmer und Suiten in neuzeitlich coolem Look aus viel Glas, Holz und kühlem Weiß. Die Bäder sind türlos mit den Zimmern verbunden. Eine echte Alternative zum konservativen vier-Stern-Hotel. Auf dem Dach warten neben guter Aussicht Sonnenliegen, »Splashpool«, Sauna und Bar, zudem WiFi überall.

Hotel Convent de la Missio****(*), Carrer de la Missio 7A (© 227347, www.conventdelamissio.com). Ehemaliges Priesterseminar unweit der Rambla und der Einkaufsstraße Sant Miquel. Nur vierzehn Komfortzimmer, in denen Weiß dominiert. Modern Design und viel Kunst an den Wänden in eigener Galerie und im angeschlossenen Gourmet-Restaurant *Simply Fosh*. Sauna+Jacuzzi und Garage.

Hotel- und Apartmentempfehlungen in Ferienorten

Hotel D'Alt Murada****, Carrer Almudaina 6A (✆ 425300, www.dalt murada.com). Ein wunderbarer Stadtpalast im ruhigen Altstadt-Fußgängerbereich zwischen Kathedrale und Zentrum. Originale und mallorquin-nostalgische Ausstattung (Gemälde, Möbel) verbunden mit modernem Komfort inkl. Wifi. Ein kleiner Garten ist auch vorhanden. Drei Doppelzimmer und fünf Suiten.

Wohnbereich einer Suite im Hotel D'Alt Murada

Es gibt in Palma auch »**normale**« **Hotels**, die einen gehobenen Komfort bieten. Dazu gehören zwar auch einige Häuser am Passeig Maritim mit Zimmern und Terrassen, die Hafen und Meer überblicken, aber sie sind alle Autolärm ausgesetzt. Die folgenden Häuser bieten guten Standard in zentraler Lage:

Sol Inn Jaime III****, Passeig Mallorca 14 (✆ 725943, www.hmjai meiii.com). Prima modernisiertes Hotel in Zentrumsrandlage, nahe dem Viertel Santa Catalina und Kunstmuseum *Es Baluard*. Kein Pool.

Hotel Saratoga ****, Passeig Mallorca 6(z.B. TUI, JT, DER, N, Sch) ✆ 727240, www.hotelsaratoga.es). Das Haus steht in Nachbarschaft zum *Sol Inn* am Passeig Mallorca 6 noch etwas ruhiger und näher am *Es Baluard*. Pool auf dem Dach, Garten, Sauna, Wifi.

CALA MAYOR (↪ Seite 171, Karte Seite 158)

Ein Aufenthalt in *Cala Mayor* bedeutet faktisch **Stadturlaub** am Meer. In wasserkalten Monaten ist der Standort im Hinblick auf Palma-Besuche und Ausflüge im Südwesten nicht ganz schlecht, aber Illetes auch dann allemal besser. Das einzige richtig empfehlenswerte Hotel dort:

Nixe Palace*****; www.mallorcanixepalacehotel.com: Absolut erstes Haus am Platz, das vom Strand zur Hauptstraße hochreicht. Gediegene Mischung aus Nostalgie und Moderne. Die meisten Zimmer liegen auf der Meerseite, schöne Balkons; Wifi. Preis/Leistungs-Verhältnis vor allem Mai und Oktober stimmig. Gut geeignet für Palmaurlaub, ↪ Foto auf Seite 50 im Reiseführer.

Rund um die Bucht von Palma

ILLETES (⇨ ab Seite 175, Karte Seite 158)

Illetes ist der **ideale Standort** für alle, die am Meer und palmanah ohne Begleiterscheinungen des Massentourismus logieren möchten. Illetes' Lage bietet Ruhe einerseits, aber bei Bedarf Kultur, Shopping und Unterhaltung in Palma ganz in der Nähe, dazu den Golfplatz Bendinat um die Ecke. Zum gleichnamigen Villenvorort und nach Portals Nous mit seinem Yachthafen der Superlative und breitem Strand unter der Steilküste ist es auch nicht weit.

Roc Illetes Playa***; © 402411, www.roc-hotels.com: Es handelt sich hier um eine Hotelanlage mit mehreren Gebäuden auf verschiedenen Ebenen in Illetes unweit des Strandes. Auf der Felsterrasse am Meer befinden sich 2 Pools. Die Zimmer haben überwiegend Meerblick, der ausdrücklich gebucht werden kann.

Melia de Mar****; www.meliademar.com: Erstes Haus in **Illetes**. Großer Garten mit Ministrand und Pool Club. Meerzugang auch über Felsen. Lobby, Salons, Bar und Restaurant elegant. Hohe, nur meerseitige Zimmer mit verglaster Front und Terrasse. KLar, die 5 Sterne kosten.

Bon Sol***; www.hotelbonsol.es: Das Hotel liegt über der lokalen Durchgangsstraße. Drinnen auf alt getrimmt mit Ritterrüstungen und dunklen Möbeln in Lobby, Restaurant, Bar etc. Von den meisten Zimmern Blick aufs Meer. Ein hübscher Park liegt über dem eigenen kleinen Strand mit Pool unter der Steilküste von Illetes. Dort gibt es sog. früher als Apartments vermietete *Vilas* mit schönen »Gartenzimmern«. Ein Fahrstuhl durch den Hang verbindet Garten und Hotel.

Riu Palace Bonanza Playa***; www.hotelesbonanza.com/de: Das Bonanza Playa ist speziell bei deutschen Gästen ziemlich beliebt. U.a. dürfte das neben den großen Zimmern und gut eingerichteten Suiten der ungewöhnlichen Lage zu danken sein. Das Hotel wurde in den Hang hinein nach unten bis ans Meer gebaut, so dass man am obersten Stockwerk vorfährt und das Hotel betritt. Von allen Zimmern blickt man (auch) aufs Meer, von den meisten auch hinüber nach Palma. Unten wurde eine Pool- und Gartenanlage weit in die Bucht reichend angelegt. Gute Gastronomie; Buchung mit Frühstück oder Halbpension. Wifi frei. Saisonal stark schwankende Tarife, nur in den Nebensaisonmonaten Zimmerangebote auch deutlich unter €200.

Vom Ministrand bis nach ganz oben: Alles gehört zum Komplex des Bon Sol (weiße Gebäude). Eng daneben steht das Hotel Bonanza Playa (rechts)

Hotel- und Apartmentempfehlungen in Ferienorten

PALMA NOVA (⇨ Seite 179, Karte Seite 179)

Palma Nova ist – wie die Playa de Palma – eine von Privatvillen und Grün aufgelockerte Hotelstadt. Die breite und gepflegte Strandpromenade und seine Fußgänger- und verkehrsberuhigten Bereiche bis Magaluf hinein sorgen für ein positives Erscheinungsbild.

Best Western Son Caliu***, www.soncaliu.com. Das BW-Hotel liegt östlich Palma Nova im gleichnamigen Ortsteil sehr ruhig an einem kleinen Strand. Vom Hotel sind es nur ein paar hundert Meter nach Palma Nova und auch die »Saufmeile« von Magaluf ist nicht weit. Gut geeignet als Standort für Unternehmungslustige. Die Zimmer sind o.k., aber soweit noch nicht renoviert, etwas altmodisch. Beachtlicher Innenpool und großes Wellness-Angebot. Tarife relativ hoch.

Son Matias Beach***, www.matiasbeach.com: Dieses Hotelhochhaus liegt direkt an der breiten Promenade und dem gleichnamigen Strand und ist eine weitgehend spanisch-britische Angelegenheit, daher eher etwas für anglophile Gäste mit Sprachkenntnissen. Der »Witz« dieses Hotels liegt – wie so oft – in seiner Lage über einem perfekten breiten Sandstrand (besser als Playa de Palma) und ausschließlich Zimmern/Balkonen, von denen man auf Strand und Meer blickt. Die üblichen Zutaten wie Pool, Bar etc. sind natürlich auch vorhanden. Viel Gastronomie und Entertainment in der weiteren Nachbarschaft; im Bereich Son Matias eher ruhig. Preislich dafür moderat.

MAGALUF keine Empfehlung (⇨ Text auf Seite 48, Karte Seite 194)

Magaluf befindet sich fest in britischer Hand und ist kein besonders gutes Pflaster für deutsche Urlauber, die nicht extrem anglophil sind.

Die Südwestregion (⇨ ab Seite 184 und Karte Seite 184)

SANTA PONCA (⇨ ab Seite 186, Karte Seite 187)

Die strandnächsten von deutschen Veranstaltern angebotenen Hotels liegen einen Block vom Wasser entfernt, andere oberhalb der Bucht auf ihrer Ostseite jenseits der Hauptstraße. Weitere Hotels befinden sich an der westlichen Felsküste im Südausläufer der Bucht, ziemlich weit ab vom »Geschehen«:

Südwestregion

Hotel Sentido Punta de Mar***; www.sentidohotels.de: Große Anlage über dem Meer am Ende der Westflanke der Bucht von Santa Ponça. Terrassen und Balkons mit freiem Meerblick. Zugang zum Meer über Treppen. Relativ moderate Tarife.

Hotel Casablanca***; www.hotelyapartamentoscasablanca.com: Erhöhte Lage über der Bucht und den Strand (200 m Distanz) mir Weitblick. Schöne Terrasse und Pool mit Sonne bis zum Abend. **Apartmenthaus** vom Hotel getrennt mit einem weiteren Pool. Kleines Tenniscenter unterhalb. Verkehr in Sichtweite, tagsüber deshalb nicht ruhig, nachts aber kein Problem. Wifi frei bei Internet-Reservierung.

Suites Hotel Iberostar Jardin del Sol****; www.iberostar.com: Nachbar des oben empfohlenen *Punta de Mar*, ca. 1 km zum Ortszentrum. Alle Einheiten Meerblick. Zugang zum Hotel vom obersten Stock nach unten wie bei *Bonanza Playa* in Illetes. Zwischen Felsküste und Gebäude befindet sich die Poolanlage, auch Indoor-Pool Die Suites wurden 2013 renoviert. Separate Schlafzimmer klein. Nur Erwachsene, nur all-inclusive.

PEGUERA mit Cala Fornells (⇨ ab Seite 190, Karten Seite 191 und 187)

Gesichtslose Bettenburgen sind in Peguera in der Minderheit. Wo hinter den Stränden der Pinienwald weichen musste, schaffen begrünte Poolanlagen, oft hübsch überwachsene Terrassen der Gastronomie und zahlreiche üppige Gärten einen angenehmen Ausgleich. Ein Sonderfall sind Apartments in der *Aldea* (Dorf) *Cala Fornells* und die drei allesamt bei allen Unterschieden empfehlenswerten Hotels über dem gleichnamigen Strand an der Westflanke der Bucht von Peguera.

Apartments

Ponent***, www.aptos-ponent.com: Ansprechendes, mittelgroßes Apartmenthaus hinter der *Platja Grande*. Geräumige Wohneinheiten mit großer Terrasse. Sonnengünstige Ausrichtung. Tagsüber rundherum viel Betrieb, aber ab spätem Nachmittag und nachts ruhig. Ideal mit Kindern, die gefahrlos allein zum Strand laufen können.

Aldea Cala Fornells**(✆ 686166, www.aldea2.com). Zur Anlage *Cala Fornells* wurde bereits einiges geschrieben, ⇨ Seite 195. Als Urlaubsdomizil eignen sich die Apartments *Cala Fornells* vor allem für Leute, die es nicht so sehr an den Strand zieht. Nicht gut mit Kindern. Die Wohnungen übertreffen den Standard nur architektonisch. Preiswert.

Los Tilos*** (✆ 002500, www.lostilos.net). Attraktive Anlage oberhalb des Zentrums. Räumlichkeiten, Garten- und Poolbereich sind ansprechend. Der ältere Komplex ist dem Haus II vorzuziehen. Zum Strand ist es von beiden relativ weit.

Treppe durch das »Dorf« Cala Fornells

Novo Mar*****; www.hotel-novo-mar.de: Typus »Beton« und etwas steril wirkend. Aber strandnah (100 m über die verkehrsberuhigte Hauptstraße) und helle Apartments mit (in Mehrheit) sehr großer Terrasse mit Poolblick. Halbpension; Frühstück abwählbar. Preiswert.

Hotels

Nilo******; www.grupotel.com: Gutbürgerliches Haus mit ebensolcher überwiegend deutscher Klientel. Ruhige, dennoch zentrale Lage, schöner Garten. Angenehme Aufenthaltsräume und Speisesaal. Gute Zimmer, davon aber ca. die Hälfte zur (nicht sehr belebten) Straße ausgerichtet. Empfehlenswert sind auch die **Apartments** im separaten Gebäude. Zum Ortsstrand *Playa Palmira* sind es 300 m.

Bahia******, www.hotelbahia.com: schönes Haus mit nur zwei Stockwerken an der verkehrsberuhigten Hauptstraße eingangs des Ortes. Hübscher Garten und Pool. Zur *Playa Grande* ca. 150 m. Gepflegte Atmosphäre, nostalgische Möblierung, insgesamt nur 55 (relativ kleine) Zimmer. Erwägenswerte Alternative zum Großhotel, aber teurer.

Coronado******, www.hotelcoronado.com. Dieser äußerlich unattraktive »Kasten« liegt ruhig am Straßenende hinter der hübschen Bucht von Fornells und hat »innere« Werte. Das **** Niveau erkennt man erst an der Rezeption. Die Zimmer sind groß und liegen alle zur Bucht hin, haben aber nur Morgensonne. Schöne Außenanlage und gutes P-/L-Verhältnis speziell bei EZ=DZ-Buchung. Vornehmlich ältere Gäste.

Cala Fornells******; www.calafornells.com. Die Lage des *Coronado* gilt auch für das benachbarte, kleinere Hotel *Cala Fornells*. Der Poolbereich liegt nicht so attraktiv zwischen unterem älteren Gebäudeteil und neuerem Anbau; die Zimmer sind überwiegend zur Bucht hin ausgerichtet. Rustikale, ansprechende Atmosphäre im Salon- und Barbereich. Ministrand gegenüber ein paar Schritte über die ruhige Straße.

Petit Cala Fornells****(*)** (© 685 405, www.petitcalafornells.com). Die Einfahrt aufs Hotelgelände oberhalb des Hotelkomplexes *Cala Fornells* ist tatsächlich eines Luxushotels würdig, aber die 24 Juniorsuiten – alle mit Meerblick – entsprechen eher Vier-Sterne-Standard, auch wenn man dank edler Renovierung jetzt einen Stern mehr hat. Preis-/Leistungs speziell in der NS o.k.

Vor Telefonnummern auf Mallorca (0034) 971 wählen

CAMP DE MAR (⇨ ab Seite 197, Karte Seite 199)

Bahia Camp de Mar***, www.bahiacampdemar.com: Von der erhöhten Lage etwas abseits der Bucht (unterhalb der Straße nach Port d'Andratx) fällt der Blick von allen Apartments übers Meer. Zum Strand geht's über Treppen vom Poolbereich aus, dann weiter auf der kurzen Promenade. Ganz ansprechender Bau, aber relativ kleine schlichte Apartments. Insgesamt aber preisentsprechende Anlage.

H10 Blue Mar Hotel***(*), www.hotelh10bluemar.com: Das vor ein paar Jahren hochrenovierte Haus (⇨ auf Seite 49) liegt zwar eher am unteren Ende der ****Skala, aber unmittelbar am Strand. Die – mit Ausnahme der Suiten eher kleinen Zimmer haben alle Meerblick. Wifi frei.

PORT D`ANDRATX (⇨ ab Seite 199, Karte Seite 199)

Port d'Andratx und Umgebung wird von Villen-, Wohnungs- und Yachtbesitzern dominiert. Für Pauschaltouristen gibt es dort keine große Auswahl. Sieht man ab von der Nobelresidenz *Villa Italia* ist das einzige Hotel direkt im Ort immer noch das **Brismar**, ein älteres 3-Stern-Haus. Daneben existiert eine Handvoll Pensionen in wenig erfreulicher Lage. Im Umfeld von Port d'Andratx finden sich neben teuren Ferienapartments und -fincas und die Anlagen **La Pergola****** und *Montport***** in der 2. bzw. 3. Reihe hinter dem Yachthafen, einen guten Kilometer vom eigentlichen Ort entfernt.

Die *Villa Italia****** mag für sich die hohen Zimmer-/Suitenpreise durchaus wert sein (www.hotelvillaitalia.com), indessen ist deren Umfeld nicht besonders exklusiv.

Das zweitbeste Hotel am Platze ist das ältere **Brismar*****, www.hotelbrismar.com/de), dessen größter Vorzug die Zentrumslage ist.

Das beste Angebot im Umfeld von Port d'Andratx ist die **Apartmentanlage La Pergola****** (✆ 671550, www.hotelpergolamallorca.com) in der 2. Linie hinter dem Yachthafen, die in den Jahren ihres Bestehens laufend modernisiert wurde. Tennisplatz, große Poolterrasse, Bar. Die Wohnungen und Bungalows/Villas verschiedener Größe kosten stark saisonabhängig. Wenn Port d'Andratx zu Normaltarifen, dann dort.

SANT ELM (⇨ ab Seite 204, Karte Seite 184)

Sant Elm fehlt in den Katalogen der meisten Veranstalter, es ist eher ein Ziel für Individualreisende, die ein Apartment mieten; Buchung der meisten davon u.a. über www.scuba-activa.de.

Universal Aparthotel Don Camilo***(*), www.universalhotels.es: Das Haus ging kürzlich in die Hände des Schweizer Reisekonzerns *Universal* über, kann aber individuell (ohne Flug) gebucht werden. Es bietet angenehmes Wohnen hinter dem Strand (30 m) im zentralen Bereich des Ortes. Geräumoge Wohnungen und große Terrassen, alle Sonne und Meer zugewandt. Der Pool trennt den Komplex von der Lokalstraße. Etwas störend im Blickfeld liegt das Hotel *Aquamarin*.

Apartmentkomplex Amores**(*) (✆ 239021, Buchung über www.scuba-activa.de). Alleinlage über dem Meer am westlichen Ortsende gegenüber der Insel Dragonera. Alle Apartments haben eine sonnige Terrasse mit Traumblick. Unterhalb kann man vor den Felsabsätzen schwimmen. Zwischen den zwei Gebäuden befinden sich ein kleiner Pool und ein Bistro. Interessante Alternative, aber weit ab vom Schuss.

Hotel- und Apartmentempfehlungen in Ferienorten

Hostal Dragonera* (✆ 239086, Buchung über www.scuba-activa.de). Einfaches beliebtes Haus mit unterschiedlichsten Zimmern direkt über der Küste gleich nördlich des Strandes.

ESTELLENCS und BANYALBUFAR (↳ ab Seite 216, Karte Seite 184)

Beide Orte eignen sich gut für zurückgezogene Ferien und gleichzeitig als Ausgangspunkte für Unternehmungen im südlichen Bereich der *Serra Tramuntana*.

Bei **Estellencs** gibt es eine rustikale Anlage für Privatbucher ca. 600 m nördlich des Ortes etwas oberhalb der Straße nach Banyalbufar:

Die ***Finca de S'Olivar****** (✆ 618593+629/266035, http://fincaolivar.org/de) besteht aus diversen Steinhäusern unterschiedlicher Größe. Nicht billig, aber man hat viel Platz fürs Geld.

Das ****Hotel Rurál Nord mitten im romantischen Kern von **Estellencs**, Plaza Triquet 4 (✆ 149006, www.hotelruralnord.com) hat acht Gästezimmer im alten Gemäuer und gemütliche Gemeinschaftsräume. Gehobenes Tarifniveau.

Das ***Hostal Rurál Ca'n Busquets* in **Banyalbufar**, Carrer Miramar 24, (✆ 618213, http://hostalcanbusquets.com) bietet sechs relativ einfache Zimmer am Ortsrand. Für den Standard nicht billig, aber o.k.

Bereich Zentrale Westküste (↳ ab Seite 219, Karte Seite 224)

Valldemossa (↳ ab Seite 219, Karte Seite 221)

Valldemossa ist ohne Zweifel eines der schönsten Städtchen Mallorcas. Man kann dort dank der im Folgenden genannten Quartiere auch Urlaubstage verbringen. Direkt im Ort gibt es nur noch das

Petit Hotel de Valldemossa***, Carrer Uetam (✆ 612479, www.espetithotel-valldemossa.com): Es befindet sich in der ruhigen Altstadt und hat ganz hübsche Zimmer, teilweise mit Terrasse. Für das gebotene Niveau ist es nicht ganz billig; im Winter 20% Rabatt.

Hotel Valldemossa

Zentrale Westküste

Hotel Valldemossa***** (© 612626, www.valldemossahotel.com): Echter Fünf-Stern-Standard auf einer eigenen Anhöhe mit Blick auf die Stadt (ca. 1 km vom Zentrum) und die Berge ringsum. Kulinarisch und auch von den Gegebenheiten her wunderbares Restaurant. Abgesehen von besonderen Angeboten gelten Tarife für bestens gefüllte Brieftaschen.

DEIA (↪ ab Seite 216, Karte Seite 224)

Wer Deià als Urlaubsquartier wählt, hat die Auswahl zwischen den Nobelherbergen *Es Moli* und *La Residencia* und der phänomenal gelegenen Edelfinca *Sa Pedrissa* (↪ Kapitel »Ausgewählte Quartiere …, Seite xxx), und kleineren, einfacheren Unterkünften, die auch nicht gerade billig sind. Etwas abseits in Lluc Alcari liegt etwas versteckt das kaum bekannte *****Hotel Costa d'Or*. In und um Deià findet man außerdem Apartments und Fincas zu astronomischen Mietraten.

La Residencia***** (© 639011; www.belmond.com/la-residencia-mallorca). Das exklusivere der beiden Nobelabsteigen in Deià liegt erhöht abseits der Straße gegenüber dem Ortshügel. Dezenter Luxus in den Zimmern, bester Service und häufige Anwesenheit von Prominenz garantieren seit Jahren gute Buchungszahlen. Das eigene Restaurant *El Olivo* mit Spitzenküche und das Café *Miró* sind attraktiv. Die Tarife liegen ab ca. €300 bis über €1000 für Suiten mit eigenem Pool.

Es Moli**** (© 639000, www.hotelesmoli.com/de). Dieses ebenfalls stilvolle Haus für zumindest gehobene Ansprüche liegt ein paar hundert Meter vom Ort entfernt über der Durchgangsstraße. Toller Garten um den Quellwasser gespeisten Pool herum und eigene Badebucht ein paar Kilometer weiter (Bens d'Avall) mit Gäste-Shuttle dorthin.

S'Hotel d'es Puig*** (© 639409; www.hoteldespuig.com). Auf dem Hügel mitten im Ort liegt dieses relativ einfache, aber komfortable Quartier mit Zimmern in der schlichten Eleganz des alten Deià. Schöne Terrasse, kleiner Pool. Wifi frei. Alles andere als billig, aber im Ausnahmeort Deià wohl letztlich nicht unangemessen.

Hostal Villa Verde*, Carrer Ramon Llull 19 (© 639037; www.hostal-villaverde.com). Das kleine Haus liegt am südlichen Rand des Ortskerns. Die Zimmer sind etwas schlichter als im *Hotel d'es Puig*. Seit kurzem alle mit eigenem Badezimmer. Das Ambiente ist familiär. Sehr gutes Preis-/Leistungsverhältnis für Deià.

Pension Miramar*, Carrer C'an Oliver (© 639084, www.pensionmiramar.com). Am Hang hoch über dem Dorf, ausgeschildert. Von der Terrasse und einigen Zimmern großartige Aussicht. Neben *Villa Verde* die zweite vergleichsweise preisgünstige Alternative in Deià.

Hotel Costa d'Or**** (© 639025, www.hoposa.es). Das kleine Hotel (41 Zimmer, nur Erwachsene) ist Teil des Minidorfes **Lluc Alcari**, etwa 3 km nördlich von Deià. Von der Straße Deià-Port de Sóller führt ein kurzer Privatweg zum umwerfend gelegenen, von der Straße kaum sichtbaren Hotelgebäude mit toller Restaurantterrasse und Pool mit Weitblick übers Meer. Auf einem 10-min-Pfad geht es hinunter zur Felsküste. Die meisten der Zimmer haben Balkon, teilweise mit Meerblick (kostet extra!). Es herrscht Ruhe, nicht einmal eine Kneipe existiert in Lluc Alcari. Für Ausflüge und Wanderungen liegt das Hotel günstig. Man benötigt aber Mobilität per Mietauto. Für viel Geld gibt es hier Hotelromantik und Landschaft nah bei Deià.

Hotel- und Apartmentempfehlungen in Ferienorten

Apartmenthotel El Encinar*** (✆ 612000, www.hotelencinar.com) auf halbem Wege nach Valldemossa unmittelbar an der Küstenstraße in Alleinlage hoch über der Küste. Großer Pool, Tennis- und Kinderspielplatz. Aussichtsterrassen, von denen der Blick weit übers Meer fällt. Nur 2-Zimmer-Apartments zu je 60 m² mit zwei Terrassen zu Straße/Wald hin und zur Meerseite. Oben aufgestockte Hotelzimmer (EZ=DZ) mit großer Terrasse zur Straßen- oder Meerseite. Busstopp vor der Tür. Für das Gebotene preisgünstig bis Geheimtipp (Apartments)!

Hotel El Encinar: Balkons zur nachts ruhigen Straße und ebenso zum Meer hin. Großer Pool links davon am Waldrand unterhalb der Straße

PORT DE SÓLLER und SÓLLER

Neben einfachen *Hostales*, drei *****Häusern und einem *Grand Hotel* in Sóller, vier Hotels in Fornalutx und einigen *Fincas* im Umfeld befinden sich die meisten Unterkünfte in Port de Sóller bzw. im Nachbarort D'enRepic. Die Mehrheit davon liegt auf **/***Niveau, »echte« vier Sterne trägt das neuere Hotel *Aimia*, andere wurden durch Renovierung dahin aufgewertet, ➪ Seite 49. Erst im 2012 eröffnete hoch über Port de Sóller das Luxushotel *Jumeirah* mit Tarifen ab €300.

Port de Soller (➪ ab Seite 236, Karte Seite 237)

Hotel Es Port**** (✆ 631650, www.hotelesport.com). Das *Es Port* hat sich aus einem ehemaligen Palast heraus entwickelt. Es liegt weit zurück und verfügt über ein Parkgelände mit Tennisplätzen und großer Poolanlage, Innenpool und Thalasso-/Wellnessangebot, teilweise für Gäste gratis. Der Komplex strahlt nostalgischen Charme aus, speziell Empfang und Barbereich. Die Zimmer sind von unterschiedlicher Qualität, je nach Gebäudeteil, teilweise nicht ganz vier Sterne. Teuer.

Hotel Citric** (✆ 631352, www.citrichotels.com). Dank Renovierung wurde der früher einzige Stern zu 2 Sternen. Das Hotel befindet sich am Ortsende von D'en Repic gegenüber dem Hafen von Sóller. Vor allem mit Zimmern zur Meerseite (buchbar gegen Aufpreis) ist man dort recht gut bedient, speziell was die Lage betrifft.

Hotel Aimia**** (✆ 631200, www.aimiahotel.com). Dieses moderne Hotel liegt hinter der ersten Häuserzeile ca. 100 m entfernt vom schmalen Port Sóller-Strand. Zum Hafen sind es ca. 300 m. Kennzeichen des *Aimia* sind die Glasfassaden mit hellen Zimmern und der Holzfußboden im Außenbereich und rund um den Pool. Die Zimmer sind klimatisiert und verfügen über prima Bäder. Das Gros der Räume gehört zum Typus »Komfortzimmer« mit 25 m² und großem Balkon. Im Untergeschoss befindet sich ein kleiner Wellness-Bereich mit Saunas, Whirlpool etc. Wifi frei.

Das kleine (43 Zimmer) Designhotel Aimia ist das einzige ****Haus in Port de Soller, das den vierten Stern orginär besitzt und nicht erst seit Hochrenovierung von vorher drei Sternen

Hotel Eden***; www.hoteledenmallorca.de: Durch eine Querstraße vom *Aimia* getrennt steht der Komplex des Hotel *Eden* an der Uferstraße von Port de Soller. Das Haus wurde renoviert und bietet ein sehr ordentliches Preis-/Leistungsverhältnis. Zimmer mehrheitlich mit Meerblick, hinten Blick auf Bäume, Berge und Parkhaus. Wifi frei.

Sentido Hotel Porto Sóller****; www.sentidohotels.de: In steilem Anstieg geht es vom Hafen ca. 300 m hinauf zum Hotelgelände hoch über der Bucht. Von Pool und Terrassen hat man dort einen tollen Blick. Das bei deutschen Gästen recht beliebte Haus wurde kürzlich auf vier Sterne hochrenoviert mit ansprechend modernisierten Zimmern. Leider nur wenige Zimmer mit vollem Meerblick. Mehrheitlich von den Balkonen nur seitlicher Blick über die Bucht. Gehobene Preise, aber Preis-/Leistungsverhältnis o.k. Lage bei Hitze im Sommer nicht so gut, daher Hochsaisontarife niedriger. Nur Erwachsene.

Soller (↪ ab Seite 231, Karten Seite 233 und 237)

Hotel L'Avenida**** (© 634075, www.avenida-hotel.com). 2007 stilvoll zum Hotel umgebaute Privatvilla von 1903 in der Gran Via von Sólller. Alle Zimmer bzw. Suiten sind unterschiedlich in Größe und Gestaltung, Virle Kunstwerke. Skype-Internettelefon und Wifi. Kleiner Garten mit Holzterrasse und Minipool. Bistro. Relativ teuer.

Can Isabel****, Carrer Isabel 13 (© 638097, www.canisabel.com). Hinter unscheinbarer Fassade versteckt sich in ziemlich zentraler Lage ein Boutique-Hotel mit nur sechs unterschiedlichen, gemütlich und komfortabel ausgestatteten Zimmern. Geheimtipp für Romantiker.

Hotel Ca'l Bisbe**** (© 631228, www.hotelcalbisbe.com). *Ca'l Bisbe* ist ein alter Stadtpalast mitten in Sólller ca. 800 m südlich der Plaza. Elemente des Hauses gehen bis aufs 13. Jahrhunder zurück. Die benachbarte Olivenpresserei wurde zum Restaurant des Hauses umgestaltet. Angenehmes, helles Ambiente. Hübscher Garten mit kleinem Pool und Nachmittagssonne. Das Hotel hat 25 Zimmer, darunter

Hotel- und Apartmentempfehlungen in Ferienorten

Helles, freundliches Zimmer über den Dächern von Sóller im Hotel C'al Bisbe

sechs Suiten, Heizung und Klima. Im Kellergewölbe befinden sich Sauna mit Jacuzzi und Fitnessbereich. Tarife o.k., etwas gehoben.

Salvia****, Carrer de la Palma 18 (✆ 634936, www.hotelsalvia.com). Kleines Edelhotel im traditionellen mallorquinischen Stil ca. 400 m östlich des Zentralbereichs. Konservativ eingerichtete Suiten unterschiedlicher Größe ohne eigenen Balkon. Schattige ud sonnige Außenterrassen. Hübscher Pool zwischen Gärten mit Blick auf die Serra Tramuntana. Hauseigenes Restaurant. Gehobenes Tarifniveau, nur *Bed & Breakfast*, akzeptables Preis-/Leistungsverhältnis. Wifi frei.

Fincaunterkünfte im Bereich Sóller:
Ca N'Ai, C`as Curial, ↪ Seiten 49 unten bis 51 in diesem Heft.

FORNALUTX (↪ ab Seite 242, Karte Seite 237)

Petit Hotel Fornalutx*** (✆ 631997, www.fornalutxpetithotel.com), Ein ehemaliges kleines Nonnenkloster im Stadthausverbund mit rückwärtigem Garten (Weitblick auf die umliegende Gebirgswelt) wurde zu einem Nostalgiehotel hochrenoviert. Tarife hoch.

Hotel Ca`n Reus*** (✆ 631174, www.canreushotel.com). *Can Reus* liegt unmittelbar neben dem ähnlichen *Petit Hotel* bei in etwa gleichem Nostalgiegrad. Etwas höhere Tarife als der Nachbar.

Nach Südwesten ausgerichteter Pool des Aparthotels Sa Tanqueta

Bucht von Pollença und Umfeld

Aparthotel Sa Tanqueta****, www.sa-tanqueta.com: Diese Anlage nur für Erwachsene liegt über dem westlichen Ortseingang von Fornalutx und bietet für Selbstversorger 14 südlich ausgerichtete Komfortapartments, eine gute Quartieralternative im preisgekrönten Bergdorf.

Die Bucht von Pollença und Umfeld (➪ Karte Seite 268)

POLLENCA (➪ ab Seite 262, Karte Seite 263)

Seit eh und je existiert in Pollença das Mittelklassehotel *Juma*, neuerdings erweitert um ein ähnliches Haus, das *L'Hostal*. Schon Ende des letzten Jahrhunderts kamen mit dem gemütlichen *La Posada de Lluc* und dem *Son Sant Jordi* zwei kleine Hotels der unteren ****Kategorie hinzu, beide eine erwägenswerte Wahl.

Hotel Juma*** (✆ 535002; www.pollensahotels.com): Historisches Haus am Marktplatz von Pollença. Im Untergeschoss befindet sich eine schöne alte Bar mit open-air Bereich. Die 7 Zimmer liegen im 1. und 2. Stock, teilweise mit Minibalkon. Die Zimmereinrichtung hat gehobenes Mittelklasseniveau mit nostalgischem Flair und Kunst an den Wänden. Moderate bis leicht gehobene Tarife.

L'Hostal***, Carrer Mercat 18, (✆ 535282; www.pollensahotels.com). Modern renoviertes altes mallorquinisches Haus und stilistisch frischerer Ableger des Hotels *Juma* ein paar Häuser von der Plaza entfernt. Tarife wie Hotel *Juma*.

Hotel La Posada de Lluc****, Carrer Roser Vell 11 (✆ 535220, www.posadalluc.com): Dieses kleine Stadthotel ist deutlich teurer als das *Juma*, aber komfortabler und besitzt einen Pool. Lage in ruhiger Straße etwa 300 m südöstlich des Zentrums.

Hotel Son Sant Jordi an der gleichnamigen Plaça; der Poolgarten liegt – von Mauern umgeben – hinter dem Gebäude

Hotel Son Sant Jordi****, Carrer Sant Jordi 29 (✆ 530389, www.hotelsonsantjordi.com). Mitten in Pollença verfügt dieses Stadthotel über einen hübschen grünen Garten mit kleinem Pool. Unterschiedlich große und eingerichtete rustikal-komfortable Zimmer. Tarife gehobenes Niveau, bis Mai/ab Oktober im noch akzeptablen Bereich. Nutzung zum Haus gehörender Fahrräder und Wifi frei.

CALA SANT VICENÇ (⇨ ab Seite 267, Karten Seiten 268+270)

Cala Sant Vicenç, der einzige Urlaubsort der Westküste direkt am Meer, hat einen hübschen, grünen Kern und an den *Calas Barques* und *Molins* einladende Strände. Ruhige Urlaubstage sind dort selbst in der Hochsaison garantiert.

Hostal Los Pinos ** (© 531210, www.hostal-lospinos.com). Das weiße Haus unweit der *Cala Molins* liegt etwas erhöht. Vom Poolbereich schaut man über die Bucht. Haus wäre auch für drei Sterne gut. Sauber und noch das »gute alte« Mallorca. Relativ preiswert.

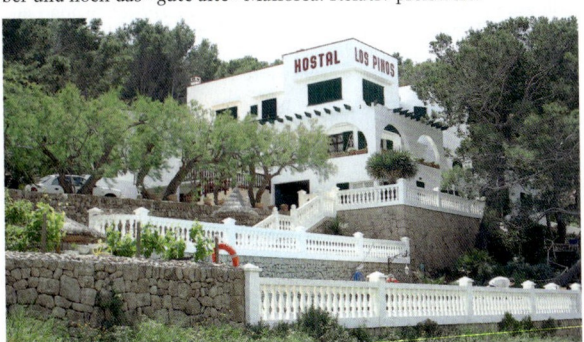

Hotel Molins**, www.grupotel.com: Das einzige Hotel direkt über dem Strand der *Cala Molins*, von ihr durch Straße getrennt. Hotelgäste nutzen eine eigene Sonnenterrasse zwischen Sand und Meer auf einem Felsabsatz. Angenehme Atmosphäre, komfortabel. Helle Zimmer und Junior Suiten zur Bucht hin. Sehr gutes Preis-/Leistungsverhältnis.

Hotel Cala Sant Vicenç**** (© 530250, www.hotelcala.com). Kleines, Hotel im höher gelegenen Ortsbereich, der über einen kurzen Treppenzug mit der *Cala Molins* verbunden ist. Hübscher Poolgarten und angenehme Räumlichkeiten im Bar- und Restaurantbereich. Mit einem Zusatzstern kürzlich aufgewertet. Preislich aber im Vier-Stern-Rahmen.

PORT DE POLLENÇA (⇨ ab Seite 270, Karte Seite 270)

Port de Pollença ist – in der ersten Reihe – einer der schönsten Küstenorte und speziell für Aktive eine empfehlenswerte Basis, vorausgesetzt, dass die richtige Unterkunft gebucht wurde. Wichtig zu wissen ist, dass in Port de Pollença britische plus (im Juli+August) spanische Urlauber die Mehrheit bilden.

Apartments/Fincas

In Port de Pollença fährt man bei individuellem Vorgehen nicht generell schlechter als mit Pauschalarrangement, wenn es nicht unbedingt in der erweiterten Sommersaison sein muss. Bis Mitte Mai und ab Oktober ist fast immer noch etwas in der 1. oder 2. Linie am Meer frei. Hier die Kontaktdaten für Ferienwohnungen am Fußgängerbereich Paseo Vora Mar und Colón: Vermittlung ***Marfran*** mit diversen Angeboten in der ersten Linie: © 867197; www.marfran.net.

Komplette Fincas und Apartments der gehobenen Kategorie in der Umgebung von Pollença und Port de Pollença vermittelt die Agentur **Villas de Pollensa**, ✆ 534160, www.villaspollensa.com.

Hotels

Illa d'Or**** (✆ 865100, www.hotelillador.com). Nostalgisches, schon vor Jahren auf vier Sterne hochrenoviertes Haus (➪ Seite 49). Unschlagbare Lage am Wasser und Ministrand am Ortsende zwischen *Carrer Colom* und der alten Straße nach Formentor. In Gesellschaftsräumen immer noch (gediegen) altmodisch, viele britische Gäste. Im Hauptgebäude nur relativ wenige Zimmer mit Balkon und Aussicht aufs Meer. Im Anbau vorm kleinen Pool moderne DZ mit Meerblick.

Front des Hotels Illa d'Or

Miramar**** (✆ 866400, www.hotel-miramar.net). An der Fußgängerpromenade im Zentrum gelegenes schönes älteres auf Vier-Stern-Niveau gebrachtes Haus (➪ Seite 49). Aber nur die Zimmer mit Balkon/Terrasse und Meerblick sind wirklich gut und gegen Aufpreis buchbar, was den Aufenthalt nicht ganz billig macht.

Uyal**** (✆ 865500, www.hoposa.es). Wie das *Miramar* ebenfalls ein älteres Haus mit nostalgischem Touch am Hauptstrand, aber davon durch die Straße Richtung Alcudia getrennt. Angenehmes Ambiente. Da viele Zimmer (auch mit Meerblick) relativ weit zurückliegen, kaum Lärmbelästigung. Neben dem auch tariflich ähnlichen *Miramar* eine Alternative für Gäste, die ein solches Haus modernem Beton vorziehen. Wifi frei.

Hotel Bahia*** (✆ 866127, www.hoposa.es). Renovierter Nostalgiebau (früher ein *Hostal*) am Passeig Vora Mar direkt am Strand mit Restaurantterrasse. Wifi frei. Zimmer ziemlich schlicht, dafür nicht eben günstig, aber die Lage! Wifi frei.

Hotel Villa Singala*** (© 865555, www.hotelvillasingala.com). Ebenfalls vom *Hostal* zum Drei-Stern-Haus hochgerüstete Anlage in zweiter Reihe zum Meer (50 m) hinter dem Carrer Colom (50 m). Wer keinen Meerblick braucht, kommt dort bei vergleichbarem, vielleicht sogar besserem Standard deutlich preiswerter unter als z.B. im *Bahia*.

Pollentia Club Resort***, www.clubpollentia.com: Großzügige Anlage mit prima Poollandschaft im Grünen in Alleinlage an der Bucht von Pollença: 2 km nach Alcúdia, 4 km nach Pollença. Flauer Strand an/jenseits Straße Pollença-Alcúdia, aber fassendes Sportangebot: Tennis, Squash, Segeln, Windsurfen etc. Zimmer z.T. an der Straße, daher sollte man dort unbedingt straßenferne Suiten/Apartments buchen, Nur dann empfehlenswert. Tarife bei Pauschalbuchung moderat.

Die Bucht von Alcúdia (↪ ab Seite 284, Karten Seite 284+286)

ALCÚDIA STADT (↪ ab Seite 281, Karte Seite 281)

Die Altstadt von Alcúdia liegt etwa 2 km von Strand und Meer entfernt und liegt damit – außer an Markttagen – schon weit abseits des Massentourismus. Hotelgäste genießen dort eine für die Ortsgröße auf Mallorca erstaunlich attraktive Infrastruktur mit Läden, Restaurants und Cafés, die abends nicht nur voller Touristen sind.

Petit Hotel Can Tem****, www.hotelcantem.com/deutsch: Das Hotel *Can Tem*, ein restauriertes altes Herrenhaus mit nur sechs Zimmern, befindet sich in ruhiger Lage am Rande der Fußgängerzone innerhalb der Stadtmauer von Alcúdia. Begrünter Innenhof. Die Zimmer sind alle unterschiedlicher Größe und rustikal-modern bis nostalgisch mit altmallorquinischen Betten ausgestattet. Die Gäste sind hier weitgehend auf sich gestellt und können das ganze Haus nutzen mit einem schönen Aufenthaltsraum und einer Art Wohnküche. Wifi frei.

Cas Ferrer Nou Hotelet****, www.nouhotelet.com/aleman.html: Mitten in der Altstadt an der Carrer Pou Nou unweit des Osttors steht ein kleines modern-alternativ schickes Boutique-Hotel mit ebenfalls nur sechs Zimmern, hinter dessen schmaler Fassade man kaum eine Gastronomie vermuten würde. Lounge, Bar, Innenhof und Sonnen-Dachterrasse, auf der man auch schon mal unter freiem Himmel übernachten kann. Wifi frei. Gehobenes Tarifniveau.

Bucht von Alcúdia

PORT D`ALCÚDIA mit LAS GAVIOTAS (↪ ab Seite 284, Karte Seite 286)

Von einigen Unterkünften auf der Halbinsel La Victoria (Malpas/Aucanada) und Alcúdia Stadt abgesehen, befinden sich die meisten unter Alcúdia gelisteten Hotel- und Apartmentkomplexe zwischen dem östlichen Ortsrand von Port d`Alcúdia und Ciudad Blanca. Dort passiert man über Kilometer beidseitig der breiten und stark befahrenen Straße nach Can Picafort/Artá eine ausschließlich auf den Tourismus ausgerichtete Infrastruktur.

Apartments

Ciudad Blanca****, www.iberostar.com: noch in Ortsnähe Port d`Alcúdia (1500 m). Diese schöne **all-inclusive-Anlage** mit großem Poolpark direkt am Strand verfügt nur über der Straße abgewandte Apartments (überwiegend) mit Meerblick. Läden etc. liegen in der Nähe. Sehr gut für Ferien mit Kindern.

Allsun Eden Alcúdia****, www.allsun-hotels.de: Dieser Komplex liegt etwas weiter entfernt vom Ort Port d'Alcúdia als *Ciudad Blanca*. Poolanlage und Strandlage sind ähnlich. Das Hotel hat überwiegend Zimmer (z.T. recht ungünstige Lage zur Straße hin), aber ca. 50 ansprechende Apartments. Ebenfalls All-inclusive in Buffetform.

Playa Esperanza**** und *Esperanza Park****, www.esperanzahoteles.com. Älteres Apartmenthaus und -anlage am dort sehr breiten Strand von Las Gaviotas in einem weitläufigen Komplex mit dem *Hotel Playa Esperanza*. Hochhaus äußerlich weniger ansprechend, aber alle Apartments mit Garten- und Meerblick. Durch zurückgesetzte Lage und die Architektur von Straßenlärm nicht belästigt. Die neue Anlage *Esperanza Park* ist nicht so hoch und moderner, aber ein Teil der Wohnungen liegt zur lauten Straße hin.

Natura Playa****, www.grupotel.com: Schöne mittelgroße Anlage unittelbar am Strand auf Höhe der Einfahrt zum *Albufera* Nationalpark (Canal Siurana) zwischen zwei *****Hotels. Geräumige, wiewohl relativ schlichte Apartments, große Terrassen/Balkons, dabei fast alle mit Meerblick, gute Pools. Vor allem nicht so eng wie manche Anlage an der Playa de Muro etwas weiter östlich. Ideal mit Kindern. Aber Fahrzeug, zumindest Fahrrad notwendig, da ziemlich weit ab von allem.

Dachterrasse mit Bett für Nächte unter freiem Himmel im Boutique Hotel Cas Ferrer Nou

Hotel- und Apartmentempfehlungen in Ferienorten

Botel Alcudiamar/ Park-/Strandseite

Hotels

Botel Alcudiamar*******, www.botelalcudiamar.es: Der kleine Komplex mit einem besonders attraktiven zum Meer hin offenen Pool- und Palmengarten (⇨ Foto Seite 111 im Buch) liegt exponiert am Ende der Yachthafenmole von Port d'Alcúdia gegenüber dem von hier bis Can Picafort laufenden Strandes. Kürzeste Distanz zu Restaurants und Kneipen der Hafenmole. Nachteil sind ggf. die generell nicht besonders großen Zimmer, davon viele ohne Ausblick. Dennoch gutes Preis-/Leistungsverhältnis für das Gebotene.

Vanity Hotel Golf*******, www.hotelsviva.com und www.vanityhotels.com: Nicht hochrenovierte, sondern von Anfang an als Vier-Stern-Hotel konzipiertes Haus. Und das merkt man. Prima Lage und Anlage am Strand unweit der Marina und damit des Zentralbereichs von Port d'Alcudia. Ambiente der Gastronomie erfreulich. Zimmer mit Meerblick buchbar. Beste Hotelwahl am Strand der Bucht von Alcúdia. Wifi frei. Nur Erwachsene.

Condesa de la Bahia*******, www.marhotels.com: Auf vier Sterne gebrachtes (⇨ Seite 49) ordentliches Mittelklassehotel in Strandlage im Mittelabschnitt von Las Gaviotas. Große Poolanlage, Kinderspielplatz, helle, aber erst ab Größe »Quadruple« geräumige Zimmer, die meisten mit Meerblick, allerdings z.T. seitlich. Wifi frei.

Playa Esperanza*******, www.esperanzahoteles.com: Das Hotel im Gesamtkomplex der Anlage *Playa Esperanza* am Ende von Las Gaviotas auf etwa halbem Weg zwischen Port d'Alcúdia und Can Picafort, ⇨ auch unter »Apartments«. Nach *Vanity Golf*, *Parc Natural* und ggf. *Botel* ebenfalls eine überdurchschnittlich gute Hoteloption im Alcúdia-Bereich! Ein schöner in den hier breiten Strand übergehender Garten mit Pool und Tennisplätzen gehört zum Hotel. Zimmer auf Meerseite buchbar und möglichst realisieren, denn viele Zimmer liegen zur stark befahrenen Straße Alcúdia-Can Picafort hin.

Parc Natural********, www.grupotelparcnatural.com: Dieser neuere fünf-Sterne-Komplex liegt unweit der Anlage *Playa Esperanza* in den Dünen hinter Las Gaviotas an Strand und Canal Siurana gegenüber dem Nationalpark *Albufera*. Schöne, große Zimmer, aufwändige Halle mit Bar und Lounge. Leider sitzt der Nachbar *Natura Playa* dem Poolgarten ein bisschen dicht »auf der Pelle«. An der Nordküste nach dem *Vanity Golf Hotel* bei saisonal günstigerem Tarif zweitbeste Wahl. Fahrzeug, zumindest Fahrradmiete notwendig, da Lage ziemlich weit ab von allem.

Hotel Mal Pas*** (© 545143, www.prinsotel.es/hotel-sheet/25). Mehrere kleine Gebäude und ein Haupthaus gruppieren sich um einen Pool in grüner Villen-Umgebung in der Nähe des Yachthafens *El Crocodilo*. Die Zimmer entsprechen einem guten Standard. Ca. 2 km bis Alcúdia. Zu zwei kleinen Stränden sind es wenige hundert Meter. Nicht nur für Pauschaltouristen relativ preisgünstig. Wegen der abseitigen Lage benötigt man dort aber unbedingt ein Fahrzeug. Die Umgebung ist für Radtouren sehr gut geeignet. Wifi frei.

C'AN PICAFORT und Son Baulo (↷ ab Seite 292, Karte Seite 293)

Die Quartier in Can Picafort – überwiegend ***Kategorie (darüber existieren nur wenige aufgewertete Häuser, ↷ Seite 49, und das erste Haus am Platze, das *Gran Vista*) – liegen mehrheitlich rückwärtig, aber strandnah und diesseits der dort weiter landeinwärts verlaufenden Verkehrsachse Alcúdia-Artá. Am nördlichen Ende der Promenade stehen Apartmentanlagen direkt am Strand. In Son Baulo gibt es nur ein einziges, hier nicht empfohlenes, überwiegend britisch besetztes Hotel direkt am Strand.

Apartments

Dunamar***, www.grupotel.com: Das Haus liegt direkt am Strand an der auslaufenden Promenade von Can Picafort. Angemessen ausgestattete 2-3 Zimmer-Apartments. Mit Kindern eine gute Wahl. Der Poolgarten ist klein, aber ganz hübsch. Mit Frühstück und Halbpension buchbar.

Picafort Beach***, www.grupotel.com: Dieses All-inclusive-Aparthotel liegt gleich neben dem *Dunamar*, ist aber größer und äußerlich weniger ansprechend. Studios und 2-Zi-Apartments. Pool auf einer gefliesten Betonebene im 1. Stock.

Es Baulo Petit**** (früher »Baulo Pins«), www.esbaulo.com: Dieses kleine Haus liegt am Pinienwald hinter dem zentralen Ort Son Baulo. Dezent, geschmackvoll, ruhig. Zum Strand und ins Zentrum von Son Baulo sind es mehrere hundert Meter. Nur mit Halbpension buchbar.

Aldea Gran Vista****, www.grupotel.com: Das beste Hotel von Can Picafort liegt einige hundert Meter vom Meer entfernt noch hinter der Durchgangsstraße auf einer Anhöhe. Das Aparthotel *Aldea Gran Vista* seht im selben Park wie das Haupthaus ↷ die Details unter **Hotel Gran Vista** unten.

Hotel- und Apartmentkomplex Playa Esperanza am hier frisch für die bevorstehende Saison aufbereiteten breiten Strand

Hotel- und Apartmentempfehlungen in Ferienorten

Hotels

Santa Fe***, www.grupotel.com: Dieses relativ schlichte Hotel steht Nachbarschaft zu den Aparthotels *Dunamar* und *Picafort Beach*. Wenn es hier ein Hotel mit direkter Strand- und zugleich Ortslage sein soll, dann dieses zu noch relativ moderatem Tarif.

Gran Vista & Spa****, www.grupotel.com: Das erste Haus des Orts (Lage unter Aldea ...« verfügt über eine sehr große Gartenanlage mit Pool, Tennis- und Kinderspielplatz sowie einen schönen Spabereich. Von fast allen Zimmern gute Aussicht, von den meisten dank der erhöhten Lage auch aufs Meer. Das gilt speziell auch für die Penthousebar und -terrasse. Besonders gut und modern gestaltet wurden die sog. Premiumzimmer. Wifi frei in Poolgarten.

Exagon Park & Spa****, www.exagonpark.com: Dieses großzügige und in seinen Einrichtungen angenehme Haus liegt in einem weiträumigen Park unverbaubar im Grünen etwa 500 m vom Strand von Son Baulo entfernt. Komfortable Zimmer zu moderaten Tarifen. Verplegung von FRühstück über Halbpension bis all-inclusive.

COLONIA DE SANT PERE (↪ ab Seite 296, Karte Seite 297)

Wer Ruhe abseits des Getriebes sucht, findet mit Colonia de Sant Père den letzten vom Pauschaltourismus nicht beschickten Küstenort.

Das ***Hotel Solimar****** (✆ 589347, www.hotel solimar.eu) liegt 2 km westlich des Ortes in einer Villenurbanisation und verfügt über sechs Zimmer im Haupthaus und über ein separates Gebäude mit Apartments unterschiedlicher Größe für 2-4 Personen. Hübscher Garten, gutes Restaurant (auch externe Gäste) und ein Riesenpool. Preiswert.

Hotel & Apartments Solimar bei Colonia de Sant Père

Der Nordosten (↪ ab Seite 297, Karte Seite 297)

ARTÁ (↪ ab Seite 297, Karte Seite 299)

Artá verfügt über eine Handvoll kleiner, nicht ganz billiger Boutique Hotels, außerdem in der Nähe das bereits im Buch wegen seiner Restaurantterrasse hoch über der Cala Torta erwähnte *Sa Duaia*:

Der Nordosten

Hotel Sant Salvador

Sant Salvador****, http://santsalvador.com: Dieses Hotel an der Auffahrt zum Santuari de Sant Salvador und zugleich an der Straße Richtung Ermita de Betlem ist der Geheimtipp für das Außergewöhnliche. Acht große Suiten, alle unterschiedlich von schlicht bis kunstvoll mit großflächigen Gemälden. Absolut einmalig in dieser Art. Zwei stilvolle Gourmet Restaurants, Bar, kleiner Poolgarten. Gehobenes Preisniveau, für das Gebotene tolles Preis-/Leistungsverhältnis. Wifi frei.

Sa Duaia (ohne offizielle Sternkategorie, da Haus des *Agroturismo*; aber vergleichbar drei Sternen, ✆ 958 890, http://de.saduaia.com). Auf seine Art ist das burgartige Gemäuer der einstigen *Finca Sa Duaia* ebenso einmalig wie das *Sant Salvador*, dabei jedoch eher am unteren Ende der Kostenskala angesiedelt. Der Komplex *Sa Duaia* liegt hoch über der Cala Torta (➪ Seite 300), etwa 9 km von Artá entfernt, in absoluter Alleinlage mit Weitblick aus einigen Zimmern und der Restaurantterrasse über Berge und Meer. Zimmer rustikal schlicht, aber völlig o.k. relativ zu den moderaten Tarifen und der Lage des Hauses. Hübsch angelegter Poolgarten, Restaurant mit mallorquinischer Küche. Wifi frei.

Casal d'Artá***, www.casaldarta.de: Typisch mallorquinisches Stadthaus mitten in Artá an der kleinen zentralen Plaza. Gästezimmer wie sie früher 'mal waren mit großenteils nostalgischem Mobiliar. Gemütlicher Aufenthaltsbereich, Restaurant und schöne Dachterrasse. Wifi frei. Touren mit Oldtimern des Eigentümers buchbar. Tarife mittel.

CALA MESQUIDA (➪ ab Seite 302, Karte Seite 297)

Cala Mesquida wird dominiert vom riesigen Viva Hotel-Komplex mit dem *********Viva Cala Mesquida Park, Resort* und *Club* sowie dem ebenfalls zum Viva-Konzern gehörigen *Adults only Hotel*

Vanity Hotel Suite* & *Spa****, www.hotelsviva.com und www.vanityhotels.com: Das erste Hotel des Viva Komplexes bei Einfahrt in die Urbanisation Cala Mesquida über der gleichnamigen, von Dünen, Wald und Felsen gesäumten Strandbucht. Sehr schöne Park- und Poolanlage mit guter Gastronomie. Alle Suiten sind hochwertig eingerichtet, Preisunterschiede ergeben sich u.a. aus der Lage. Gehobene Tarife bei sehr gutem Preis-/Leistungsverhältnis.

Hotel- und Apartmentempfehlungen in Ferienorten

CALA RAJADA mit Cala Guya (Agulla) (↪ ab Seite 304, Karte Seite 305)

Fast alle Unterkünfte in und um Cala Rajada (Cala Mesquida und Canyamel) sind im Internet ausführlich in den Portalen www.firstsunmallorca.com zu finden.

Apartments

Lliteras***, ↪ unter Hotels unten

Parque Nereida***, www.bellaplaya.com. Die Anlage gehört administrativ zum Hotel *Bella Playa*, liegt aber oberhalb des Cala Lliteras an der Promenade zur Cala Agulla (ca. 600 m). Zum Meer hin offene Anlage mit Studios und bis zu 70m^2-Apartments. Mittleres Preisniveau

La Perla Negra*, kein eigener Webauftritt, aber z.B. de.hotels.com/ho399146/apartaments-la-perla-negra-cala-ratjada-spanien: Es handelt sich hier um eine einfache Durchschnittsanlage an der Hauptstraße von Cala Rajada zur Cala Agulla (im Kreuzungsbereich zurückliegend, zum Strand ca. 500 m). Studios und Apartments mit 2 Bädern für bis zu 4 Personen verfügen über Terrassen/Balkons. Tarife günstig.

Flacalco Park*** (✆ 563558, www.flacalco.com). Nicht verwechseln mit *Hotel Flacalco*. Kleine Anlage mit Poolterrasse & Tennisplatz. Ruhig in Waldnähe, nur 200 m zum Zentrum, zur Cala Agulla 800 m. Geräumige relativ komfortable Apartments mit Balkons. Moderat gepreist auch bei Individualbuchung (nur inkl. Halbpension buchbar).

El Paraiso*** (✆ 563899, www.paraiso-calaratjada.com). 28 Bungalows und eine Reihe von Apartments in einem hübschen grünen Park mit Pool unauffällig »versteckt« an der Straße zur *Cala Agulla* (400 m). Einrichtung schlicht und zweckmäßig. Preiswert.

Hotels, mittlere und gehobene Kategorie

S'Entrador Playa****, www.serranohotels.com/hotelsentradorplaya: Einziges »echtes«, d.h. seit eh und je Vier-Sterne-Hotel (neuerdings sogar fünf) ganz nah der *Cala Agulla*. Fast alle Zimmer haben entweder Meer- oder zumindest Poolgartenblick, eine ganze Reihe auch hinüber zur *Cala Agulla* (buchbar). Zimmer modernisiert. Jede Menge Tennisplätze, schöner Spabereich und Bikekeller. Empfehlung überwiegend wegen der Lage. In Nebensaison preislich relativ günstig.

Cala Lliteras****, www.hotel-cala-lliteras.de: Freistehendes auf vier Sterne hochrenoviertes Hotel (↪ Seite 49) mit großem Pool über der gleichnamigen Bucht mit Tauchschule. Relativ weit zum Ort, 700 m auf Promenade zur *Cala Agulla*. Zimmer+Tarife eher ***Niveau.

Mar Azul****, www.serranohotels.com/hotelmarazul: zwischen Meerespromenda und Straße zur *Cala Agulla* gelegen (200 m). Von der Poolterrasse Meerblick. Normalzimmer blieben auch nach Hochrenovierung (↪ Seite 49) schmal, hier besser Superior und Meerseite buchen.

Bella Playa****, www.bellaplaya.com: Das Hotel liegt gegenüber dem Hotel *Mar Azul* und hat als Nachbarn über die Nebenstraße das *S'Entrador Playa*. Es verfügt über einen nicht sehr großen schattigen Poolgarten und einen eindrucksvollen Spabereich. Gute moderne Zimmer ohne besondere Ausbblicke von den Balkons/Terrassen. Viele deutsche Stammgäste belegen dies Hotel mit über Jahre gehaltener gehobener Mittelklassequalität. Preislich im Rahmen der Kategorie. Wifi frei.

Cala Gat***(*), www.hotelcalagat.com/de: Dieses Hotel oberhalb der gleichnamigen kleinen Sandbucht hat ähnlich wie das *Bella Playa* eine deutsche Stammklientel. Im Pinienwald in Alleinlage liegt es zugleich unschlagbar ruhig nur etwa ca. 600 Promenadenmeter entfernt vom Hafen. Die Zimmer entsprechen Mittelklasseniveau, alle haben Balkon, aber die bessere Pool- und Buchtseite ist nicht explizit buchbar. Wohl dank der Beliebtheit zog das Preisniveau ziemlich an.

Na Forana Playa ***(*), www.hotelnaforana.com: Am – durch Aufspülung – erweiterten Strand von *Son Moll* ersetzte dieses Haus das frühere *Hostal Gili*. Es ist insgesamt eher modern-schlicht ausgestattet, erfüllt aber offenbar den offiziellen Vier-Stern-Standard. Buchungen mit Frühstück und all-inclusive möglich. Unter Berücksichtigung der relativ moderaten Tarife und der Lage empfehlenswert.

Son Moll Hotel & Spa****, www.hotel-sonmoll.de: Hochhaus direkt am Strand, faktisch ein Neubau nach Teileinsturz während Komplettrenovierung. Fast alle Zimmer im minimalistischen, aber schicken Modern Design haben vollen oder seitlichen Meerblick. Verglaster Speisesaal zum Wasser hin. Vom Spapool Blick übers Meer. Was ganz Besonderes für alle, die's mögen, hat aber seinen Preis.

Aguait****, www.grupotel.com: Populäres Hotel der immer schon gehobenen Klasse bei Leuten, denen die Alleinlage rund 1 km südlich Son Moll an der Küstenstraße nach Font de Sa Cala gefällt. Poolterrasse über der Felsküste, Mini-Strand neben dem Haus. Tennisclub am Pinienwald 200 m entfernt. Über die Hälfte der Zimmer mit Meerblick (buchbar), die meisten anderen zum Wald hin. Guter Ausgangspunkt für Spaziergänge und Radfahrten. Mit Kindern nicht so gut. Nicht billig, aber ordentliches Preis-/Leistungsverhältnis.

Lago Garden & Spa*****, www.lagogarden.com/de: Eines der wenigen neueren Hotels dieser Kategorie die überzeugen. Das *Lago Garden* besteht aus mehreren Gebäuden in einem wunderbaren Park mit altem Baumbestand und Pools. Es liegt ein paar hundert Meter hinter der Bucht von Son Moll und ca. 500 vom Zentrum entfernt. Sehr große schöne Zimmer und Suiten. Wellnesseinrichtung, Spa Center und Tennisplätze. Wer nicht unbedingt am Wasser logieren möchte, findet im *Lago Garden* das zur Zeit beste Haus in Cala Rajada. Die Tarife für normale Doppelzimmer und Junior Suiten liegen nicht höher als in mancher Vier-Stern-Unterkunft.

Hotels untere bis knapp mittlere Kategorie

Baviera***, www.hotelbaviera-mallorca.com: Das jüngst im Innenleben mit drei Sterne renovierte Hotel liegt im Zentrum des Ortes an der Hauptstraße, von der es durch einen dicht baumbestandenen Biergarten getrennt ist. Pool auf erhöhter Terrasse über der Straße. Jetzt gute Mittelklasse, in den Superior Zimmern im Modern Design Look (etwas teurer). Zu empfehlen für Leute, die *High Life* machen und nach der Disco nicht mehr weit laufen wollen. Relativ preiswert.

Wer vor allem auf den Tarif und ggf. zentrale Lage für abendliches Highlife schaut, kann mit folgenden Häusern wenig verkehrt machen:

Hostal Port Corona**: www.hotel-port-corona.de
Hotel Bellavista & Spa**: www.bellavistamallorca.com

Hotel- und Apartmentempfehlungen in Ferienorten

FONT DE SA CALA (↪ ab Seite 309, Karte Seite 297)

Font de Sa Cala ist eine reine Villen- und Hotelsiedlung, die mit sportlichem Rundumangebot ihrer Clubanlagen vor allem junge Gäste und Familien mit Kindern anzieht. Wenn überhaupt Urlaub dort, dann unbedingt direkt am Strand. Empfehlenswert ist unter diesem Aspekt in erster Linie das Hotel

Pinos Park**** www.iberostar.com: Dessen Gebäudeensemble öffnet sich u-förmig zum Strand hin. Von den meisten angenehm möblierten Zimmern – davon die meisten sog. Familienzimmer mit Extra-Schlafraum – schaut man auf Garten und Poolbereich, einige Terrassen liegen zum Meer und Pinienwald hin. Detaillierte Zimmerdifferenzierung und Preisgestaltung für alle Verpflegungsarten. Die Gemeinschaftsanlagen sind funktionell, aber o.k. Besonders gut für Familien mit Kleinkindern.

Aparthotel Pinos Park in Font de Sa Cala

PLATJA DE CANYAMEL (↪ ab Seite 310, Karte Seite 297)

Ferien an der *Costa de Canyamel* sollte deshalb nur ins Auge fassen, wer den Ruhegrad dort und die etwas abseitige Lage verschmerzen kann. Zwei klotzige Hotelhochhäuser, das neue *Melbeach Hotel* und der nostalgische *Cap Vermell Beach Hotel* stehen am bzw. über dem Strand, weitere mittelgroße Hotels und eine Reihe von Apartmentkomplexen im zentralen Bereich des Ortes maximal 200 m entfernt. Da es im Ort kaum Verkehr gibt und nur kurze Wege, gehört Canyamel zu den kinderfreundlichsten Zielen der Insel.

Castell Royal****, www.universal.es/de: Hoher Hotelbau in Schweizer Hand direkt am Strand, weit überwiegend Zimmer mit Balkon zum Meer hin. Große Superior Zimmer buchbar. Schöne Garten-/Poolanlage. Gutes Preis-/Leistungsverhältnis

Melbeach****, http://hotelmelbeach.com: Geich am Strand am Ortseingang befindet sich in optimaler Lage dieses komplett neu gebaute Designhotel als Nachfolger des früheren *Caballito al Mar*. Komfortabel und edel eingerichtet, alle Einheiten mit verglastem Balkon zum Meer. Holzterrassen am kleinen Pool und in der Chill-Zone. Auf Anhieb seit Eröffnung früh ausgebucht trotz hoher Tarife. Tipp für alle, die sich daran nicht stören. Nur Erwachsene.

Der Nordosten

Cap Vermell Beach Hotel Vintage 1934*** (© 84 11 57, www.grupo capvermell.com). Dieses nostalgische Haus mit zwölf modernisierten Zimmern, Kunstwerken an den Zimmern und überall und wunderbaren Restaurantterrassen einige Meter über dem Strand von Canyamel ist etwas für Individualisten. Infrastruktur und Tenniscenter in Fußgängerentfernung; Golfplatz Canyamel liegt »um die Ecke«, Naturschutzgebiet gegenüber.

Platja de Canyamel mit Hotel Castell Royal im Hintergrund

COSTA DE PINS (↪ ab Seite 312, Karte, Seite 297+316)

Bereits im Buch wurde auf das *Eurotel* in Alleinlage an der Costa de Pins besonders hingewiesen, unten die technischen Details dazu. Ca. 3 km landeinwärts befindet sich eine nicht nur für Golfspieler erwägenswerte Unterkunft, das

Golfhotel (Petit Hotel) Cases de Pula****, www.pulagolf.com: Der kleine Hotelkomplex befindet sich in unmittelbarer Nachbarschaft zum Restaurant des gleichnamigen Golfplatz. Das im Finca-Stil gebaute, gediegen-rustikal ausgestattete Haus hat einen kleinen Pool im Innenhof und bietet seinen Gästen die Spabenutzung des Nachbarhotels *Pula Suites*. Nur Suiten, jede ist anders. Golfspieler finden besonders günstige Wochen-/Mehrtagestarife inklusive *Green Fees*.

Eurotel Punta Rotja****, www.eurotelmallorca.com: Im Villenviertel an der Nordflanke der Bucht von Cala Millor steht dieses seit eh und je Vier-Sterne-Hotel, das die meisten neueren Häuser dieser Kategorie qualitativ unter vielen Aspekten übertrifft. Quasi eigener Ministrand unterhalb des Hotelparks, Badefelsen und klares Wasser. Tennisplätze beim Hotel. Golf ganz nah. Spa, Wellness und Thalassotherapie. Angenehm große Zimmer und Terrassen, von denen man Meer und/oder Wald überblickt. Tolle Pool- und Gartenanlage. Außer in der absoluten Hochsaison für das Gebotene tariflich sehr o.k. Mit kleinen Kindern weniger geeignet. Nur noch mit Halbpension buchbar. Wifi frei.

Hotel- und Apartmentempfehlungen in Ferienorten

Am Überlaufpool des Eurotel

CALA MILLOR mit Cala Bona (↪ ab Seite 312, Karten Seite 297+316)

Die zusammengewachsenen Bereiche Cala Millor und Cala Bona bilden die größte Hotelkonzentration der Ostküste, die sich obendrein mittlerweile fast nahtlos über Sa Coma bis S'Illot fortsetzt. In Anbetracht der kilometerlangen mit zahlreichen Hotels besetzten Strandpromenade muss man andere als Häuser in dieser ersten von Straßenverkehr weitgehend unbehelligten Reihe zunächst nicht erwägen. Vorzuziehen ist auch Cala Millor selbst. Cala Bona ist britisch und skandinavisch dominiert und hat nur wenige Quartiere in unmittelbarer Strandlage (dort wurde Sand auf die flachen Uferfelsen gespült).

Aparthotel Mercedes***, www.hipotels.com: Schöne Anlage an der Grenze zwischen dem zentralen Cala Millor und der Hotelzeile am südlichen Ortsende (dort keine sonstige Infrastruktur an der Promenade zwischen Strand und Hotelgärten). Alle Einheiten mit Meer- und Weitblick, relativ große Balkons. Guter Poolbereich. Ruhig und gleichzeitig nicht weit zur Einkaufs- und Restaurantzone.

Pool und Apartmentanlage Mercedes (im Vordergrund). Auffällig sind hier die großen Terrassen

Playa de Moro********, www.sentidoplayadelmoro.com. Gutes Hotel seiner Klasse an der Promenade, wiewohl erst vor einigen Jahren auf vier Sterne gebracht und Hochhausfassade. Ordentliche Standardzimmer überwiegend mit frontalem Meerblick vom Balkon (buchbar), teilweise auch »seitlicher« Meerblick.

Ähnlich das vom identischen Konzern betriebene Hochhaushotel ***Castell de Mar*** **** (www.sentidohotelcastelldemar.com) ganz in der Nähe des *Playa de Moro* ebenfalls an der Promenade. Zimmer größer und etwas moderner ausgestattet. Außerdem Suiten verfügbar.

Don Juan*******, www.hipotels.com: Hochhaus der Mittelklasse an der Promenade. Relativ schlichte Zimmer, mehrheitlich zum Meer hin (buchbar). Nur Halbpension oder all-inclusive. Wifi frei.

SA COMA (➪ ab Seite 320, Karte Seite 297+316)

Bis auf den nördlichen Zipfel ist die Küstenlinie hinter dem Sa Coma Strand über sein südliches Ende hinaus vor allem durch Apartmenthotels und deren Poolgärten besetzt. Wer sich für Sa Coma erwärmt, sollte wie in Cala Millor auf die Lage an der Uferpromenade achten. Die rückwärtigen Quartiere sind dort für eine Urlaubsreise auf eine Mittelmeerinsel keine gute Alternative.

Sa Coma Platja********, www.thbhotels.com: Apartmentkomplex am Nordende des Strandes von Sa Coma gleich hinter der Promenade. Von der Mehrheit der Balkons bzw. Terrassen schaut man auf Poolanlage und Meer. Die Einrichtung ist für die Kategorie insgesamt eher schlicht, aber die Tarife sind recht moderat. Nur ein Apartmenttyp mit jeweils einem Schlafraum. Alle Verpflegungsalternativen von Nur-Übernachtung bis all-inclusive; vor allem mit Kindern geeignet. Wifi frei.

Hotel Mediterráneo in Sa Coma. Zwar klotzig aber architektonisch besser als viele Konkurrenzhäuser. Von Anfang an vier Sterne (ersichtlich)

Hotel Mediterráneo********, www.hipotels.com: Gehobener Standard bei gelungener Innenarchitektur in lichtem Betonlook mit viel Grün auch drinnen. Großzügiger Poolgarten direkt hinter Promenade und südlichem Strandbereich. Gehoben ausgestattete Zimmer mit Meerblick (außer einigen EZ) und bepflanzte Balkons. Spabereich. Außerhalb der Hauptsaison besonders gutes Preis-/Leistungs-Verhältnis.

S'Illot und Cala Moreya (➪ Seite 321, Karte Seite 316)

Keine Empfehlungen

Hotel- und Apartmentempfehlungen in Ferienorten

Zentralgebäude des Riu Club Tropicana

Die zentrale Ostküste (↻ ab Seite 322, Karte Seite 327)

BEREICH PORTOCRISTO bis Cala Estany
(↻ ab Seite 322, Karten Seite 323+327)

Keine Empfehlungen

CALAS DE MALLORCA (↻ Seite 328, Karte Seite 327)

Der künstliche Touristenort Calas de Mallorca ist in seiner abseitigen Lage über der Steilküste ein absoluter Sonderfall. Im Wesentlichen bedient er Großbritannien mit relativ preiswerten Standardquartieren. In Anbetracht zahlreicher attraktiverer Möglichkeiten auf der Insel sollte man Calas de Mallorca eher nicht alsFerienziel wählen.

Jedoch liegt unterhalb südlich dieser Urlaubsretorte die **Cala Domingos** und unmittelbar dahinter in Alleinlage das *RIU Clubhotel Tropicana*, das vor allem preiswerte Familienferien bietet.

Riu Club Tropicana****, www.riu.com/de: Der 10 ha-Komplex mit zahlreichen übers grüne Parkgelände verteilten Häuschen mit je 5-6 geräumigen Zimmern zieht sich vom Zentralgebäude weit ins Hinterland. Wer nicht in den strandnahen Häusern unterkommt, hat es daher bis ans Meer schnell weit. Ein laufend verkehrender Minibus löst das Problem, sofern man nicht gleich ein Fahrrad mietet. Im und rund um den Hauptbau mit allen Einrichtungen der Gastronomie und einem sehr großen Pool nebenan läuft das Animationsprogramm (vor allem für Kinder) und die all-inclusive-Verköstigung der internationalen Gästeschar. Empfehlung erst ab Mitte Mai, wenn das Wasser Badetemperatur erreicht hat, für Urlauber, die in erster Linie auf die Strandlage bei trotzdem erschwinglichen Tarifen Wert legen.

CALA MURADA (↻ Seite 329, Karte Seite 327)

Im Bereich der Cala Murada und der dahinterliegenden Villenurbanusation gleichen Namens gibt es keine nennenswerte touristische Infrastruktur bis auf das

Hotel Valparaiso***, http://hotel-valparaiso.hotelyas.info: Man erreicht dieses kleine Hotel (ca. 40 Zimmer) über den Felsen der südlichen Flanke der Cala Domingos nur über eine Zufahrt durch die Siedlung

Zentrale Ostküste

Cala Murada. Hübsche Anlage mit Pool und dank der Alleinlage sehr ruhig. Die schlichten Zimmer haben alle eine Terrasse entweder mit Meerblick oder in einen kleinen Palmengarten. Zum Strand hinunter muss man ordentlich Treppen steigen. Am Weg liegt das gute Restaurant mit Bar *Sol y Vida* (↪ Seite 329). Hinüber zum prallen Leben der Calas de Mallorca sind es 15 min Fußmarsch (ca. 700 m Luftlinie). Mietwagen für die Dauer des Aufenthalts empfehlenswert. Das Preisniveau ist moderat.

PORTO COLOM mit Cala Marçal (↪ Seite 332, Karte Seite 327)

Auf der Halbinsel zwischen Hafenbucht und der Cala Marçal liegt ein kleines Hotelviertel und mittendrin das

Hotel El Vistamar****, www.olahotels.com/de: Es gehört zur Gruppe der auf vier Sterne hochrenovierten Häuser (↪ Seite 49) und ist erwägenswert, wenn es denn Portocolon sein soll. Immerhin bietet es von den meisten der ansprechenden Zimmer und Suiten einen freien Blick, teilweise auf die Bucht. Zwei große Pools mit Terrassen, auch Innenpool. Bis zum Strand der Cala Marçal ist es fast 1 km weit. Für die Kategorie moderate Tarife. Nur Halbpension.

Hostal Bahia Azul** (✆ 825280, www.bahia-azul.de). Einfaches, aber angenehmes *Hostal* mit hübscher Terrasse an der Stadtbucht im Grünen. Kleiner Poolgarten und Sauna. Kooperation mit *Tauchschule East Coast Divers Mallorca.* Tarif im erwartbaren Rahmen.

BEREICH CALA D'OR (↪ ab Seite 334, Karten Seite 327+336)

Zentraler Bereich

Der Weg zum Ortszentrum von der hinteren *Cala Ferrera* und der *Cala Serena*, mehr noch vom Bereich *Cala d'es Forti/Egos* mit dem Gros der Gästebetten von Cala d'Or ist zumindest bei Hitze zu Fuß für die meisten kaum zumutbar. Bei kühler Witterung und abends wird die Entfernung trotz der Busverbindungen zumindest lästig. Insofern macht es Sinn, sich im Umfeld des Zentralbereichs einzuquartieren, wenn man am Abend noch unternehmungslustig ist und den in vielerlei Hinsicht attraktivsten Ort der Ostküste genießen möchte. Erste Wahl ist das

Cala d'Or**** (✆ 657249, www.hotelcalador.com). Dieses gediegene alte Hotel (renoviert) im Look der frühen Jahren des Tourismus liegt sehr hübsch inmitten von viel Grün über der gleichnamigen Bucht und gleichzeitig zentrumsnah (Straße und gesonderter Fuß-/Radweg). Der *Eco Beach Club* am Strandgehört zum Haus (↪ Seite 84 Buch).

Vor allem zu empfehlen sind Buchtblick-Zimmer, ggf. Triple-Räume mit großer Terrasse. Für die Lage und das Flair eher moderat gepreist.

Hotel- und Apartmentempfehlungen in Ferienorten

Rocador****, www.nordotel.com). Was das vorstehende Hotel für die Cala d'Or, ist das *Rocador* für die *Cala Gran*. Zwar nicht in Alleinlage (Nachbar ist das organisatorisch mit ihm verbundene – aber weniger attraktive – *Rocador Playa*), doch ähnlich schön über der Cala Gran gelegen wie das *Cala d'Or* über »seiner« Bucht, ebenso zentrumsnah. Auch etwas älter, aber cool modernisiert, gleichzeitig noch etwas preisgünstiger. Unbedingt Meerseite buchen. Der Pool liegt weniger ideal zur Straße hin, wiewohl hinter Grün. Nur Erwachsene. Wifi frei.

Boutique Hotel Melia Cala d'Or ****; www.melia.com). Mehrere eher unauffällige Gebäude in einer großen Parkanlage (2 Pools und Indoor Pool). Attraktiv und ruhig, 200 m zur Cala Gran und nur wenig weiter ins Zentrum. Edel ausgestattete Zimmer und Suiten mit Terrassen zum Park hin. Nicht billig, aber gutes Preis-/Leistungsverhältnis. Alle Verpflegungsarten buchbar,. Wifi frei.

Ariel Chico ***, www.arielchicohotel.com: Preiswertes Haus für sportlich Ambitionierte (Tennis, Squash etc.) und Eltern mit Kindern, rund 400 m zum Strand (*Cala Gran*). Dito zum Zentrum. Schlichte Ausstattung der Zimmer und Apartments. Alle Verpflegungsarten. Preis-/Leistungsverhältnis überdurchschnittlich gut.

Esmeralda Park & Cala Azul Park ***, www.inturotel.com/de: Benachbarte und organisatorisch miteinander verbundene große Hotels an der Cala Esmeralda mit zur Bucht hin offenem Poolpark. Studios und Apartments im Esmeralda Park kürzlich modern renoviert. Standard besser als die drei Sterne vermuten lassen. Strand in unmittelbarer Nachbarschaft, ins Zentrum ca. 1000 m. Gut bei sportlichen Ambitionen: Tennis, Squash, Tauchschule, Surfen etc. Wifi frei.

Umfeld

Wenn weiter weg vom Cala d'Or Zentralbereich, dann nur aus gutem Grund. Einer der besten wäre die Buchung von Studios/Apartments im

Parque Mar *** (✆ 657136, Fax 657553; www.parquemar.com). Es handelt sich um eine der besten Apartmentanlagen Mallorcas (ohne Strand) über der Felsküste (mit Badestelle) im *Cala Egos* Bereich. In den – im Halbrund um einen großen Park angeordneten – versetzten attraktiv entworfenen Gebäuden (2 Stockwerke) im Otzoup-Stil (➪ Seite 202 im Buch) gibt es Wohnungen unterschiedlichster Größe, aber auch unterschiedlicher Ausstattung und Pflegezustands. Dennoch: Die Anlage als solche, deren Gastronomie mit diversen Restaurants, mehrere Pools, Tennisplätze insgesamt ist etwas Besonderes und – außerhalb der Hochsaison – nicht zu teuer. Mit/ohne Mahlzeiten buchbar.

Am nördlichen Ende des Bereichs Cala d'Or liegt der

Robinson Club Cala Serena ****, www.robinson-ep.com: Die deutsche Variante des Super-Cluburlaubs überragt mit den Zentralgebäuden einer riesigen Anlage den kleinen Strand *Cala Serena*. Dahinter stehen ältere Unterkünfte und hinter ausgedehnten Sportstätten stehen neuere Gebäude mit Komfortapartments im mallorquinischen Landhausstil. Ferien mit organisierter Unterhaltung und massig Sportangeboten, einladende Buffets und gehobene Unterkunft. Das Clubleben auf diesem Niveau ist naturgemäß nicht ganz billig, aber der gelieferte Gegenwert für alle, die Club wollen, schwer zu überbieten.

Vor Telefonnummern auf Mallorca 971 wählen

PORTOPETRO mit Cala Mondragó (↪ ab Seite 339, Karten Seiten 327+337)

In Portopetro gibt es nur zwei nennenswerte Hotels, und zwar das *Blau Resort* am einzigen Strand der Bucht von Portopetro und das kürzlich aus einem einfachen *Hostal* hervorgegangene *Hotel de Luxe Varadero* mitten im Miniort 100 m oberhalb des Hafens.

Varadero***, www.hoteldeluxevaradero.com. Direkt Luxus bietet das Erwachsenenhotel *Varadero* nicht gerade, aber das einstige simple Hostal wurde ganz schick auf frisch-modern umgestellt und hat u.a. eine Dachterrasse mit Bar und Weitblick sowie eine FKK-Terrasse. Außerdem gehört zum Hotel ein *Chill-out Club* unten an der Bucht,, ↪ Seite 339 des Reiseführers. Die Zimmer sind guter Drei-Stern-Standard und nicht teuer. Insgesamt ist das Varadero eine Alternative für Leute, die »normale« Hotels nicht so mögen. Der fehlende bzw. weite Strand ist bei Fahrradmiete zu verschmerzen. Wifi frei.

Blau Porto Petro Resort & Spa*****, www.blau-hotels.com: Dieser Luxuskomplex befindet auf dem Gelände eines früheren *Club Mediterranée*, etwa 800 m vom Hafen entfernt. Die beiden einzigen (kleinen) Strände der Bucht von Portopetro gehören dazu(theoretisch öffentlich, aber fast exklusiv von Hotelgästen genutzt). Die ungemein weitläufige Anlage verfügt über diverse Hotelgebäude mit großen Zimmern, Suiten und sogen. Jacuzzi Villen. Wellness, mehrere Pools, Tennisplätze und ein tolles Spor- und Aktivitätenangebot. Diversifizierte Gastronomie. Das Blau-Resort ist nicht billig, aber genaugenommen moderat im Verhältnis zum Gebotenen. Wifi frei.

Gute 4 km westlich befindet sich an der **Cala Mondragó** das einfache

Hotel Playa Mondragó**, www.playamondrago.com. Das Hotel liegt gleich hinter der Cala Font de N'Alis, ↪ Seite 341 des Reiseführers. Speziell in den Sommermonaten ist diese Lage kaum zu überbieten, zumal die Straßenzufahrt zum Strand dann gesperrt wird. Die Zimmer entsprechen eher drei Sternen. Das Haus insgesamt ist schlicht, der Poolgarten dagegen überdurchschnittlich. Für die Lage zahlt man einen gewissen Zuschlag auf übliche **Tarife, den das Haus aber wert ist.

Poolgarten des Hotels Cala Mondrago, keine 50 m von Bucht und Strand entfernt

Hotel- und Apartmentempfehlungen in Ferienorten

Der Südosten (⇨ ab Seite 346, Karte Seite 346)

CALA FIGUERA (⇨ ab Seite 346, Karten Seiten 346+349)

Cala Figuera ist eher schönes Ausflugsziel als attraktiver Ferienort, auch wenn dies manche Cala Figuera Fans anders sehen mögen. Wer indessen viel Ruhe in Meeresnähe sucht, ohne dass ein Sandstrand um die Ecke liegt, und mit einfacheren Unterkünften oder Apartments auskommt, liegt in Cala Figuera richtig.

Villa Sirena in Alleinlage über der Einfahrt in die Cala Figuera. Terrasse und Badeeinstieg auf der anderen Seite des Gebäudes.

Hotel Villa Sirena** (✆ 645303, www.hotelvillasirena.com). Zumindest von der Lage her optimale Unterkunft über der Hafeneinfahrt. Große Sonnenterrasse. Zimmer alle mit Weitblick, die meisten über die Bucht oder aufs Meer. Nach Renovierung eigentlich gutes Drei-Stern-Niveau. Eigener Meerzugang ins tiefe Wasser unterhalb des Hauses; nebenan ist eine öffentliche Badestelle. Überwiegend junge Leute. Wenn Hotel in Cala Figuera, dann die Villa Sirena. Tarife absolut o.k. für dies Haus.

Apartments Villa Sirena***, www.hotelvillasirena.com. Den Eignern des Hotels gehört auch das Apartmenthaus *Villa Sirena* auf der anderen Straßenseite, wobei es dort keinen Durchgangsverkehr gibt. Auch dafür gelten moderate Tarife.

CALA SANTANYI (⇨ ab Seite 348, Karten Seiten 346+349)

Die Cala Santanyi ist vor allem etwas für Familien mit kleinen Kindern, sofern die richtige Unterkunft gebucht wird. Indessen nicht in der Hochsaison. Dann wird der Strand zu voll. Die ideale Ferienzeit liegt unmittelbar vor und nach der Sommer-Hochsaison (Ende Mai/Anfang Juni und ab Mitte Ende September), wenn schon/noch einigermaßen Betrieb ist. Früher oder später ist die kleine und reine Villen- und Hotelsiedlung rund um die Bucht mehr oder weniger »tot«.

Der Südosten

Hotel Cala Santanyi****, www.hotelcalasantanyi.com: Das Hotel wurde vor ein paar Jahren komplett renoviert, auf Suiten umgestellt und um einen Spa- und Wellnessbereich erweitert mit Beautyprogramm. Sehr günstige Lage direkt am Strand. Von allen Räumen schaut man über Strand und Bucht. Gutes Restaurant im Haus. Bar und Terrasse quasi auf bzw. über dem Strand. Nicht ganz billig, aber wegen der ungewöhnlich günstigen Lage o.k..

Strand der Cala Santanyi. Mittig das gleichnamige Hotel, links dahinter das dazugehörige Apartmentgebäude. Rechts vom Hotel das kleine Hostal Playa

Apartamentos Cala Santanyi*** www.hotelcalasantanyi.com: Das Apartmentgebäude befindet sich – durch eine lokale Straße getrennt – hinter dem quasi auf dem Strand stehenden Hotel. Schöner Blick über die Bucht. Hübscher Poolgarten. Studios und Apartments 20-60 m².

Hostal Palmaria** (© 645410; www.hostalpalmaria.com). Das einfache, aber sehr saubere Haus hat eine tolle Lage auf der Nordseite der Bucht am Hang unter Bäumen, nur 50 m abwärts steht man am Strand. Alle Zimmer mit Balkon zum Wasser in Richtung Südwesten. Recht ordentlicher Standard für die Kategorie. Preise bis 2014 moderat.

Hostal Playa* (© 654409). Gutes sauberes Hostal unmittelbar am Strand in Nachbarschaft zum *Hotel Cala Santanyi* mit 9 einfachen Zimmern ohne Aussicht. Preiswert. Kein Internet.

CALA LLOMBARDS (↪ Seite 351, Karten Seiten 346+349)

Die *Cala Llombards* ist die größere Nachbarbucht der *Cala Santanyi*. Sie blieb bislang ohne wesentliche touristische Infrastruktur, sieht man von der unverzichtbaren **Strandbar** ab und der

Casa de la Vida* (© 871 575675, www.casadelavida-mallorca.com). Das frühere *Hostal Llombards* an der Straße durch Cala Llombards Richtung Strand ging vor Jahren an junge deutsche Eignern, die daraus die *Casa Poesia* machten. Die zog 2013 um in eine Finca zwischen Ses Salines und Colonia de Sant Jordi. Die ebenfalls deutschen Nachfolger renovierten das Haus und nannten es *Casa de la Vida*, das Haus des Lebens, ohne den einfachen Charakter der Unterbringung zu verändern. Wesentlicher Aspekt des Hauses sind Kursangebote von Yoga, über Pilates bis QiGong u.a.m. Wen das interessiert: mal in die Seite mit dem Programmangebot 'reinschauen.

SES SALINES (↪ Seite 351, Karte Seite 346)

Casa Poesia* (© 642125, www.casa-poesia.com). Die frühere Eignerin der *Casa Poesia* in Cala Llombards hat den Namen des Hauses auf eine Finca im Flachland westlich von Ses Salines übertragen und vermietet darin »alternativ« eingerichtete Zimmer und Suiten. Wobei die Gäste sich auch in das vom Haus organisierte Programm einbringen können/sollen. 2014 etwa fanden ein Weiblichkeitsseminar, Trommelworkshop und gemeinsame Ausflüge statt. Steht alles in der Website. So auch die Tarife der Unterbringung, die so ganz niedrig nicht sind.

Rechts vom Hotel beginnt die Platja Es Trenc

COLONIA DE SANT JORDI (↪ ab Seite 354, Karten Seiten 346+354)

In Colonia de Sant Jordi steht das Gros der Hotels an der flachen Felsküste im Anschluss an den *Es Trenc* Strand. Sie werden von touristischer Infrastruktur umrahmt. Zwischen diesem Bereich und dem Hafen gibt es zwar auch ein paar Unterkünfte. Von ihnen ist es aber zu Stränden, Restaurant- und Ladenzonen sehr weit. Die älteren Hotels am Hafen gehören zu den weniger attraktiven Häusern.

Nicht nur für Kinder ist Es Trenc ein wunderschöner Strand, zudem wegen des flachen Verlauf ungefährlich. Nicht so erfreulich sind aber die von den meisten Quartieren langen Wege dorthin.

Zu anderen Kriterien für eine Hotelempfehlung kommt daher hier mehr noch als anderswo der Aspekt der Strandnähe zum Tragen.

Marqués***, www.universalhotels.es/de: Das Haus ist zwar äußerlich ein Klotz, aber das einzige Hotel direkt an der *Platja Es Carbo*, dem östlichsten Teilbereich des *Es Trenc*, obendrein in exponierter Lage am Wasser. Besonders mit Kindern in Colonia Sant Jordi deshalb eine bedenkenswerte Unterkunft. Nach Renovierung jetzt sehr gutes Drei-Stern-Niveau. Die Zimmerliegen eher bei vier Sternen, speziell gilt das für die 40 m²-Superior-Zimmer. Fast alle Zimmer sind dank der Lage sehr hell und haben freie Weitsicht. Moderate Tarife.

THB Class Sur Mallorca******, www.thbhotels.com/de: Separat gelegener Hotelturm auf kleiner Landzunge zwischen Altstadt (dorthin ca. 3 km auf der Promenade) und Strand *Es Trenc* (dorthin immerhin auch noch ca. 1200 m). Kein Strand, aber vorm Poolbereich befinden sich mit Sand aufgefüllte Felsvorsprünge. Alle (relativ schlichten) Räume mit weitem Meerblick. Tipp: Eine der sehr geräumigen Suites buchen. Alle Verpflegungsarten. Wifi frei.

Tres Playas******, www.hoteltresplayas.es: Die gehobene Alternative in Colonia de Sant Jordi mit moderner Betonarchitektur unmittelbar am Wasser und ausschließlich Zimmer zum Meer hin in Südwestlage. Großer Poolbereich und zusätzlich Sandaufschüttung auf den Klippen. Ansprechende mit vier Sternen bedachte Anlage mit Wellnessbereich inkl. beheiztem Innenpool. Anspruchsvollere Gastronomie. Etwa 400 m zur *Playa d'es Trenc*. Deutlich teurer als die beiden vorstehenden Häuser.

Villa Piccola****** (© 655393, www.villapiccola.com). Zur Kennzeichnung dieser strandnahen Villa (100 m) passt die Definition »Edel-Apartments in konservativer Eleganz«. Das Haus »versteckt« sich in einem hübschen Palmengarten mit Pool. Die Suiten bzw. Apartments sind groß und komfortabel und haben Balkons bzw. Terrassen. Shopping und Restaurants in der näheren Umgebung. Kosmetik-Behandlungen und Massagen können im Haus gebucht werden. Nicht ganz billig, aber angenehmes Wohnen in einer gepflegten Umgebung statt hotelmäßig standardisierter Einrichtung. Keine Vermietung unter 4 Tagen. Langzeitvermietung – speziell im Winter – zu ermäßigten Tarifen.

Individuelles Edelquartier Villa Piccola

ÜBERNACHTUNG IN HERBERGEN, ERMITAS UND SANTUARIS

Im folgenden sind alle – überwiegend einfachen – Quartiere außerhalb der üblichen Kategorien genannt, die man für moderate Tarife buchen kann, wenn es nur darum geht, ein Dach über dem Kopf zu haben. Sie wurden mit wenigen Ausnahmen im Mallorcaführer bereits genannt. Hier noch einmal zusammengefasst mit Angabe der Telefonnummer, ggf. auch des Internetportals (für die *Ermitas/Santuaris* ⇨ auch **Übersichtskarte** auf Seite 399 des RKH-Reiseführers Mallorca):

Albergue Juvenil La Victoria (Jugendherberge) auf der Halbinsel La Victoria, ✆ 971 545395, E-Mail: reserves@ibjove.caib.es.

Details im Internet unter www.reaj.com, Schaltfläche **Albergues**, danach *Islas Baleares* anklicken. **Übernachtungskosten** saison-/altersabhängig €18-€27/Bett und Person mit Frühstück.

Petit Hotel La Victoria auf der gleichnamigen Halbinsel unweit dieser Jugendherberge. Vor einigen Jahren wurde im Obergeschoss der Kapelle La Victoria in toller Lage eine Art alternatives Zwei-Stern-Hotel eröffnet (mehr dazu ⇨ Seite 49 in diesem Heft). Auch ein Kiosk steht neben dem Kirchlein, das Restaurant *La Victoria* ein paar Treppenstufen höher. Die Strandbar *S'Illot* liegt nur einen guten Kilometer entfernt über der gleichnamigen felsigen Badebucht.

In Palmas Altstadt gibt es erst vor kurzem das

Youth Hostel Central an der Plaza José Maria Quadrado 2, ✆ 971 101 215, www.centralpalma.com, €25/Bett und Nacht, Frühstück €2,50.

Poppy's House gehört zur *Finca Son Perot* bei Consell, Camí des Puig, ✆ 669 779 109, www.poppyshousemallorca.com. Bett €20-22.

Ermita de Nostra Senyora de Refugi mit Unterkunft auf dem Burgberg von Alaro in der *Hostatgeria del Castell* mit Basisbewirtung. Reservierung ✆ 971 182 112, www.castellalaro.cat, Voranmeldung erforderlich; ⇨ ganz unten und auch Seite 257.

Ermita de Sant Miquel bei Montuiri (hier private Bewirtschaftung mit Restaurant und teureren Zimmern), ✆ 971 646 314, ⇨ Seite 368.

Ermita de Nostra Senyora de Bonany bei Petra mit Küche für Selbstverpfleger, Picknicktischen, Grillrosten, ✆ 971 561 101, ⇨ Seite 372. 5 große Zimmer, maximal 15 Personen. Nur kalte Duschen

Ermita de Nostra Senyora del Puig de Maria bei Pollenca mit Küche für Selbstverpfleger, Picknicktische, minimale Bewirtung, Schlafsaal; ✆ 971 184 132, ⇨ Seite 265 Reiseführer.

Monastir (Kloster) de Lluc mit Restaurants, Picknicktischen, Grillrosten; Unterbringung hotelmäßig, auch in 2-Zi-Apartments; ✆ 971 871 525, www.lluc.net. Bei drei und mehr Nächten gibt's Rabatt. Auf einem Zeltplatz hinter dem riesigen Parkplatz des Kloster kann man campen; ⇨ Seite 61 des Reiseführers.

Refugi de Tossals Verds (Berghütte) bei Lloseta/Alaro; Selbstverpfleger, Mahlzeiten nach Voranmeldung, Picknicktische und Grillroste. Vom nächsten Parkplatz sind es 45 min Fußmarsch ✆ 971 182 027; ⇨ Seiten 61+258 (2015 wegen Renovierung geschlossen).

Alternative Unterkünfte

Weitere Hütten existieren in **Deià** (*Can Boi* etwas abseits des Ortszentrums, ✆ 971 636 186, www.refugicanboi.com), bei **Port de Sóller** (*Muleta* beim Leuchtturm *Cap Gros* in toller Lage, ✆ 971 634 271), beim **Kloster Lluc** (*Son Amer*, ✆ 971-517 109), in **Pollença** (*Pont Romà* , ✆ 971 533 649, www.refugipontroma.com) und auf dem Burgberg von Alaró (*Hostatgeria del Castell*, ➪ oben). **Übernachtung** im eigenen Schlafsack kostet in allen Hütten €11,00- €12.

Reservierung dieser und einer Handvoll unbewirtschafteter Hütten auch möglich im **Info-Center Serra Tramuntana** beim Kloster Lluc, ➪ Seite 250 und unter www.serratramuntana.de.

Santuari de Nostra Senyora de Cura auf dem Randaberg mit Restaurant, Picknicktischen und Grillrosten, ✆ 971 120 260, www.santuaridecura.org, ➪ Seite 365.

Santuari de Sant Salvador bei Felanitx mit Küche für Selbstverpfleger und Restaurant; auch Picknicktische und Grillroste, ✆ 971 515 260, ➪ Seite 330 des Reiseführers. Im Nebengebäude der Anlage vor dem zentralen Komplex wurde vor kurzem aus einer früher einfachen Herberge ein »normales« Hotel, ➪ Seite 57 in diesem Heft.

Santuari de Monti Sion bei Porreres mit rustikalem Lokal (nur Voranmeldung; August geschl.), ✆ 971 647 185, ➪ Seite 369 des Buches.

Naturpark Península de Llevant zwischen dem Cap de Ferrutx und Artá. Dort gibt es drei **unbewirtschaftete Unterkünfte**; das beste ist das Haus *S'Arenalet* unmittelbar am Strand der Nordküste. Das Haus (18 Betten/3 DZ + 3 Zimmer mit 4 Betten) hat weder Wasser noch Strom. Anmeldung unter

✆ 971 177652, E-Mail: refugis@ibanat.caib.es

oder persönlich im Infobüro des Parks (täglich 9-16 Uhr) an der Parkeinfahrt nördlich von Artá, ✆ 606 09 68 30, ➪ Seite 299 im Buch.

Unweit der Cala Torta kann man relativ preiswert auch im Hotel *Sa Duaia* logieren, ➪ Seite 29 in diesem Heft und unter www.saduaia.com.

Das Refugi Tossals Verds ist von »Normalmenschen« nur zu Fuß zu erreichen. Der Jeep im Vordergrund gehört dem Personal.

Treppenaufgang zum alten Herrenhaus Sa Maniga, ⇨ Seite 49

AUSGEWÄHLTE QUARTIERE*) ABSEITS DER URLAUBSORTE

Zur Auswahl

Die im folgenden empfohlenen zu kleinen Hotels umgebauten alten Agrar- und Weingüter (sog. *Fincas*) bilden – auf der Grundlage von vor-Ort-Besichtigungen, teilweise auch eigenen Aufenthaltserfahrungen des Autors – eine kleine Auswahl aus der immer größer werdenden kaum noch überschaubaren Zahl von Finchotels auf Mallorca. Sie sind keinem der bekannten Ferienziele an Mallorcas Küsten oder detaillierter beschriebenen Orten im Inselinneren zuzuordnen. Denn sie liegen in Dörfern oder sogar in Einzellagen ganz ortsfern.

Typischerweise gehören alle Quartiere zum Komplex *Agroturismo, Turismo Rural* und *Turismo Interior*. Die wichtigsten Einzelheiten dazu stehen auf den Seiten 55 und 56 im Reiseführer. Die Auswahl bezieht sich auf Häuser, die sich aus dem Gesamtangebot des Sektors positiv abheben und zwar sowohl in Bezug auf ihre spezifischen Charakteristika als auch hinsichtlich des Standorts. Manchmal überwiegen die Eigenschaften des Hauses als solches, in anderen beindruckt vor allem die Lage. Freies Wifi ist in fast allen Häusern heute Standard.

Mittlerweile verfügen selbst kleinste Finchotels über einen eigenen Internetauftritt mit weiteren Abbildungen und sämtlichen Details zum Haus in mehreren Sprachen. Unverzichtbar ist es, über die Webadresse http://reisebuch.de/mallorca/buchen/fincas.html zu gehen, wo sich ergänzende Informationen (nicht die Webtexte der Häuser selbst) und Abbildungen zu allen genannten Unterkünften und noch einer Reihe mehr finden. Von dort aus kann man dann „weiterklicken", ohne die jeweilige Webadresse erst neu eintippen zu müssen. In der Regel gelten saisonale Zimmerpreise, in den meisten Häusern weiter differenziert nach der Unterkunftsart (EZ, DZ, Junior Suite, Suite, Apartment).

Die Mehrzahl der Häuser ist auch über Reiseveranstalter inkl. Flug und Transport ab Airport Palma zu buchen. Ggf. nach Wochen gestaffelte Tarife der Veranstalter, die sich auf das Leistungspaket Flug/Transfer/Hotel etc. beziehen, lassen sich mit der Individualbuchung nur vergleichen, wenn man persönliche Flug- und Transferkosten addiert. Ob individuelle Initiative gegenüber Veranstalterbuchung lohnt, ist nur fallabhängig mit spitzem Rechenstift festzustellen.

Kaum „richtig" zu bewerten ist das jeweilige Verhältnis zwischen Übernachtungs-/Pensionspreis und Leistung unter Berücksichtigung von Standort und Faktoren wie Exklusivität, Zimmereinrichtung/-komfort, Service, Freundlichkeit der Betreuung etc. Letztere sind eher subjektiv und schwer zu quantifizieren. Hilfreich sind für diese Punkte die Bewertungen durch frühere Gäste des Hauses auf Seiten wie www.trivago.de, www.tripadvisor.de etc. Es gilt: Wenn Haus A und B je €160 fürs DZ pro Nacht kosten, bietet sicher eins der beiden mehr fürs Geld. Fragt sich nur, unter welchen Gesichtspunkten …

Eine gute Ergänzung generell bei der Suche nach besonderen Quartieren für Individualisten bietet das Internetportal www.mallorica.com.

---

*) Die Sternchen bei den Unterkünften dieses Kapitelsentsprechen keiner offiziellen Einordnung, die es beim Agroturismo nicht gibt, sondern wurden subjektiv vom Autor zugeordnet.

Empfehlungen

Es Ratxo ★★★★★

Mit Es Ratxo eröffnete ein Luxusrefugium der ganz besonderen Art. Denn Fünf-Sterne-Komfort in einer Finca in einer derartigen Lage gab es vorher noch nicht. Der wunderbar restaurierte und modernisierte Gebäudekomplex des alten Anwesens *Es Ratxo* steht **zwischen Puigpunyent und Galilea** mitten im eigenen Tal der südlichen Tramuntana unterhalb des Galatzógipfels. Dank eigener Quellen ist die Vegetation dort extrem üppig. Ruhiger und naturnäher kann man kaum logieren. Ein Mietwagen ist dort unverzichtbar (Palma/Strände ca. 30 min).

Das Haus hat 25 Zimmer und Suiten mit einer Ausstattung (alle Zimmer mit Terrassen, außerdem Wifi), die ab Superior-DZ kaum Wünsche offen lässt, aber natürlich entsprechend kostet.

In der Ölpresse (Tafona) aus dem 16. Jahrhundert wurde ein Gourmet-Restaurant installiert (internationale Küche mit mallorquinischem Akzent). Vom Frühstücksraum (Buffet) hat man einen Panoramablick ins Tal, ebenso vom Poolbereich mit Sommerbar.

Auch *Es Ratxo* setzt auf Wellness und bietet Außenpool mit Jacuzzi, Innenpool mit Wasserfall, Sauna, türkisches Dampfbad und Eisquelle.

✆ (0034) 971 147 132, www.esratxohotel.com

Von einer Quelle gespeister Pool des Es Ratxo am Fuß des Berges Galatzó

Petit Hotel La Victoria★★ (*)

Dieses kleine Hotel befindet sich in den oberen Stockwerken der Kapelle *La Victoria* auf der gleichnamigen Halbinsel etwa 6 km entfernt von **Alcúdia**. Es ist zwar schlicht, besitzt aber den üblichen Komfort mit Duschbädern für alle Zimmer (12 auf 2 Etagen über dem Andachtsraum der Kirche).

Wer hier bucht, logiert weitab vom üblichen Urlaubstrubel, hat aber dennoch das Restaurant La Victoria quasi um die Ecke, ebenso wie den Einstieg in einige schöne Wanderungen. Der Badestrand *S'Illot* ist nur einen knappen Kilometer entfernt. Ohne Mietwagen sollte man dies *Hotel* nicht erwägen, zumindest ein Mietfahrrad braucht man.

✆ (0034) 971 51520, www.lavictoriahotel.com

Petit Hotel La Victoria mit hohem Eingang und Terrasse. Auf der anderen Seite des Gebäudes befindet sich 10 m tiefer der Andachtsraum

Sa Màniga ✶✶✶

Die Finca *Sa Màniga* liegt gut 1 km außerhalb von **Bunyola** versteckt am Fuße der Serra Tramuntana in einem Garten voller Obst- und Mandelbäume. In Sichtweite zuckelt die Bimmelbahn Palma-Soller.

Sa Maniga verfügt nur über 2 Suiten und 2 Doppelzimmer im Obergeschoss. Darunter befinden sich in einer Ebene mit der Außenterrasse die Räumlichkeiten der Eigentümer, ein Aufenthaltsraum mit Riesenkamin und der Frühstücksraum mit schweren Brokatvorhängen vor den Fenstern. Alle Zimmer sind nostalgisch möbliert und haben aSAT-TV, Telefon und Tresor. Gutes Preis-Leistungs-Verhältnis.

Das Frühstück wird als Buffet serviert; dabei sitzt man drinnen mit Blick auf den Orangenhain oder draußen auf der sonnigen Terrasse. Ein kleiner Pool liegt unterhalb des Hauses im Obstgarten. Sa Màniga ist ein guter Ausgangspunkt für Ausflüge. Zum Bahnhof sind es 2 km.

✆ (0034) 971 613 428, www.fincasamaniga.com

Frühstücksbuffet in Sa Maniga mit frischen Früchten und Produkten aus dem Garten des Hauses

Ca N'Ai ✶✶✶✶(✶)

Dieses Fincahotel im Tal von **Sóller** gehört zu den ersten seiner Art und setzte bereits Anfang der 1990er-Jahre Massstäbe. Vor kurzem wurde der aus Herrenhaus und Nebengebäuden bestehende Komplex ansprechend umgestaltet und um mehrere große Suiten erweitert. Die haben bis zu 70 m² und sind alle unterschiedlich.

Suite im Gartengebäude des Ca N'Ai

Das früher öffentliche, gemütliche mit einem wintergartenähnlichen Salon verbundene Restaurant auf unterschiedlichen Ebenen steht heute allein den Gästen des Hauses zur Verfügung, die à la carte zu Preisen der gastronomischen Mittelklasse hervorragend bedient werden. Die Logik des Chefs ist hier: »wir wollen möglichst viele Gäste im Haus behalten, wenn wir schon das Restaurant haben, und sie nicht an Lokale des nahen Umfelds verlieren«.

Im Sommer wird draußen auf dem Hof unter Bäumen neben einem Teich gefrühstückt und diniert. Der Blick fällt dabei aus etwas erhöhter Position über die 5000-Bäume-Orangenplantage. Mittendrin befindet sich der Pool. Die hochgeschnittenen alten Bäume sorgen rundherum idyllisch für Schatten. Ein Spa- und Wellnessbereich ist in den Hallen einer alten Pumpstation im Bau. Nicht billig, aber traumhaft.

Die Besitzung Ca N'Ai grenzt unten an die Straße nach Port de Sóller und die Straßenbahn (dazwischen liegt ein hoher Wall). Man kann dort direkt in die Bahn in beide Richtungen einsteigen.

✆ (0034) 971 632 494, www.canai.com

Alle Zimmer/ Suiten im C'as Curial sind hier anders, aber alle großzügig mit angenehmer Wohnatmosphäre

Fincahotels

C`as Curial **** ⇨ auch Foto Seite 54 im Reiseführer

Die *Finca Cas Curial* liegt mitten in eigenen Orangengärten nur einen guten Kilometer nördlich des Stadtzentrums von **Soller** unweit einer Station der Straßenbahnlinie Sóller-**Port de Sóller**.

Im alten, sehr gut renovierten Haupthaus gibt es acht unterschiedliche Zimmer und Suiten, jede groß und komforabel mit modernen Bädern. Das Extragebäude *Cas Colupe* kann insgesamt gemietet werden: Salon, 3 Schlafzimmer, Küche, 2 Bäder und Terrasse.

Die mallorquinische Eignerfamilie bietet Ihren Gästen auf Wunsch auch Halbpension an.

Besonders schön liegt hier der Pool mitten im Orangenhain, wo den Gästen die Orangen förmlich in den Mund wachsen. Man badet dort mit Rundumsicht auf die das Tal von Soller umgebende Gebirgswelt.

Was die Orangen betrifft, ist Selbstbedienung ausdrücklich erwünscht. Gäste dürfen Orangen nach Hause mitnehmen, soviel sie tragen können (Erntezeit Februar bis November bei unterschiedlichen Sorten).

✆ (0034) 971 633 332, www.cascurial.com

Superior Zimmer im Son Palau mit Weitblickterrasse

Son Palou **** ⇨ auch Foto Seite 25 im Reiseführer

Die auf das 14. Jahrhundert zurückgehende Finca *Son Palou* steht neben der Kirche auf dem höchsten Punkt des Dorfes **Orient**, aber dort erkennt man nicht, was sich hinter der Mauer verbirgt. Die eigentliche Zufahrt befindet sich an der Straße nach Bunyola. Vom Vorplatz des Gutshofes überblickt man die eigenen 150 ha Obstplantagen und Wald. Unterhalb des Hotelgartens liegt der Pool mit Weitblick.

Die Finca verfügt über 10 Galsträume unterschiedlicher Größe und Einrichtung. Gediegen wirken die beiden Salons, einer im Gemäuer der alten Olivenpresse. Ein schöner Speiseraum mit Außenterrasse und separate Gästeterrassen runden das erfreuliche Bild dieser Finca ab.

Die Anfahrt von Bunyola wie von Alaró (je ca. 10 km) ist wegen vieler Serpentinen zeitraubend, führt aber durch herrliche Landschaft. Nach Palma oder nach Port de Soller zum Strand sind es ca. 30 min.

Orient ist Ausgangspunkt für eine Reihe schöner Wanderungen; auch mit dem Mountainbike kann man dort gut starten.

✆ (0034) 971 148 282, www.sonpalou.com

Torrent Fals ***(*)

Mitten in einem Weinanbaugebiet liegt die *Finca Torrent Fals* östlich der Autobahn nach Inca etwas nördlich von **Santa Maria** unweit der Straße nach **Sencelles**. Man ist in 15 min in Palma und den Stränden der Bucht, aber auch am Osthang der *Serra Tramuntana*.

Die stilvolle Renovierung dieses kleinen, äußerlich nach wie vor agrarisch wirkenden Fincahotels wurde erst 2002 abgeschlossen. Die Zimmer/Suiten sind hochwertig mit allem Komfort ausgestattet und haben durchweg eine eigene Terrasse. Die von allen Gästen zu nutzenden Räumlichkeiten sind der Clou des Hauses, speziell der Aufenthalts- und Gesellschaftsraum würde auch großen ****Hotels Ehre machen; gemütlich ist der Speiseraum mit Kamin.

Bei schönem Wetter sitzt man draußen mit Blick auf das Panorama der *Serra Tramuntana*. Auf die schaut man auch vom separat abseits des Hauses gelegenen Pool miztten in den Weinfeldern.

✆ (0034) 971 144 584, www.torrentfals.com

Im großen Gastraum der Finca Torrent Fals gelang eine schöne Symbiose zwischen moderner Gestaltung und altem Gemäuer

Fincahotels

Albellons Parc Natural **** ⇨ auch Foto Seite 56 im Reiseführer

Zu schönen Landhotels umgebaute Gutshöfe gibt es heute viele, aber *Abellons* stellt für den Autor die meisten Konkurrenten immer noch in den Schatten. Da ist zunächst die umwerfende Lage 2 km oberhalb des Minidorfes **Binibona** über eigenen Terrassen voller knorriger Olivenbäume. Der Blick fällt über die Serra de Llevant, die Ebene im Inselzentrum. Hinter dem Komplex ragen Felswände steil auf. Auch wer den Kopf aus dem Pool hebt, genießt diese Aussicht.

Alle Zimmer sind geräumig und komfortabel. Drei Superiorzimmer im Haupthaus haben ein Whirlpool und eine eigene Terrasse. In einem separaten Gebäude unter dem Pool gibt es drei Suiten mit Wohn- und Schlafzimmer und eigenen Terrassen.

Das Frühstück (tolles Buffet) wie auch das 4-Gang-Dinner bei Kerzenlicht kann man draußen geniessen. Halbpension kann mitgebucht, aber auch vor Ort tageweise bestellt werden. Pro Person hier oder im *Binibona* €30 fürs 4-Gänge-Menü; gute Weinkarte.

Man benötigt einen Mietwagen. Mit ihm erreicht man Inca oder das Kloster Lluc in 20 min. Zu den Stränden der Nordküste ist man gut 30 min unterwegs. Direkt ab der Finca kann man in die Berge wandern (1x wöchentlich wird eine geführte Wanderung kostenlos angeboten).

✆ (0034) 971 875 069, www.albellons.com

Pool der Finca Albellons auf einer erhöhten Plattform, von der man weit über Mallorca schaut. Sauna im kleinen Gebäude hinten

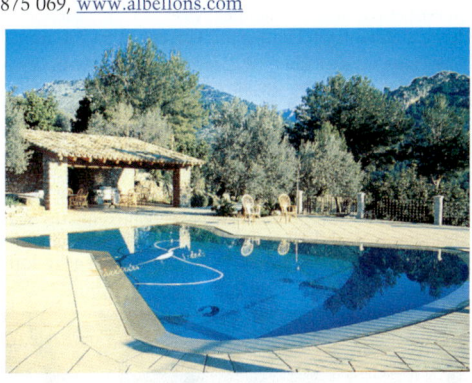

Binibona Parc Natural **** ⇨ Titelfoto dieses Heftes

Die Familie Viçens, Betreiber des *Albellons*, hat mit dem Ausbau alter Gemäuer am Dorfplatz in **Binibona**, der von den Gebäuden dreier Fincahotels gebildet wird, einen weiteren Akzent gesetzt. Große Zimmer und Suiten in mehreren Trakten auf verschiedenen Ebenen bilden mit dem 15 m-Pool, Restaurant- und Frühstücksterrassen, Hallenbecken, Sauna und Tennisplatz einen Wohlfühl-Komplex. Die Betonung der Küche liegt auch hier auf mallorquinisch mit kreativer Note. Halbpensionsgäste können – nach Voranmeldung – Mahlzeiten auch oben im *Albellons* einnehmen und umgekehrt, eine schöne Möglichkeit zur Abwechslung.

Die Finca bietet einen Pool, in dem man wirklich schwimmen kann, ein kleines Hallenbad, Fitnessraum und Sauna, dazu Tennisplatz und die Lage in der *Serra* für Wanderer. Man benötigt hier, wie in der Finca *Albellons*, unbedingt einen Mietwagen.

✆ (0034) 971 873 565, www.binibonaparcnatural.com

Frühstücksbufett im Binibona Parc Natural

Monnaber Vell ***(*)

Dieses aus einem alten, teilweise noch landwirtschaftlich aktiven Gehöft entstandene Hotel liegt ganz separat zwischen **Campanet** und den gleichnamigen Höhlen am Fuß der *Serra Tramuntana*.

Das Haus verfügt über 10 Zimmer mit den üblichen Komfortmerkmalen der Kategorie, die aber alle recht unterschiedlich geschnitten und ausgestattet sind. Man muss bei Buchung darauf achten und ggf. rückfragen. Innenhof und Gemeinschaftsräume sind teilweise pittoresk mit nostalgischen Möbeln ausgestattet. Sehr schön ist das den Hausgästen vorbehaltene Restaurant. Vom sonnigen Poolgarten im Anschluss ans Gebäude blickt man weit über die Landschaft.

Die Lage von *Monnaber Vell* ist verkehrsgünstig, wenn auch recht strandfern. Nach Pollença sind es ca. 10 km, an die Strände der Nordküste 20-30 min. Fahrtzeit. Ohne Mietwagen geht dort nichts.

✆ (0034) 971 516 131, www.monnabervell.com

Zimmer in der Finca Monnaber Vell

Fincahotels

Predio Son Serra ***(*)

Der alte Landsitz *Predio Son Serra* liegt etwa 5 km von **Can Picafort** entfernt unweit der Landstraße nach **Muro**. Im Mittelpunkt des Angebots stehen Reitwochen/-kurse, aber auch alle möglichen anderen sportlichen Aktivitäten (Wandern, Tennis, Biking und Wasserski).

Im gemütlichen, von einem ansehnlichen Park umgebenen Haupthaus nehmen die maximal 30 Gäste ihre Mahlzeiten ein (Frühstück bis 12 Uhr!). Der Pool ist angenehm groß. Die gut, aber nicht luxuriös ausgestatteten Zimmer sind überwiegend in getrennten flachen Gebäuden untergebracht und alle ebenerdig mit Terrasse.

Das *Son Serra* ist nicht billig, aber das »Drumherum« stimmt, vor allem das Frühstücksbuffet, die reichhaltige mallorquinische Küche fürs Abendessen (wird an riesigen Gemeinschaftstischen serviert) und das große Sportangebot. Gute Wahl für aktive und gesellige Ferien – auch mit sportlich orientierten Kindern.

✆ (0034) 971 537 980, www.finca-son-serra.de

Komplex Predio Son Serra. Man erkennt gut den großen Pool. Rechts davon befinden sich die Gebäude mit den Zimmern. Links in der Mitte versteckt sich das Hauptgebäude

Son Pons ***(*)

Die *Finca Son Pons* im Agrarland des Inselnordens zwischen **Buger** und **Sa Pobla** wirkt zunächst wie ein bäuerliches Gehöft, hat aber die agrarischen Wurzeln weit hinter sich gelassen. Geschickt renoviert und architektonisch originell-gemütlich, teilweise künstlerisch eingerichtet, gehört Son Pons zu den Fincas, die allen, die zwar Komfort inkl. Sat-TV und Wifi im Zimmer, aber keinen überflüssigen Luxus brauchen, gefallen wird.

Die Suiten mit ihren Terrassen sind alle empfehlenswert, das DZ recht hübsch, aber klein. Die Gemeinschafträume sind eine rustikal-attraktive Augenweide. Der kleine Pool im separierten Garten wirkt angenehm privat. Agroturismo zwar, aber wenig Agro, dafür eine herzliche Eigentümerfamilie mit Niveau. Auch für Kinder geeignet, allerdings sind es 15 min zu den Stränden der Bucht von Alcúdia.

✆ (0034) 971 877 142, www.sonpons.com

Gemeinschaftlich von allen Gästen zu nutzender Frühstücks- und Kaminraum, der Finca Son Pons Agroturismo

Sa Posada D'Aumallia ★★★★

Das Landhotel *Sa Posada d'Aumallia* liegt auf halbem Weg zwischen dem Städtchen Felanitx und Portocolom in einem waldreichen Tal unweit des Klosterbergs von Sant Salvador. Schon beim Betreten des Hauses fallen die Musikinstrumente auf. Die Betreiberfamilie Marti betreibt in Palma einen Musikhandel mit Schule. Oft werden daher die Abende von Pianoklängen untermalt. Gelegentlich geben auch Schüler der Musikschule Konzerte – Kultur als Bestandteil der Gastlichkeit.

Die Finca verfügt (in Haupthaus und Nebengebäuden) über 14 große Doppelzimmer, die mit mallorquinischen Möbeln ausgestattet sind. Alle haben neben der üblichen Ausstattung Klimaanlage und Terrasse.

Das Frühstück und (Abendessen plus □20) wird auf der großen Terrasse oder im nostalgisch-gemütlichen Speisezimmer eingenommen.

Ein großer Pool und Tennisplatz befinden sich im parkartigen Garten. Zu den Stränden der Ostküste fährt man 15 min, nach Felanitx 10 min.
✆ (0034) 971 582 657 Fax: (0034) 971 583 269; www.aumallia.com

Im Poolgarten der Finca Sa Posada d'Aumallia; im Hintergrund die sonnige Terrasse mit schattiger Überdachung

Fincahotels

Petit Hotel Sant Salvador**(*) ⇨ auch Seite 330 im Reiseführer

Das Hotel ist Teil des Klosterkomplexes auf dem 510 m hohen Berg Sant Salvador bei Felanitx. Es entstand erst vor kurzem aus der Modernisierung der früheren *Hostatgeria* (»Pilgerherberge«) und ist die absolute Alternative nicht nur zu den üblichen Quartieren in den Urlaubsorten, sondern ganz generell zu fast allen auch hier empfohlenen Unterkünften. Tagsüber ist der Klosterberg, vor allem bei schönem Wetter, zwar ein beliebter Ausflugsort, der an Sonn- und Feiertagen oft aus allen Nähten platzt. Doch am Abend kehrt klösterliche Ruhe ein. Hier kann man abschalten oder meditieren.

Das Hotel hat 20 Zimmer und 2 Apartments (je max. 7 Personen) mit Bad; alle sind in Richtung Ostküste ausgerichtet mit Weitblick übers Meer. Vor dem Gebäude befindet sich eine schöne Restaurantterrasse, etwas tiefer im Gelände darunter ein Picknickplatz mit Grill. Mittagsmenüs und mallorquinische Spezialitäten a la carte.

971 515260, www.santsalvadorhotel.com

Son Amoixa Vell ****

Ganz abseits von der Hektik des Massentourismus liegt das Edelhotel *Son Amoixa Vell* in Reichweite kleiner Badebuchten der Ostküste zwischen dieser und **Manacor** (per Auto knapp 10 min).

Die Zimmer und Suiten (+ ein Apartment mit Küche) sind mit Liebe zum Detail eingerichtet. Viele verfügen über eine eigene Terrasse, alle über großzügige Badezimmer. Unaufdringlich modern-konservativ wirken der Empfangs- und Barbereich, Kaminzimmer und Bibliothek.

Das Frühstücksbuffet bleibt bis Mittag aufgebaut, nachmittags finden die Gäste noch Kaffee und Kuchen zur freien Bedienung. Bei gutem Wetter sitzt man auf der Terrasse mit Blick

Terrasse und Eingang Amoixa Vell

über sanfte Hügel bis zum Meer. Das Restaurant steht auch externen Gästen offen; es bietet mediterran-mallorquinische Gourmetküche zu Preisen der gehobenen Mittelklasse. Qualität und Service dieses Restaurants sind im Bereich Ostküste sonst eher selten.

Auf dem weitläufigen Grundstück gibt es einen großen Pool und Tennisplatz. Den Gästen stehen gratis Fahrräder, Fitnessraum, Sauna und Solarium zur Verfügung. Die Entfernung zur nächsten Badebucht (Cala Varques, ⇨ Seite 326 im Buch) beträgt 5 km.

✆ (0034) 971 846 292, www.sonamoixa.com

Petit Hotel Alaró***(*)

Alaró ist ein hübsches kompaktes Städtchen am Fuße der *Serra Tramuntana*. Wanderwege führen auf mehreren Routen nach Orient und weiter bis ins Hochgebirge. Alaró ist auch ohne Auto gut erreichbar über die Bahnstation Consell (3 km) mit über 20 Zügen pro Tag nach Palma und Inca und darüberhinaus. Busverbindung zu den Zügen alle 20-30 min. Es ist erstaunlich, dass erst seit fünf Jahren ein kleines individuelles Stadthotel dort auf Gäste wartet. Denn von Alaró aus lassen sich unterschiedlichste Urlaubswelten genießen: mallorquinisches Kleinstadtflair, Natur und Wandern in der *Serra*, kulinarisch rustikale wie verfeinerte Genüsse und in 20 km Entfernung die Strände der Großstadt Palma und von Playa de Palma.

Wem das zusagt, liegt mit dem *Petit Hotel Alaró* richtig: Komfortabel, gemütlich, ein schöner Poolgarten und sportliche Gastgeber. Relativ moderate Preisgestaltung.

✆ (0034) 971 651 643, www.petithotelalaro.es

Das Petit Hotel liegt am Rande der kleinen Fußgängerzone von Alaró. Läden, Kneipen, Restaurants und auch die Haltestelle für den Bus zum Bahnhof sind in der Nähe.

Ca'n Calco Petit Hotel***(*)

Can Calco befindet sich im Minidorf Moscari bei Selva in Sichtweite der Südhangs der *Serra Tramuntana*. Mit diesem Haus haben zwei ehemalige Fischer aus Port d'Alcúdia sich ihren Traum vom festen Boden unter den Füßen verwirklicht.

Das kleine Hotel hat fünf mit Kunstwerken aufgehübschte Doppelzimmer mit modernen Bädern, einen Pool und eine bei abendlicher Wärme besonders attraktive Terrasse, siehe Foto. Das hauseigene Restaurant hat bei Feinschmeckern einen guten Namen. speziell für seine Gerichte mit fangfrischem Fisch, den die Familien der Besitzer mit eigenen Booten aus der Bucht von Alcúdia holen.

Das *Ca'n Calco* ist ein guter Standort für Aktive: Die Berge der *Tramuntana* sind nah, und ebenso die Strände im Norden. Ab Inca gibt es die Eisenbahn nach Palma, Manacor und bald auch Artá, aber ein fahrbarer Untersatz brauchen Logiergäste in Moscari unbedingt.

✆ (0034) 971 515260, Fax (0034) 971 515106, www.cancalco.com

Fincahotels

Dinner draußen im Ca'n Calco

Aparthotel Raims ★★★

Mitten in **Algaida** verbirgt sich hinter einer ganz normalen Tür in der typisch schlichten Häuserzeile mallorquinischer Dörfer das alte Weingut Raims, in dem einst herrschaftliche Räume samt nostalgischem Mobiliar heute von den Gästen mitbenutzt werden können. Sogar ein eigener, reich vergoldeter Altar ist vorhanden. Den Kontrapunkt setzt der alte Weinkeller mit riesigen alten Eichenfässern und Flaschen zur Selbstbedienung. Das Haus wird heute vom deutschen Ehepaar Philipps bewirtschaftet, das früher das *Hostal Can Tiu* in Alaró betrieb.

Innenansicht eines der Apartments im Raims; dieses hier ist schlicht modern; es gibt auch die nostalgische Variante

Erst vor wenigen Jahren entstanden in Haupthaus und Nebengebäuden 5 unterschiedliche Gästeapartments mit eigenen Terrassen, alle anders und komfortabel, dabei nicht zu abgehoben und auch für Leute mit Kindern geeignet. Die Apartments öffnen sich alle zum großen, grünen Innenhof, wo im Sommer das Frühstücksbuffett serviert wird und gegrillt werden kann. Ein recht großer Pool schließt den Hof nach Süden ab.

Algaida liegt zentral und ist ein guter Ausgangspunkt für viele Unternehmungen vom Palmabesuch über Strandtage bis zu Wanderungen in der Tramuntana. Im/beim Ort gibt es Läden und diverse Restaurants.

✆ (0034) 971 665 157, www.finca-raims.com

Aparthotel Son Siurana ***(*)

Son Siurana, einst ein Herrensitz, liegt verkehrsgünstig unweit der Hauptstraße Inca–Alcudia zwischen Alcudia und Sa Pobla und besitzt ausschließlich Apartments unterschiedlicher Größe. Um das Haupthaus (mit der Rezeption, Salons und zwei Apartments ohne Balkon im ersten Stock) herum hat man mehrere Bungalows mit Wohnzimmer, Küchenzeile und 1 bzw. 2 Schlafzimmern/Bädern samt jeweils eigener Terrasse gebaut.

Die Bungalows gruppieren sich um den Pool unterhalb des Vorplatzes. Von ihm schaut man über die hügelige Landschaft in Richtung Inselinneres. Ein Grillplatz steht den Gästen zur Benutzung offen. Sie dürfen sich auch in den Obst- und Gemüsegärten des Hauses bedienen. Die Bestände des Weinkellers werden auf Wunsch serviert. Auch Frühstück kann geordert werden, jedoch nur nach Voranmeldung.

Mit **Mietwagen** erreicht man in 5-10 min. 4 größere Orte (Alcudia, Port de Pollença, Pollença/Golfplatz und Sa Pobla), verschiedene Strände und die Ausläufer der *Serra Tramuntana*. Palma ist 45 min. entfernt.

✆ (0034) 971 549662, Fax (0034) 971 549788, www.sonsiurana.com

Haupthaus, Bungalow (mit 2 Aptms.) und Pool der Finca Son Siurana